REGIME JURÍDICO
DAS POLÍTICAS PÚBLICAS

Amauri Feres Saad

REGIME JURÍDICO DAS POLÍTICAS PÚBLICAS

REGIME JURÍDICO DAS POLÍTICAS PÚBLICAS

© AMAURI FERES SAAD

Direitos reservados desta edição por
MALHEIROS EDITORES LTDA.
Rua Paes de Araújo, 29, conjunto 171
CEP 04531-940 – São Paulo – SP
Tel.: (11) 3078-7205 – Fax: (11) 3168-5495
URL: www.malheiroseditores.com.br
e-mail: malheiroseditores@terra.com.br

Composição: PC Editorial Ltda.
Capa
Criação: Vânia Lúcia Amato
Arte: PC Editorial Ltda.

Impresso no Brasil
Printed in Brazil
08.2016

Dados Internacionais de Catalogação na Publicação (CIP)

S111r Saad, Amauri Feres.
   Regime jurídico das políticas públicas / Amauri Feres Saad. –
São Paulo : Malheiros, 2016.
   256 p. ; 21 cm.

   Inclui bibliografia.
   ISBN 978-85-392-0348-2

   1. Direito público. 2. Políticas públicas. I. Título.

CDU 342
CDU 342

Índice para catálogo sistemático:
1. Direito público   342
(Bibliotecária responsável: Sabrina Leal Araujo – CRB 10/1507)

A minha avó OLYMPIA ("in memoriam"),
a minha mãe MARIA TEREZA
e a minha irmã PATRÍCIA.

À KÁTIA, sempre.

PREFÁCIO
Algumas Palavras

Em certo momento de 2011 fui honrosamente convidado, pelo eminente Professor e magistrado Dr. Silvio Luís Ferreira da Rocha, para integrar banca incumbida de examinar a dissertação de mestrado do advogado Amauri Feres Saad. O Professor Silvio bem sabia, de experiências análogas anteriores, de minha dupla face, quando integro bancas examinadoras universitárias: cordialidade com o candidato à titulação, rigor com o trabalho a ser avaliado (incluindo não só a tese ou dissertação, mas também a sustentação oral das posições adotadas pelo autor). Talvez preocupado com essa segunda característica, o professor Silvio teve o cuidado de me ponderar: trata-se de um jovem de enorme valor intelectual, mas de extrema timidez no contato com um público eventualmente hostil.

Quanto à primeira assertiva, a leitura da dissertação me convenceu plenamente, revelando um estudioso que não só conhecia o "estado da arte" sobre o tema escolhido, como também assumia a compostura de um jurista capaz de propor soluções e sistematização a respeito da matéria por ele escolhida (e que segue sendo, em nossos dias, um desafio aos cultores do Direito Público).

Já quanto à segunda assertiva, vi-me de logo, quando a sessão de exame se iniciou, agradavelmente surpreendido com a facilidade expositiva com que o mestrando enfatizava e sustentava suas opiniões, sempre polido, mas incisivo na defesa dos argumentos. Ademais disso, a maturidade e a erudição do jovem advogado de muito ultrapassavam não só minha expectativa, mas também o patamar de ilustração que sua juventude permitia supor.

Aprovada com louvores a outorga da titulação perseguida, deixei-me logo levar por um impulso até mais utilitarista que altruísta: convenci-me de que aquele jovem mestre, por suas excepcionais qualidades, deveria ser por mim convocado a empreender trabalhos coletivos, de

8 REGIME JURÍDICO DAS POLÍTICAS PÚBLICAS

pesquisa e de produção de obras jurídicas inovadoras e de utilidade para a bibliografia do Direito brasileiro e para os operadores dos vários ramos da advocacia (consultoria, magistério, litigância etc.) – a exemplo do que aliás já intentara com outros mestrandos/mestres e doutorandos/doutores de inquestionável relevo intelectual e comprometidos com as causas da liberdade. E foi, não hesito em dizê-lo, um passo extremamente feliz, estando em marcha acelerada a elaboração de três trabalhos jurídicos em parceria, que, ao virem brevemente a lume, deverão representar instrumental de valia para os cultores do Direito, de qualquer setor de atividade. Esse – para utilizar a imagem de Joyce – *work in progress* (do exame universitário à produção e coprodução de livros jurídicos) me permite garantir, com absoluta tranquilidade, que Amauri Feres Saad merece, às inteiras, apesar de sua juventude, o título de Jurista.

Agora, a obra.

A temática das políticas públicas, não só como mola propulsora da atividade administrativa e da ciência política, mas como tema nuclear do Direito Público brasileiro, até mesmo pelo pouco tempo de sua inserção na preocupação de nossos publicistas, permanece ostentando a categoria de desafio. A ele se dedica, com profundidade, coragem e criatividade, o trabalho do professor Amauri.

Uma obra de qualidade, como a que aqui concretizada, não necessita de um prefácio analítico – ela fala por si. E a qualidade do trabalho em questão é impassível de discussão. Limito-me, por isso, a um brevíssimo não comentário, a uma singela apresentação de seus pontos-chave.

Num primeiro momento, o autor dedica-se à fixação da noção (conceito e definição) de política pública, interrelacionando-a com os campos reciprocamente alimentadores da teoria da administração e da ciência política, manejando com destaque os tópicos nisso implicados a saber, particularmente, as temáticas do planejamento, do orçamento e da intervenção estatal.

Na sequência, ingressa o Professor Amauri na fundamental – e difícil – tarefa de delimitação do regime jurídico das políticas públicas e do mapeamento dos princípios jurídicos a elas aplicáveis.

Por fim, adentra o mestre a província da aberta polêmica, ao cuidar das políticas públicas como fontes de direitos subjetivos. Introduzem-se aqui, inclusive, os marcos controversos (amplamente) da aplicabilidade imediata das políticas públicas, da reserva do possível, da vedação ao retrocesso, da separação de poderes, do ativismo doutrinário e judiciário e, neste ponto especificamente, do controle jurisdicional das omissões ou

PREFÁCIO

dos excessos estatais, na implementação de tais políticas. Em tais enfoques, as divergências opinativas serão inevitáveis. Ou seja, muitos (por vezes até eu), divergirão de algumas das teses expendidas. Mas nenhum dos discordantes, para fazer uma dissidência séria e fundada, poderá deixar de levar em conta as posições do Professor Amauri, como ponto de partida, necessário, da diáspora teórica eventual.

Enfim, o trabalho, ora prefaciado, se insere na bibliografia jurídica brasileira, dedicada ao relevantíssimo tema que abarca, como um marco definitivo e de indispensável referência, para o acordo ou para a discordância, mas sobretudo para o real conhecimento da matéria.

SERGIO FERRAZ

In strict logic, the conclusion does not follow from premises; conclusions and premises are two ways of stating the same thing. Thinking may be defined either as a development of premises or development of a conclusion; as far as it is one operation it is the other.

(John Dewey, "Logical method and law", *The Philosophical Review,* vol. 33, n. 6 (Nov. 1924), p. 568.)

SUMÁRIO

PREFÁCIO de Sérgio Ferraz 7

INTRODUÇÃO 17

Capítulo I – DELIMITAÇÃO DO OBJETO

1.1 Políticas públicas e Direito – Visão estrutural 35

1.2 A noção de política pública para a teoria da administração 41

1.3 Políticas públicas, plano e planejamento 53

1.4 Relação entre políticas públicas, programas e orçamento público 66

1.5 Políticas públicas e as modalidades de intervenção estatal nos domínios econômico e social 76

1.6 Políticas públicas são objeto do direito administrativo? Retificação da ideia de função administrativa 85

1.7 Limites do conceito jurídico de políticas públicas

1.7.1 Noções preliminares 104

1.7.2 A necessidade de superação do substancialismo 109

1.7.3 Parênteses: a distinção entre "políticas de Estado" e "políticas de governo" e sua improdutividade 112

1.7.4 Da inexistência de campo material específico para as políticas públicas 118

1.7.5 Conclusões parciais 119

Capítulo II – POSITIVAÇÃO DAS POLÍTICAS PÚBLICAS

2.1 Ordenamento jurídico das políticas públicas 123

2.2 Noção de regime jurídico e os princípios jurídicos das políticas públicas 127

2.2.1 Democrático 135

2.2.2 Igualdade 137

2.2.2.1 Impessoalidade 140

2.2.3 Razoabilidade (adequabilidade das metas e satisfatividade) 143

14   REGIME JURÍDICO DAS POLÍTICAS PÚBLICAS

2.2.4   *Subsidiariedade* 146
2.2.5   *Transparência* 155
    2.2.5.1   Importância do acesso às informações estatais para a análise e controle de políticas públicas . 159
    2.2.5.2   Vinculatividade das informações prestadas 160
2.2.6   *Eficiência* 166
2.2.7   *Conservação* 172
2.2.8   *Instrumentalidade* 174
2.2.9   *Responsabilidade* 176

Capítulo III – ESTRUTURA DIACRÔNICA DAS POLÍTICAS PÚBLICAS

3.1   A metodologia do marco lógico e a análise jurídica de políticas públicas 183
    3.1.1   *Fins* 186
    3.1.2   *Propósitos* 188
    3.1.3   *Componentes* 189
    3.1.4   *Atividades* 190
    3.1.5   *A matriz do marco lógico* 191
        3.1.5.1   Sentido jurídico da matriz do marco lógico 195
3.2   Políticas públicas como fontes de "direitos subjetivos" 196
    3.2.1   *Função "estenográfica" da locução "direito subjetivo"* 199
    3.2.2   *Subjetivação e eficácia* 202
    3.2.3   *A subjetivação e seu modelo pragmático* 206
3.3   Políticas públicas e direitos fundamentais
    3.3.1   *Estrutura jurídica dos direitos fundamentais* 218
    3.3.2   *A questão da aplicabilidade imediata dos direitos fundamentais e as políticas públicas* 223
    3.3.3   *Da irrelevância da natureza dos direitos para a avaliação jurídica de políticas públicas* 226
3.4   Os "topoi" do neopositivismo/neoconstitucionalismo e sua dispensabilidade no discurso sobre as políticas públicas
    3.4.1   *A questão da reserva do possível* 227
    3.4.2   *A vedação ao retrocesso* 231
    3.4.3   *Separação de poderes* 234
    3.4.4   *O ativismo doutrinário* 237

Capítulo IV – CONCLUSÕES 241

REFERÊNCIAS BIBLIOGRÁFICAS 243

AGRADECIMENTOS

Este livro resultou de minha dissertação de mestrado, defendida em outubro de 2011 na Pontifícia Universidade Católica de São Paulo – PUC/SP. Cumpre agradecer, empenhadamente, àqueles que, diretamente ou indiretamente, possibilitaram a sua realização.

Agradeço a José Roberto Pimenta Oliveira, exemplo de professor e profissional, não apenas pelo sempre pronto diálogo, mas, sobretudo, pela amizade, desde a minha graduação, quando tive a honra de ser seu aluno e, posteriormente, assistente. A este amigo registro o eterno agradecimento por ter sido o grande responsável, por seu exemplo e estímulo, pelo meu ingresso na pós-graduação *stricto sensu* da PUC/SP.

Agradeço a Dinorá Adelaide Musetti Grotti pela grande seriedade acadêmica e pelo exemplo de pesquisadora rigorosa e brilhante *Professora*, a quem bem cabe o termo em seu sentido maiúsculo, mais bonito e verdadeiro.

Dois agradecimentos, porém, em especial.

Agradeço a Sílvio Luís Ferreira da Rocha, exemplo de retidão moral e de generosidade, por ter dado a este seu eterno orientando (nos estudos e, acima de tudo, na vida) a honra e também a imensa responsabilidade da sua orientação acadêmica. Se é verdade que um bom orientando é aquele que não "dá trabalho" ao orientador, o melhor orientador é aquele que, não se fazendo perceber ou impor, influencia silenciosamente pelo exemplo. Agradeço, também, empenhadamente, a oportunidade de poder discutir o texto que deu origem a este livro, como professor assistente, na disciplina "Controle judicial das políticas públicas: o problema da concretização dos direitos fundamentais pela Administração Pública", oferecida no segundo semestre de 2012 no mestrado em Direito da PUC/SP. Das discussões ali havidas decorreram inúmeras ideias e sugestões de aprimoramento do trabalho. Este trabalho, verdadeiramente, seria impossível sem a sua contribuição. No que tiver de meritório (e se tiver), é também seu.

16   REGIME JURÍDICO DAS POLÍTICAS PÚBLICAS

Agradeço a SERGIO FERRAZ pelas valiosas ponderações feitas quando da defesa deste trabalho. A este grande Mestre deixo registrados os meus profundos agradecimentos pelas suas palavras naquela ocasião, que ficaram e ficarão marcadas em minha vida como motivo de orgulho. A este grande Mestre – cuja presença monumental em nossas letras jurídicas convida o estudioso a cerrar fileiras em defesa de um Estado de Direito não apenas democrático, mas sobretudo *livre* –, o meu agradecimento pela sua indescritível grandeza de espírito, que só os grandes espíritos têm, ao me dar a mim (então menos que um neófito – um desconhecido) o privilégio do seu convívio, da sua colaboração e da sua fraterna amizade.

Por tudo isto, a estes dois Professores e, para mim com indelével alegria, amigos, nenhum agradecimento será suficiente.

INTRODUÇÃO

Muito do que se vem produzindo, nos meios acadêmicos brasileiros, sobre o tema das políticas públicas diz respeito à inferência dos possíveis conteúdos que estas podem (ou devem) veicular. A discussão sobre os limites do controle jurisdicional das políticas públicas e sobre o papel destas como instrumentos de *concretização* dos direitos fundamentais sociais adquire, assim, um caráter de protagonismo na academia. Não se discute que muitos dos trabalhos já realizados sobre a temática das políticas públicas possuem inegável valor e contribuíram em muito para o florescimento do interesse sobre o tema. Especiais encômios devem ser dirigidos aos trabalhos pioneiros de Fábio Konder Comparato e Maria Paula Dallari Bucci,[1] que sem dúvida lançaram as bases para a discussão jurídica das políticas públicas entre nós.

No Poder Judiciário, salvo pouquíssimas exceções (oportunamente discutidas), as questões que se colocam dizem respeito à efetivação casuística de determinados direitos a prestações estatais, sendo o caso do fornecimento de medicamentos o mais comum.[2]

Ocorre, todavia, que a investigação dos aspectos materiais das políticas públicas parece dar mostras de saturação e incita os estudiosos a darem um passo além. Este passo, segundo defendemos no presente trabalho, deve ser dado quanto à compreensão *formal* das políticas públicas. Vale dizer: somente a compreensão das políticas públicas, enquanto estruturas normativas teleologicamente orientadas, a partir do seu caráter formal (isto é, isentas de qualquer conteúdo), poderá fornecer

---

1. Cf. Fabio Konder Comparato, "Ensaio sobre o juízo de constitucionalidade de políticas públicas", *Revista de Informação Legislativa. Brasília*, n. 138, abr./jun. 1998, pp. 39-48; e Maria Paula Dallari Bucci, *Direito Administrativo e Políticas Públicas*, São Paulo, Saraiva, 2002.

2. Cf. Luís Roberto Barroso, "Da falta de efetividade à judicialização excessiva: direito à saúde, fornecimento de medicamentos e parâmetros para a atuação judicial", in *Temas de Direito Constitucional*, t. IV, Rio de Janeiro, Renovar, 2009, pp. 217-254; Daniel Wei Liang Wang, "Escassez de recursos, custos dos direitos e reserva do possível na jurisprudência do STF", *Revista Direito GV, São Paulo*, 4 (2), jul./dez. 2008, pp. 539-568.

18 REGIME JURÍDICO DAS POLÍTICAS PÚBLICAS

ao sujeito (estudioso ou agente público) os elementos para a análise da legalidade ou constitucionalidade de qualquer política pública dada. Não se diga, porém, que esta perspectiva, ao pôr entre parênteses o conteúdo das políticas públicas, pecará por desconsiderar o *conteúdo dos direitos*, ou as *possibilidades materiais do Estado*, ou ainda os *anseios pela concretização dos direitos sociais* próprios de um "pós-positivismo" e que, portanto, será uma teoria estéril e desumanizada. Sem querer entrar no mérito, neste momento, do chamado "ativismo doutrinário" (faremos a sua discussão oportunamente, no Capítulo III) e da sua cientificidade, deve-se ressaltar que melhor atende aos anseios de concretização da ordem constitucional investigar cientificamente o fenômeno, considerando as suas características intrínsecas de generalidade e constância, de modo a possibilitar o manejo racional da categoria, do que pretender superpor juízos subjetivos (como o direito *deveria* ser) a uma realidade que deve ser inquirida analiticamente.

Cada objeto requer um método específico; nunca o inverso. O estudo formal das categorias jurídicas tradicionais (constituição, lei, atos administrativos e demais atos jurídicos) historicamente se desenvolveu segundo as características particulares de cada fenômeno. No caso das políticas públicas, o mesmo terá de se realizar.

Assim, repita-se, o questionar-se sobre qual o conteúdo constitucional de uma política pública ligada a um direito, por mais bem-intencionado que possa ser, pouco dirá sobre a própria política pública. As noções de "Estado Social", "Estado Constitucional", "concretização de direitos" em face de uma "reserva do possível", "mínimo existencial", "controle orçamentário", "separação de poderes", entre tantas outras, fazem parte do repertório daqueles que se debruçam sobre o tema das políticas públicas sob a vertente que podemos chamar de *substancialista*. Aqui, sem uma compreensão objetiva do fenômeno, o manejo de tal repertório pelo analista será a eterna montagem de um quebra-cabeças com as mesmas peças, um mero rearranjo das cores num prisma, sem qualquer significado qualitativamente diverso. Quando se pretende discutir as políticas públicas a partir do repertório ora citado, embora se possa estar próximo à política pública a que ele se relaciona, na verdade estar-se-á apenas tangenciando o objeto de investigação. É de se lembrar, a propósito, a frase de um famoso escritor que, contando sua experiência como estudante na faculdade de letras, disse nunca ter se sentido tão longe da literatura quanto ali.

Não obstante tal fato – a saber, a insuficiência das orientações substancialistas – importa destacar que o repertório acima descrito cumpre

INTRODUÇÃO 19

uma função importante: a de contextualizar o surgimento da temática das políticas públicas e o ambiente, sobretudo institucional, em que ela se encontra.

Assim, é inevitável ressaltar que a ideia de políticas públicas pertence muito mais ao momento histórico do Estado Social do que ao do chamado Estado Liberal. Isto porque foi no período do chamado Estado Social (primeiro quartel do século XX em diante) que os Estados nacionais passaram a produzir sistematicamente arranjos normativos com as feições de políticas públicas, isto é, com o propósito consciente de, influindo no presente, produzir efeitos futuros vinculados, de regra, à finalidade de atendimento dos interesses do Estado (às vezes, mas nem sempre, identificados com o *interesse público* na acepção que dá ao termo Celso Antônio Bandeira de Mello[3]) ou de direitos individuais. No que tange a estes últimos, de regra ligados aos setores de educação, saúde, moradia e emprego, importa destacar que pela primeira vez eram reconhecidos como direitos, passíveis de algum tipo de concretização sob responsabilidade do Estado. Mas é importante, também, compreender que, quando se trata de relação jurídica envolvendo o Poder Público, a subjetivação[4] dos direitos – no sentido que lhe é dado hoje – é fenômeno recente e constitui questão não completamente resolvida no plano teórico-dogmático.

A seu turno, a noção de Estado Constitucional, ou, por outro modo, de *supremacia constitucional*, relaciona-se às políticas públicas, na

---

3. Celso Antônio Bandeira de Mello, *Curso de Direito Administrativo*, 32ª ed., São Paulo, Malheiros Editores, 2015, pp. 59-70.
4. Por subjetivação deve-se entender, provisoriamente, a qualidade que, em determinada relação jurídica, possibilita a um sujeito impor, com recurso ao Poder Judiciário, o seu cumprimento, reconhecido pelo direito como obrigação (ônus) de outro sujeito. Cf., a respeito, trecho da obra clássica de Vicente Ráo, em que este expõe com clareza a posição tradicional acerca da noção de direito subjetivo: "Se, de nosso estudo, uma conclusão de ordem geral for possível extrair-se será, sem dúvida, a seguinte: o reconhecimento e a proteção dos direitos subjetivos constituem condição essencial de legitimidade de todo e qualquer sistema jurídico. (...) Assim, esgotada a parte doutrinária de nosso estudo, só nos resta, à guisa de conclusão geral, reunir as noções expostas em um só conceito e definir o direito subjetivo nestes precisos termos: 'direito subjetivo é o poder de ação determinado pela vontade que, manifestando-se através das relações entre as pessoas, recai sobre atos ou bens materiais ou imateriais e é disciplinado e protegido pela ordem jurídica, a fim de assegurar a todos e a cada qual o livre exercício de suas aptidões naturais, em benefício próprio, ou de outrem, ou da comunhão social'" (Vicente Ráo, *O Direito e a Vida dos Direitos*, 5ª ed., São Paulo, Ed. RT, 1999, pp. 603-615). Este conceito será aprofundado no Capítulo III do presente trabalho.

20 REGIME JURÍDICO DAS POLÍTICAS PÚBLICAS

medida em que se considere que, sendo estas executadas por arranjos legais envolvendo os Poderes Executivo e Legislativo, a questão da obrigatoriedade constitucional será a medida tanto para o contraste das ações executadas – colocando-se diretamente o problema dos limites da discricionariedade institucional do Poder Legislativo e, em menor medida, do Poder Executivo – quanto para a determinação das consequências em caso de omissão de tais poderes. Nesta última hipótese, o ponto de observação deverá ser o dos limites da atuação do Poder Judiciário, quando instado a fazê-lo pelos supostos destinatários de tais políticas.

Também nessa ordem de ideias insere-se o já aludido problema da "concretização de direitos", o qual suscitará – em face das limitações políticas, cognitivas e materiais do Estado – a questão de se saber se o rol de direitos estabelecido pela Constituição Federal tem a densidade semântica suficiente para que cada um de tais "direitos" sejam utilizados como símbolo e mesmo fundamento retórico (dimensão pragmática) para pretensões contra o Poder Público. Aqui, em verdade, o que se discute – mais do que a aplicabilidade das normas constitucionais[5] relativas a direitos fundamentais, o que, no plano do direito positivo se resolve pela evocação ao § 1º do art. 5º da CF –,[6] é a capacidade (em sentido não técnico) de a Administração Pública definir (e eventualmente ser compelida a fazê-lo, pela via jurisdicional) o conteúdo de "direitos subjetivos" que, ainda que com amparo no sobredito dispositivo constitucional (art. 5º, § 1º), não possuem a densidade significativa necessária para a eleição inequívoca dos comportamentos a serem adotados, bem como de sua exigibilidade.

Por outro lado, ao mesmo tempo em que a literatura especializada ignora a questão teórica (de máxima relevância) – consistente em se considerar a dita "concretização de direitos" em situações nas quais normalmente as condutas exigidas são um *esse in futurum*, isto é, possuem

---

5. Utiliza-se, aqui, por sua importância em nossa tradição constitucional, o termo na acepção dada por José Afonso da Silva, segundo o qual a "Aplicabilidade exprime uma possibilidade de aplicação. Esta consiste na atuação concreta da norma (...). Sociologicamente, pode-se dizer que as normas constitucionais, como outras, são eficazes e aplicáveis na medida em que são efetivamente observadas e cumpridas. Juridicamente, no entanto, a aplicabilidade das normas constitucionais (também de outras) depende especialmente de saber se estão vigentes, se são legítimas, se têm eficácia. A ocorrência desses dados constitui condição geral para a aplicabilidade das normas constitucionais" (José Afonso da Silva, *Aplicabilidade das normas constitucionais*, 8ª ed., 2ª tir., São Paulo, Malheiros Editores, 2015, p. 51).

6. Cf. art. 5º, § 1º, da CF, *in verbis*: "As normas definidoras dos direitos e garantias fundamentais têm aplicação imediata".

INTRODUÇÃO   21

caráter prospectivo, de atendimento a metas que transcendem as próprias políticas públicas – esta mesma literatura especializada faz questão de tratar a "concretização de direitos" como algo objetivamente extraível do texto constitucional, como se a concretização de direitos fosse uma mera opção (pode eventualmente o ser, mas nem sempre). De fato, a objetividade pretendida pelos defensores da subjetivação imediata dos direitos constitucionais apenas mascara o problema de que muitas das soluções terão caráter eminentemente político e assim deverão ser tratadas. Não se cuida, aqui, de defender espaços insindicáveis ao direito, mas de reconhecer que o uso do discurso jurídico (na sua qualidade de plexo de signos com múltiplos interpretantes, na acepção *peirceana*) estará permeado necessariamente por uma perspectiva ideológica, não se deslegitimando o sistema jurídico em razão disto.[7]

A outra face da moeda no que tange à discussão teórica atual sobre as políticas públicas relaciona-se com os *topoi* relacionados à "reserva do possível" e ao "mínimo existencial". O primeiro constitui uma ficção que significa, em última análise, a pressuposição de que o Estado não pode ser obrigado a agir se não dispuser de recursos financeiros para tanto. As ações estatais estariam limitadas pela disponibilidade de caixa do Poder Público. Ressalte-se que, ao termos qualificado a "reserva do possível" como uma ficção, não estamos falando em absoluto numa ficção

---

7. Cf. o pensamento de Luiz Alberto Warat, para quem: "a discursividade e as práticas jurídicas, assim como os atos interpretativos da lei, servirão aos processos de transformação da sociedade se conseguirem se afastar do objetivismo que as domina. Fundamentalmente se conseguirem trabalhar o caráter primário e constitutivo da articulação dos antagonismos. A vida prática do Direito, o conflito de interpretações introduz espaços de dúvida e ambiguidade que tornam impossível a caracterização do jurídico como uma ordem objetiva. Trata-se de interpretações que resultam de um conjunto de forças díspares que não respondem a nenhuma lógica unificadora. Elas surgem como resultado de uma luta que não se encontra garantida por nenhuma determinação 'a priori'. Quando se fala de objetividade, se está exaltando as possibilidades de um 'a priori' do Direito e da sociedade que negam o valor articulatório da história, na medida que toda objetividade pressupõe um componente reiterativo que anula o sentido do novo e de suas articulações. (...) O Direito é uma instância simbólica do político. Isto nunca pode ser negado se nossos desejos se encaminham para a produção de uma forma social democrática. Não se podem materializar os sentidos de uma forma social democrática sem uma referência forçosa do Direito. Negando o papel simbólico do Direito produz-se um estado de despolitização generalizada. Uma situação de máxima anarquia do social que poderá levar ao totalitarismo (Tocqueville)". Cf. Luiz Alberto Warat, *Introdução do Estudo do Direito*, vol. I, Porto Alegre, Sérgio Antônio Fabris Editor, 1994, pp. 27-28. Ver, também, Niklas Luhmann, *Law as a Social System*, tradução de Klaus A. Ziegert, Oxford, Oxford University Press, 2004, pp. 122-131.

jurídica (que é criada pelo próprio sistema jurídico), mas sim em sentido retórico, como um argumento pela ignorância.[8] Procura-se – principalmente em juízo – defender que uma ação não pode ser executada porque não há recursos, assumindo como premissa (não comprovada) a própria ausência de recursos, o que evidentemente é falacioso.

Como contraponto à própria ideia de "reserva do possível" se insere o tópico do "mínimo existencial", segundo o qual, independentemente de qualquer outra circunstância, deve ser garantido ao indivíduo, em termos materiais, o mínimo necessário à sua sobrevivência. Neste ponto abrem-se vertentes que buscam garantir maior ou menor amplitude ao mínimo existencial, conceito que é utilizado com a carga significativa de imunidade contra o dissenso, haja vista que o princípio da solidariedade social – que fundamenta a sua aplicação – dificilmente pode ser negado em comunidade atualmente.

Todos os aspectos acima sumarizados ganham ainda um fator complicador, quando se discutem as políticas públicas, que vem a ser o *princípio da separação de poderes*. Referido princípio é manejado pelos estudiosos ou para proscrever eventuais decisões do Poder Judiciário que implementem políticas públicas em caso de omissão dos demais poderes (Executivo e Legislativo) ou para as justificar, sob o argumento (entre outros) de que a conformação da separação entre os poderes deve ser interpretada positivamente, em consonância com o texto da Constituição Federal. Donde a ideia de que aos instrumentos previstos na Constituição Federal (*v.g.*, mandado de injunção, ação direta de inconstitucionalidade por omissão, arguição de descumprimento de preceito fundamental) deve ser garantida a máxima efetividade, tendo em vista, adicionalmente, que tais instrumentos servem à concretização do já aludido art. 5º, § 1º, que estabelece a problemática "aplicabilidade imediata" dos "direitos e garantias fundamentais".

Como visto, o manejo do repertório, acima mencionado, relativo à temática das políticas públicas, embora relevante para a devida contextualização do tema, pouco faz para a sua compreensão como fenômeno

---

8. Cf. Irving M. Copi, *Introdução à Lógica*, tradução de Álvaro Cabral, 2ª ed., São Paulo, Mestre Jou, 1978, p. 77: "A falácia do *argumentum ad ignorantiam* é ilustrada pelo argumento de que devem existir fantasmas, visto que ninguém foi ainda capaz de provar que não existem. O *argumentum ad ignorantiam* é cometido sempre que uma proposição é sustentada como verdadeira na base, simplesmente porque não foi provada sua falsidade, ou como falsa, porque não demonstrou ser verdadeira. Mas, nossa ignorância para provar ou refutar uma proposição não basta, evidentemente, para estabelecer a verdade ou falsidade dessa proposição".

INTRODUÇÃO 23

isolado de interesse para o direito e para as exigências da vida prática.

Em decorrência disto, no presente trabalho, o recurso ao aludido repertório será feito sempre que necessário (e de certa forma será inevitável), porém não será o eixo da investigação empreendida.

A metodologia ora empregada é a de um estruturalismo, com acentos especiais por se tratar de um objeto jurídico. Isto significa, em primeiro lugar, que o presente trabalho recusa a perspectiva dogmática tradicional, centrada na interpretação de enunciados positivos com a pretensão de correção (ou seja, de se oferecer a *melhor* interpretação abstrata de enunciados positivos em face de fatos ou problemas práticos). Não se quer dizer, no entanto, que o presente trabalho prescindirá de características compreensíveis como dogmáticas; mas estas serão decorrência do trabalho e não sua essência. Busca-se, portanto, delimitar e compreender o fenômeno das políticas públicas a partir da consideração de seus elementos constitutivos (no caso, atos jurídicos e atos materiais) como *estruturas*.

A perspectiva que ora se privilegia deriva, precipuamente, de um problema de teoria geral do direito. As teorias consagradas ao estudo da validade e eficácia das leis, atos administrativos e demais atos infralegais não conseguem dar conta das políticas públicas, que reúnem mais de uma espécie de veículo normativo (leis e atos administrativos, leis e atos materiais, negócios jurídicos etc.), combináveis entre si de muitos modos. Os modelos de análise de constitucionalidade das leis e de legalidade dos atos administrativos – para ficarmos apenas nestas espécies normativas – são atomisticamente desenhados (avalia-se *uma* lei, *um* ato administrativo)[9] e, em razão disto, não comportam a com-

---

9. Interessante, a propósito do quanto exposto, a definição de negócio jurídico dada por Antônio Junqueira de Azevedo, *verbis*: "O negócio jurídico, estruturalmente, pode ser definido ou como categoria, isto é, como fato jurídico abstrato, ou como fato, isto é, como fato jurídico concreto. (...) *In concreto*, negócio jurídico é todo fato jurídico consistente em declaração de vontade, a que o ordenamento jurídico atribui os efeitos designados como queridos, respeitados os pressupostos de existência, validade e eficácia impostos pela norma jurídica que sobre ele incide" (Antônio Junqueira de Azevedo, *Negócio Jurídico: existência, validade e eficácia*, 4ª ed., São Paulo, Saraiva, 2002, p. 16). A inconstitucionalidade, a seu turno, é explicitada por Marcelo Neves, para quem "Define-se inconstitucional uma lei cujo conteúdo ou cuja forma contrapõe-se, expressa ou implicitamente, ao conteúdo de dispositivos da Constituição. E, no sentido rigoroso aqui considerado, é a lei (em sentido formal ou material) em relação *imediata* de incompatibilidade vertical com normas constitucionais" (Marcelo Neves, *Teoria da Inconstitucionalidade das Leis*, São Paulo, Saraiva, 1988, pp. 73-74). Quanto aos atos administrativos e seu controle, é já clássica em nosso direito a sistematização, feita por Celso Antônio Bandeira de Mello, que distingue

24 REGIME JURÍDICO DAS POLÍTICAS PÚBLICAS

preensão de uma estrutura, como o são as políticas públicas (que podem reunir uma infinidade de combinações de espécies normativas e de atos materiais). Uma lei pode ser constitucional, um ato administrativo pode ser legal, sob o modelo tradicional de análise, mas a política pública em que tais atos se inserem pode ser inconstitucional ou ilegal. Não existe correspondência entre a análise jurídica de políticas públicas e a respectiva análise dos atos que as constituem. Nada, absolutamente nada, pode fazer inferir que, por ser uma lei constitucional ou um ato administrativo legal, a política pública que tais atos integrem também o seja. Com relação a este aspecto, deve-se mencionar que a compreensão das políticas públicas como *atividade* foi entre nós obra de Fábio Konder Comparato,[10] o que possibilitou o avanço teórico de separar o juízo de constitucionalidade de leis do mesmo juízo atinente às políticas públicas.

Registre-se que não se pretende aqui prescindir dos modelos tradicionais de análise jurídica. Estes, com todas as variações que comportam, são mais ou menos adequados para os fins a que se destinam, de acordo com a preferência do analista. O que se defende no presente trabalho é que os modelos tradicionalmente consagrados de análise de constitucionalidade das leis e de análise de legalidade dos atos administrativos e demais atos jurídicos não são suficientes para a análise jurídica das políticas públicas, que reúnem, como fenômeno, características diversas, não assimiláveis às daqueles atos.

De fora parte a questão importantíssima da diferença entre as próprias concepções de controle – atomística, no caso dos modelos tradicionais, e estrutural, no caso do modelo ora proposto –, há que se

entre: (a) pressupostos de existência do ato administrativo (conteúdo e pertinência à função administrativa); e (b) pressupostos de validade (sujeito, motivo, requisitos procedimentais, finalidade, causa e formalização). Cf. Celso Antônio Bandeira de Mello, *Curso de Direito Administrativo*, cit., pp. 393-497.

10. É de se citar trecho do pioneiro artigo de Comparato: "Mas, se a política deve ser claramente distinguida das normas e dos atos, é preciso reconhecer que ela acaba por englobá-los como seus componentes. É que a política aparece, antes de tudo, como uma *atividade*, isto é, um conjunto organizado de normas e atos tendentes à realização de um objetivo determinado. O conceito de atividade, que é também recente na ciência jurídica, encontra-se hoje no centro da teoria do direito empresarial (em substituição ao superado 'ato de comércio') e constitui o cerne da moderna noção de serviço público, de procedimento administrativo e de direção estatal da economia. A política, como conjunto de normas e atos, é unificada pela sua finalidade. Os atos, decisões ou normas que a compõem, tomados isoladamente, são de natureza heterogênea e submetem-se a um regime jurídico que lhes é próprio" (Fabio Konder Comparato, "Ensaio sobre o juízo de constitucionalidade de políticas públicas", cit., pp. 39-48 e pp. 44-45).

INTRODUÇÃO 25

mencionar outros elementos característicos que impedem o tratamento idêntico entre políticas públicas e as leis, atos administrativos e demais atos infralegais considerados isoladamente.

O primeiro de tais elementos vem a ser a própria *instrumentalidade* dos atos que compõem uma política pública, na medida em que esta se configura como um arranjo de atos (*meios*) destinados à consecução de determinados *fins*. Assim, a regularidade formal e material de determinado ato em face da constituição ou da lei, quando se trata de políticas públicas, fica entre parênteses: a instrumentalidade que preside a existência positiva de cada norma (em sentido amplíssimo) ou ato material impõe que se verifique se tais atos (jurídicos ou materiais) são aptos a concretizar tais metas ou objetivos; este é o primeiro dos limites da análise jurídica de políticas públicas.

Em segundo lugar, há que se mencionar que, a depender da fase lógica de cada política pública analisada (fim, propósito, componentes e atividades), o controle incidirá sobre um bloco, muitas vezes heterogêneo, de atos (leis, atos administrativos, condutas materiais etc.). A decisão sobre a juridicidade ou antijuridicidade de uma dada política pública afetará, nesta linha de raciocínio, um número aprioristicamente indefinível de atos.

E não se diga, neste passo, que o afetar uma série de atos seria também uma consequência natural e presente no fenômeno do controle tradicional (atomístico) dos atos legais, em que, invalidando-se o ato de maior hierarquia ou ao qual estejam logicamente ligados outros atos, estes também perderiam eficácia ou seriam invalidados, em verdadeiro "efeito dominó", o que tornaria sem justificativa a menção a tal aspecto como inerente ao fenômeno das políticas públicas. Na verdade, embora não se possa negar que tal aspecto seja inerente a qualquer concepção escalonada de ordem jurídica, a configuração do controle de atos "em bloco" nas políticas públicas adquire um contorno que o difere dos demais: enquanto, no controle tradicional, a invalidação de um ato de hierarquia superior causa o decaimento dos inferiores (ou que dele dependam logicamente), sendo isto apenas uma consequência do primeiro juízo, no caso das políticas públicas é o bloco de atos o próprio "objeto" do controle, haja vista que é o seu significado (interpretante) na qualidade de componentes da estrutura que será antijurídico.

Outra diferença da concepção estruturalista de políticas públicas com relação ao controle *tradicional* de atos jurídicos tem a ver com o caráter prospectivo da análise de políticas públicas, em contraposição ao caráter retrospectivo da análise jurídica dos atos estatais. De novo:

26 REGIME JURÍDICO DAS POLÍTICAS PÚBLICAS

aqui não se trata de uma negação de que o juízo prospectivo não se encontre também na análise tradicional; a diferença é mais de intensidade: enquanto que o olhar prospectivo é exceção na análise tradicional (reservado de regra à chamada normatização de conjuntura), na análise de políticas públicas é por essência prospectivo. Calha, a propósito de tais características, a observação de Eros Roberto Grau, para quem

as normas jurídicas estão sempre voltadas ao futuro. Definem antecedentes que, em ocorrendo, darão origem a aplicação de certa disposição. Tais antecedentes, que impõem uma conduta normada, no entanto, são sempre determinados, porque construídos desde uma visão retrospectiva. O objeto da norma é sempre certo. Quando, porém, examinamos as normas construídas desde uma visão prospectiva o seu objeto aparece como incerto, como fim a ser perseguido. Não se trata, portanto, de norma voltada a assegurar um tipo de conduta, mas sim o próprio alcance do seu objeto.[11]

É esta incerteza, referida por Grau, que dá uma das notas características da análise de políticas públicas: a juridicidade deve ser o resultado de um *olhar para o futuro*, comparando-se as medidas tomadas e os fins a que se destinam e o potencial daquelas para atender a estes, e não um olhar retrospectivo, que identifique a correspondência de eventos à hipótese abstrata de normas, próprio das concepções tradicionais, já referidas.[12]

O juízo jurídico tradicional, quanto à forma de apresentação retórica, pode ser caracterizado como um raciocínio predominantemente "semântico": a partir dos textos escritos do direito – segundo o princípio da inegabilidade dos pontos de partida próprio da perspectiva dogmáti-

---

11. Eros Roberto Grau, *Planejamento Econômico e Regra Jurídica*, São Paulo, Ed. RT, 1978, pp. 75-76.

12. No mesmo sentido, ver: Maria Paula Dallari Bucci, "Notas para uma metodologia jurídica de análise de políticas públicas", in Cristiana Fortini, Júlio César dos Santos Esteves e Maria Tereza Fonseca Dias (orgs.), *Políticas Públicas. Possibilidades e Limites*, Belo Horizonte, Fórum, 2008, p. 250, *verbis*: "As políticas públicas permitem um trabalho mais prospectivo do que retrospectivo no Direito, o que é interessante, uma vez que a Teoria Geral do Direito, desenvolvida nos moldes da predominância do direito privado, tem seu foco no momento da aplicação da lei, especialmente no dizer o direito pelos tribunais. Uma Teoria Geral do Direito Público que analise e sistematize o que ocorre no Estado antes da edição da lei, ou o processo, em sentido amplo, que leva à decisão acerca da propositura de um projeto de lei, e ainda as mediações necessárias, tanto no aparelho do Estado, como no meio social, para a efetivação das disposições constitucionais, é algo que ainda precisa ser construído".

INTRODUÇÃO 27

ca[13] – irá o jurista avaliar a situação fática ou hipotética e o seu enquadramento (igualdade, condição de *réplica, token*) na solução de sentido extraível dos primeiros. O juízo revestir-se-á da condição de enquadramento ou não do fato compreendido na hipótese de sentido construída a partir do enunciado da norma. Algo será ilegal, na forma argumentativa semântica, porque não corresponde a um mandamento legal. No juízo jurídico acerca de políticas públicas, a forma de apresentação retórica será predominantemente pragmática e não semântica: algo será legal ou ilegal não por diretamente enquadrar-se ou não em determinada hipótese legal, mas, ao contrário, por não atender fática ou abstratamente a um objetivo que lhe precede. Assim, as atividades definidas para a consecução dos componentes (resultados parciais) de dada política pública serão legais (válidas) ou ilegais (inválidas) se puderem, abstratamente, servir à realização dos ditos componentes. Do mesmo modo, os componentes somente serão válidos se puderem abstratamente servir à realização do propósito da política pública, e este (propósito) somente será válido se servir ao fim (objetivo último) que preside à adoção de dada política pública. Enfatizamos o "abstratamente" porque há juízos de duas ordens sobre a validade de políticas públicas: um abstrato, que serve para aferir a aptidão de cada um dos elementos estruturais da política pública para atender à finalidade de interesse público que lhe subjaz; e outro, concreto, que analisa a própria conduta dos agentes públicos para executar o arcabouço normativo que dá existência a dada política pública. No caso do juízo abstrato, diretamente atingidos são os atos normativos; no caso do juízo concreto, o que se analisa é justamente a atuação material dos agentes públicos, com a consequente responsabilização pessoal destes, se for o caso. A análise jurídica de políticas públicas compreende ambos os aspectos, sendo, no entanto, o plano abstrato o de maior dificuldade teórica.

13. Cf. a explanação de Tércio Sampaio Ferraz Jr., para quem "é preciso reconhecer que a Dogmática Jurídica, em que pese o seu contato com os pressupostos zetéticos da experiência jurídica, tem por característica principal o *princípio da proibição da negação*, ou seja, o princípio da inegabilidade dos pontos de partida de suas séries argumentativas. Isto não quer dizer que estas séries constituam uma unidade *porque* partem dos dogmas o que pressuporia que estes já fossem dados na forma de um sistema coerente. Ao contrário, o pensamento dogmático guarda sua unidade pela referência ao princípio da decidibilidade, que é sua questão fundamental. Só assim é possível entender que esta forma de pensar típica do jurista se caracterize, ao mesmo tempo, tanto pela interrupção da crítica e pela vinculação a dogmas, quanto pela determinação de seus princípios constitutivos" (Tércio Sampaio Ferraz Jr., *Função Social da Dogmática Jurídica*, São Paulo, Ed. RT, 1980, p. 95).

28 REGIME JURÍDICO DAS POLÍTICAS PÚBLICAS

Quando se distingue entre uma apresentação retórica de caráter semântico e outra, de caráter pragmático, própria das políticas públicas, deve-se afastar um possível equívoco: com tal diferenciação não se está a sustentar uma distinção lógica entre duas "espécies" de juízos jurídicos, mas a variedade das *formas* de sua expressão. A hermenêutica – enquanto atividade humana fundamental – é essencialmente *una*, conforme bem ressaltou Gadamer.[14] No campo estrito dos juízos jurídicos, o mesmo se dá. Não há como não seguir o pensamento de José Reinaldo Lima Lopes, que sustenta, em artigo sobre a distinção entre regras e princípios, a unidade lógica do juízo jurídico. Veja-se o seguinte trecho do trabalho mencionado:

> Ora, no que diz respeito ao juízo jurídico, temos uma situação bastante especial. Alguns dirão que na prática do direito é preciso distinguir os *juízos de fato* dos *juízos de direito*, ou seja, as predicações dos fatos (*se isto ocorreu*, ou *se isto ocorrer*) das predicações jurídicas (*valerá isto, será considerado lícito ou ilícito*). A situação é ligeiramente mais complexa, mas é um bom começo.
>
> Essa simplicidade é muito aparente. No juízo jurídico, trata-se sempre de qualificar uma situação de fato. Ou se qualifica um fato específico, no processo de adjudicação, ou se trata de criar tipos de fatos que serão qualificados no futuro. Mais ainda, quando se trata de qualificar um fato qualquer passado – na decisão judicial –, esse fato tem que ser convertido em um *tipo*. É da essência da regra que ela se refira a tipos: a aplicação de uma regra concreta é reconhecimento que o fato específico é um fato dentro de uma classe, classe essa descrita por alguma regra.
>
> Quando alguém se pergunta pela licitude ou pela legalidade de uma conduta ou de um estado de coisas, está deliberando o que fazer naquele caso e em todos os casos semelhantes (segundo regras), exercendo um juízo prático.

14. Hans-Georg Gadamer afirma, sobre a unidade do trabalho hermenêutico, que "o que é verdadeiramente comum a todas as formas da hermenêutica é que o sentido de que se trata de compreender somente se concretiza e se completa na interpretação, mas que, ao mesmo tempo, essa ação interpretadora se mantém inteiramente atada ao sentido do texto. Nem o jurista nem o teólogo veem na tarefa da aplicação uma liberdade face ao texto" (Hans-Georg Gadamer, *Verdade e Método. Traços fundamentais de uma hermenêutica filosófica*, tradução de Flávio Paulo Meurer, revisão da tradução de Ênio Paulo Giachini, 3ª ed., Petrópolis, Vozes, 1999, p. 493). Para a concepção do filósofo, a atividade compreensiva (hermenêutica) mesmo em outras áreas da vida humana (como artes ou outras ciências) possui este traço de estar ligada à história, ao cânone, ao texto, à experiência. São estes os elementos que condicionam e possibilitam qualquer trabalho compreensivo.

INTRODUÇÃO 29

Ora, na maioria das vezes a dificuldade não está em saber a regra, mas saber se o fato sujeita-se a uma regra e não a outra. Isso acontece da mesma forma quer se trate de aplicar uma regra ou um princípio. Dizer que um fato se submete a um princípio significa dizer que se submete a uma espécie de norma e para submeter-se a uma espécie de norma é preciso tipificá-lo.[15]

A afirmação de uma unidade lógica dos juízos jurídicos não pode, portanto, ser confundida com a separação, que é nítida e também inegável, entre as formas de expressão retórica da argumentação jurídica.

Deve-se salientar, igualmente, que a argumentação sobre políticas públicas, por sua diferença na forma de apresentação retórica, não abdicará de ser estritamente jurídica. A questão que se colocará, para o jurista, deverá ser sempre uma questão de direito: serão legais os fins, propósitos, componentes e atividades de uma política pública *na medida em que sejam capazes de desempenhar as funções que lhes cabem na estrutura*. O código binário lícito-ilícito,[16] próprio do sistema social do direito, estará presente, o fundamento de sua utilização será naturalmente a incidência do regime jurídico-administrativo, inevitável em face de nossa ordem constitucional, e particularmente dos princípios democrático, da isonomia, da transparência, da subsidiariedade, da eficiência, da razoabilidade ou proporcionalidade, da conservação, da instrumentalidade e da responsabilidade.

Um traço igualmente relevante do fenômeno das políticas públicas consiste em que estas, em razão da sua natureza de atividades vinculadas a um (ou mais de um) fim que as precede, não comportarão uma solução de simples desconstituição (ainda que com a modulação de efeitos temporais), mas, muitas vezes, imporão, como única solução possível, uma atuação positiva, um *fazer* por parte da Administração Pública. A invalidade de algum aspecto de dada política pública se traduzirá no mandamento – pensamos aqui na decisão judicial sobre políticas públicas – de que o administrador público aja para que a providência impugnada (fim, propósito, componente ou atividade) seja suficiente para atender com eficiência à sua função estrutural. Além disto, como as políticas públicas relacionam-se majoritariamente senão com direitos fundamentais, mas

15. José Reinaldo de Lima Lopes, "Juízo jurídico e a falsa solução dos princípios e das regras", *Revista de Informação Legislativa* n. 160, Brasília, out./dez. 2003, p. 51.
16. Cf. Niklas Luhmann, "Deconstruction as second order observing", *New Literary History*, n. 24, 1993, pp. 763-782.

pelo menos com um *interesse público positivado*, a simples desconstituição de seus efeitos (da política como um todo) não será a solução devida na maioria dos casos. A intervenção judicial será muito mais *corretiva* do que *desconstitutiva*, de um caráter muito mais *colaborativo* e *participativo* que *impositivo*, o que é uma mudança de paradigma que não pode ser desprezada. À luz de tal concepção, por exemplo, o "problema" da separação de poderes se torna algo em certa medida anacrônico. É inegável que, atualmente, o juiz como mero revisor formal dos demais poderes é um produto com validade vencida. No campo das políticas públicas, se chamado a agir, a colaborar com os demais poderes, não pode se furtar o juiz de fazê-lo. As formulações que vedam aos juízes se imiscuírem em questões envolvendo políticas públicas são na verdade derivadas mais de um medo da imprevisibilidade dos resultados de tal atuação do que de objeções teóricas ou empíricas fundadas. Na medida em que se produzam balizas teóricas à avaliação jurídica de políticas públicas, o problema da imprevisibilidade (e mais do que isto, da ausência de possibilidade de fundamentar a imprevisibilidade) é afastado. O argumento de que o juiz não está aparelhado (mental e institucionalmente) para avaliar políticas públicas (tarefa por excelência do binômio político-administrador), quando se compreende a natureza do fenômeno analisado, adquire um significado diverso: a posição do juiz, ao avaliar políticas públicas, será a de um observador de *segunda ordem*, de um meta-observador, cuja função será a de contribuir para a melhor implementação de uma dada política pública. Lembre-se de que a situação litigiosa, que ensejará o controle jurisdicional, será sempre aquela sobre a qual incidirá um conflito de interesses determinado (mesmo quando se trate do controle de constitucionalidade, naturalmente abstrato), no bojo do qual múltiplos dados e informações serão levados ao seu conhecimento e será permitida, se for o caso, a participação de uma série de atores cujos interesses também possam influir na decisão a ser produzida. A contribuição do juiz – mesmo que a discussão judicial sobre políticas públicas no futuro seja incrementada em número de processos – será inevitavelmente pontual, ao passo que a atividade dos administradores e legisladores continuará a ser uma observação de *primeira ordem*, prioritária e independente. Do mesmo modo, quando se consideram as limitações cognitivas do administrador público no tocante à elaboração e execução das políticas públicas, fica em certa medida relativizada a posição daqueles que defendem a inaptidão do juiz para a avaliação de políticas públicas, em razão de um suposto despreparo deste para tal tarefa, em comparação com a *expertise* do administrador público.

INTRODUÇÃO 31

Uma última diferença que guarda a compreensão jurídica das políticas públicas em comparação com os juízos atomísticos de constitucionalidade das leis e de legalidade de atos administrativos reside no plano da coisa julgada. Esta, conquanto goze da proteção constitucional no tocante à intangibilidade de seus efeitos (art. 5º, XXXVI), sofrerá inevitavelmente aquilo que a doutrina tem denominado "relativização", no sentido de que a constituição de coisa julgada sobre uma determinada pretensão relativa a políticas públicas não poderá cercear a competência constitucional da Administração Pública (legislador e executivo) para dispor sobre a matéria. Assim, sobrevindo, após a constituição da coisa julgada, nova solução (*p. ex.*, tecnologia ou conhecimento especializado), que torne a solução eleita em juízo obsoleta, ou menos econômica, ou desnecessária, é claro que a competência para dispor sobre aquela situação, alterando-a, assistirá ao administrador. O único efeito imutável da coisa julgada sobre políticas públicas consiste em que, atingindo a coisa julgada um determinado nível de concreção de qualquer dos elementos que componham a política pública (*v.g.*, determinando-se a redução do analfabetismo de determinada região para níveis recomendados por organizações internacionais, isto é, determinando-se o atingimento de um determinado *propósito*), a Administração desconsidere este nível de concreção judicialmente determinado. Assim, esta *relativização da coisa julgada* difere de certas concepções da doutrina processualista, quando esta defende que a figura corresponde a um "trato extraordinário destinado a situações extraordinárias com o objetivo de afastar absurdos, injustiças flagrantes, fraudes e infrações à Constituição";[17] em verdade, a coisa julgada formada sobre políticas públicas, na hipótese cogitada, de regra não conterá os vícios apontados: o que determinará a sua mudança (ou relativização) será a possibilidade de que o administrador público, no exercício da competência primária que a Constituição Federal lhe confere para a disposição sobre a matéria, vir a incorporar soluções melhores, mais adequadas, mais eficientes ou mais econômicas àquelas que adviriam da sentença transitada em julgado, *mantendo-se, repita-se, o mesmo grau de concreção da estrutura que adviria daquela decisão judicial.*

O presente trabalho divide-se em quatro capítulos.

O primeiro destina-se à delimitação do seu objeto. Nele, estabelecem-se as premissas da metodologia utilizada: o estruturalismo; abordam-se as afinidades do conceito de políticas públicas com a fe-

---

17. Cândido Rangel Dinamarco, "Relativizar a coisa julgada material", *Revista da Procuradoria Geral do Estado de São Paulo*, n. 55/56, São Paulo, jan./dez. 2001, p. 75.

32 REGIME JURÍDICO DAS POLÍTICAS PÚBLICAS

nomenologia semiótica da vertente peirceana; encarece-se a noção de políticas públicas no âmbito da teoria da administração; diferencia-se o conceito de políticas públicas de outros conceitos, às vezes confundidos pela doutrina especializada, como plano, planejamento, programa, orçamento; introduz-se o princípio da *interdefinibilidade*, segundo o qual as políticas públicas podem veicular teoricamente qualquer modalidade estatal de intervenção no domínio econômico e social, localizando-as, portanto, em plano lógico diferente em comparação com tais atividades; retifica-se a noção de função administrativa, de modo a demonstrar a plena compatibilidade da análise das políticas públicas à luz do regime jurídico-administrativo; e, por fim, indicam-se os limites do conceito de políticas públicas, com vistas a superar a visão substancialista da matéria, cuja insuficiência para a correta apreensão do fenômeno é também demonstrada.

O Capítulo II destina-se à análise das políticas públicas em sua configuração normativo-positiva, de forma a ilustrar, em primeiro lugar, a complexidade de tais arranjos normativos e, decorrência disto, as dificuldades que tais estruturas suscitam no plano da análise. A parte final deste capítulo tem por objetivo identificar, com todas as ressalvas que possam ser feitas a tal abordagem metodológica, um regime jurídico aplicável às políticas públicas. Sem pretensão de exclusividade, são relacionados como regentes das políticas públicas os princípios jurídicos democrático, da isonomia, da razoabilidade, da subsidiariedade, da transparência, da eficiência e da responsabilidade.

O Capítulo III aborda o sentido diacrônico das políticas públicas, que compreende a análise da estrutura das políticas públicas a partir da metodologia do marco lógico. Mais do que um exercício de abstração, a abordagem estruturalista, conforme já ressaltado, possibilita – ao se aprofundarem os conceitos de fim, propósito, componentes e atividades, bem como as relações de tais elementos entre si – um instrumental analítico altamente eficaz para a análise de políticas públicas. Também é proposta, neste capítulo, a ideia das políticas públicas como fatores de densificação do discurso relacionado a direitos subjetivos. Ao contrário do posicionamento substancialista, que parte de um conceito aprioristicamente concebido de direitos subjetivos para compará-lo com o conteúdo das políticas públicas, o posicionamento proposto admite, primeiramente, que os direitos públicos subjetivos nem sempre terão a densidade suficiente para serem exigidos (haverá o direito, mas não haverá a subjetivação). Esta primeira concessão (que pode ser tomada erroneamente como um "passo atrás" na compreensão dogmática das

INTRODUÇÃO   33

funções estatais, principalmente sob o ângulo de um certo ativismo doutrinário prevalecente entre nós) permite na verdade um avanço: constatada a ausência ou deficiência de subjetivação, esta pode ser superada por meio da análise estrutural das políticas públicas, cujos elementos poderão servir, no discurso jurídico, a uma densificação de posições subjetivas. Embora seja assente que o direito à moradia, por exemplo, não permite uma ação judicial contra o Estado a fim de que ele custeie os alugueres de uma família numa grande cidade, é possível, contudo, ao se identificar, nesta cidade, a existência de um programa habitacional que preveja a construção de moradias e que ou esteja paralisado ou desatenda ao princípio democrático (beneficiando famílias em igual condição, porém excluindo a família em questão), reivindicar, para esta família, o direito subjetivo àquela prestação do Estado. Da mera situação de enunciação abstrata de um direito (Constituição Federal), passa-se, após a análise, para uma outra situação (atos infraconstitucionais e materiais), em que os sujeitos são conhecidos e os comportamentos estão minimamente delineados por meio do direito, permitindo-se satisfatoriamente a discussão judicial de tal política pelo universo de seus beneficiários. Mesmo a questão da separação dos poderes, que é um óbice muitas vezes às decisões que reconheçam direitos subjetivos públicos, perde força quando a Administração Pública já indicou o caminho a seguir, obrigando-se nestes termos.

No Capítulo IV são firmadas as conclusões obtidas a partir dos três capítulos principais do trabalho.

Capítulo I

DELIMITAÇÃO DO OBJETO

1.1 Políticas públicas e Direito – Visão estrutural. 1.2 A noção de política pública para a teoria da administração. 1.3 Políticas públicas, plano e planejamento. 1.4 Relação entre políticas públicas, programas e orçamento público. 1.5 Políticas públicas e as modalidades de intervenção estatal nos domínios econômico e social. 1.6 Políticas públicas são objeto do direito administrativo? Retificação da ideia de função administrativa. 1.7 Limites do conceito jurídico de políticas públicas: 1.7.1 Noções preliminares – 1.7.2 A necessidade de superação do substancialismo – 1.7.3 Parênteses: a distinção entre "políticas de Estado" e "políticas de governo" e sua improdutividade – 1.7.4 Da inexistência de campo material específico para as políticas públicas – 1.7.5 Conclusões parciais.

1.1 Políticas públicas e Direito – Visão estrutural

Como já referido no tópico precedente, a premissa metodológica do presente trabalho liga-se à concepção de políticas públicas como *estruturas*. Se é verdadeiro que as políticas públicas devem ser entendidas como *atividades estatais concatenadas temporalmente e unificadas por uma finalidade ou por uma pluralidade de finalidades de interesse coletivo*, então é correto afirmar que sua análise não pode prescindir da compreensão conjunta e sistêmica de todos os elementos (juridicamente: leis e atos infralegais e mesmo materiais) que as compõem. Perspectiva estruturalista, portanto. Interessante, nesse propósito, a lição de Joseph Hrabák, quando menciona que o

> estruturalismo não é uma teoria nem um método: é um ponto de vista epistemológico. Parte da observação de que todo conceito num dado sistema é determinado por todos os outros conceitos do mesmo sistema, e nada sig-

36 REGIME JURÍDICO DAS POLÍTICAS PÚBLICAS

nifica por si próprio. Só se torna inequívoco, quando integrado no sistema, na estrutura de que faz parte e onde tem lugar definido.[1]

Assim, necessário é integrar os fatos de conhecimento

num feixe de relações que ponham em evidência a sua inequivocidade dentro de uma superordenação e de uma subordinação. Numa palavra, a estrutura global é mais do que a súmula mecânica das propriedades dos seus componentes, pois determinam propriedades novas.[2]

A perspectiva estruturalista, em suas diversas formulações teóricas, conforme ressalta Jean Piaget,[3] pressupõe dois traços de comunhão entre os seus estudiosos. O primeiro consiste na concepção de *inteligibilidade* da estrutura, segundo a qual o objeto pode ser compreendido pela análise da composição intrínseca dos elementos que compõem a sua estrutura, sendo desnecessário o recurso a elementos exteriores a ela. O segundo, na compreensão de que os elementos da estrutura evidenciam caracteres *gerais* e *necessários* para a configuração do fenômeno, representando termos *constantes* para a própria apreensão ontológica dele. Por esta razão é que Piaget conceitua a estrutura como um "sistema de transformações que comporta leis enquanto sistema", representando assim uma oposição às propriedades individuais dos seus elementos constitutivos e "que se conserva ou enriquece pelo próprio jogo de suas transformações, sem que estas conduzam para fora de suas fronteiras ou façam apelo a elementos exteriores".[4]

Assim, extraem-se da estrutura três características básicas: totalidade, transformação e autorregulação. A *totalidade* significa que, para o sistema da estrutura, as leis que o regem impõem a cada um dos elementos constitutivos características distintas quando considerados em conjunto. Piaget salienta que tal posição, sobre diferenciar-se daquela que pretende defender a associação atomística (o *todo* deveria ser compreendido como a soma ou conjunto de seus elementos individuais,

---

1. Joseph Hrabák, citado por J. Mattoso Câmara Jr., "O estruturalismo linguístico", in *Estruturalismo – Revista de Cultura*, vol. 15/16, Rio de Janeiro, Tempo Brasileiro, s/d, pp. 5-6. No mesmo sentido cf. Jean Piaget, *O Estruturalismo*, tradução de Moacir Renato de Amorim, 2ª ed., São Paulo, DIFEL, 1974, pp. 7-17.

2. Joseph Hrabák, citado por J. Mattoso Câmara Jr., "O estruturalismo linguístico", cit., p. 6.

3. Jean Piaget, *O Estruturalismo*, cit., pp. 7-17.

4. Idem, ibidem, p. 8.

DELIMITAÇÃO DO OBJETO 37

como a molécula para os átomos), pode ainda confrontar-se com um desenvolvimento adicional, que ele denomina *estruturas operatórias*:

> (...) é aquela que adota desde o início uma atitude relacional, segundo a qual o que conta não é nem o elemento nem o todo se impondo como tal, sem que se possa precisar como, e sim as relações entre os elementos ou, em outras palavras os procedimentos ou processos de composição (segundo se fale de operações intencionais ou de realidades objetivas), não sendo o todo senão a resultante dessas relações ou composições, cujas leis são as do sistema.[5]

A noção de estrutura operatória, em que a base relacional dos termos da estrutura ganha relevo, é de especial importância para o objeto de investigação do presente estudo, na medida em que tanto as referências entre os elementos da estrutura das políticas públicas (finalidade, propósito, componentes/resultados parciais e atividades) quanto as posições jurídicas dos sujeitos envolvidos na sua realização pressupõem uma multiplicidade de relações jurídicas no plano abstrato da causalidade (ou imputação) e no plano concreto dos comportamentos (e expectativas de comportamentos) individuais mutuamente considerados.

As *transformações* caracterizam a perspectiva estrutural porquanto se uma estrutura é ordenada por leis que regem inter-relacionalmente os seus elementos constitutivos, ela não poderá esquivar-se de ser, também, um fator estruturante de transformações. Nas palavras de Jean Piaget, essa

> bipolaridade de serem [*as estruturas*] sempre e simultaneamente estruturantes e estruturadas, é que explica, em primeiro lugar, o sucesso dessa noção que, como a de 'ordem' em Cournot (...), assegura sua inteligibilidade através de seu próprio exercício. Ora, uma atividade estruturante não pode consistir senão em um sistema de transformações.[6]

A *autorregulação* significa que toda estrutura, regulada por leis, será relativamente fechada, o que garantirá a sua conservação. As transformações que processem serão, nessa ordem de ideias, conservadoras, pois nunca transbordarão das fronteiras da estrutura. Todos os elementos por ela engendrados serão sempre manifestações (*token*) das leis que presidem a sua existência (*type*).[7] Ressalta Piaget:

5. Idem, ibidem, p. 11.
6. Idem, ibidem, p. 12.
7. Cf. como explica a distinção entre *type* e *token* Charles Sanders Peirce: "Um modo comum de avaliar a quantidade de matéria num manuscrito ou num

38 REGIME JURÍDICO DAS POLÍTICAS PÚBLICAS

Assim é que, adicionando ou subtraindo um ao, ou, do outro, dois números inteiros absolutamente quaisquer, obtêm-se sempre números inteiros, os quais confirmam as leis do "grupo aditivo" desses números. É nesse sentido que a estrutura se fecha por si mesma, mas este fechamento não significa absolutamente que a estrutura considerada não possa entrar, a título de subestrutura, em uma estrutura mais ampla. Contudo, esta modificação das fronteiras gerais não anula as primeiras: não há anexação e sim confederação e as leis de subestrutura não são alteradas e sim conservadas, de maneira tal que a mudança interposta é um enriquecimento.[8]

Por último, às características referidas por Piaget, acresça-se a *regra de comutação*, de que fala Fages, quando pretende separar o fenômeno linguístico (abstratamente considerado), à luz da perspectiva estruturalista, em *conteúdo* e *função*. O primeiro não define a estrutura como interpretante (novamente, no sentido que lhe atribui Peirce); mas a função sim. "A regra de comutação revela que, em um sistema de signos, o significado de um termo deriva da posição deste último em relação a outras palavras, muito mais do que sua semelhança com as coisas".[9] Assim, o conteúdo atribuível a um elemento de uma estrutura não será suficiente para comunicar qualquer coisa. O que lhe confere significado e lhe permite a condição de *interpretante* é a função que ocupa na estrutura. Trata-se, portanto, de reconstruir, no nível da análise estruturalista, a relação lógica entre *sintaxe* e *semântica*.

A função define os termos da estrutura. Ela qualifica esses termos como interpretantes a partir da estrutura, de modo que o seu significado só será perfeito como algo que *está* na estrutura. Isoladamente, um termo

livro impresso é contar o número de palavras. Geralmente há cerca de vinte *the's* numa página e, naturalmente, são contados como vinte palavras. Num outro sentido da palavra 'palavra', no entanto, há apenas uma palavra *'the'* na língua inglesa; e é impossível que esta palavra apareça visivelmente numa página, ou seja ouvida, pela razão de que não é uma coisa Singular ou evento Singular. Ela não existe; apenas determina coisas que existem. Proponho que se denomine *Tipo* uma tal Forma definidamente significante. Um evento singular que acontece uma vez e cuja identidade está limitada a esse acontecimento único ou a um objeto Singular ou coisa que está em algum lugar singular num instante qualquer do tempo, sendo um tal evento ou coisa significante apenas na medida em que acorre quando e onde o faz, tal como esta ou aquela palavra numa linha singular de uma página singular de um exemplar singular de um livro, aventuro-me a denominá-lo de Ocorrência *(Token)*" (Charles Sanders Peirce, *Semiótica*, tradução de José Teixeira Coelho Neto, 3ª ed., São Paulo, Perspectiva, 2003, pp. 176-177).

8. Jean Piaget, *O Estruturalismo*, cit., p. 15.

9. Jean-Baptiste Fages, *Comprendre le Structuralisme*, Toulouse, Privat, 1968, pp. 49-50.

DELIMITAÇÃO DO OBJETO 39

A só pode significar A. Numa estrutura, o interpretante a se extrair é A *está para* B; ou seja A é *função* de B e *vice-versa*. Disto resulta que a regra de comutação permite identificar as compatibilidades e incompatibilidades[10] de qualquer objeto Y com uma estrutura X. Aquilo que não pode, por seu sentido, figurar como "A é função de B" é incompatível com a estrutura composta de A e B. Aquilo que, ao contrário, pode ser "A é função de B" pode pertencer à estrutura. Num caso, tem-se incompatibilidade e no outro, compatibilidade. Mas, ressalte-se, essa compatibilidade ou incompatibilidade não se restringe ao plano sintático-semântico; ela é antes de tudo uma propriedade pragmática da estrutura: é, de regra, compatível com aquilo que as pessoas estão propensas a aceitarem num horizonte relativamente amplo de expectativas (no caso do direito) normativas, e incompatível com o que, em termos probabilísticos, não é aceito. Claro está, portanto, que o método estruturalista, apesar de sua natureza *formal*, não se fecha à mudança. Esta é incorporada quer pela evolução das estruturas, cujos termos ao longo do tempo se podem alterar, quer pela sua abertura ao acaso, à contingência. Assim, o estruturalismo não deve ser entendido como algo que aprisiona o objeto sob estudo, encapsulando-o como algo imutável; *o estruturalismo não pretende ser uma perspectiva normativa, e sim descritiva*.

Embora a perspectiva estruturalista possa ser empregada para a explicação do fenômeno jurídico em geral, revestindo-se de pretensões universalizantes,[11] desborda dos limites do presente trabalho tal tarefa. O propósito de sua utilização no presente trabalho é menos pretensioso, restringindo-se ao fenômeno das políticas públicas.

Entendendo-se a estrutura como um sistema relacional, as políticas públicas envolverão, sempre, uma ou mais modalidades materiais de atuação estatal (ou sua omissão), que serão, estas, sempre conteúdo de

10. Idem, ibidem, pp. 50-52.

11. Como exemplo (talvez o maior) de uma pretensão universalista do método estrutural, tome-se a obra de Claude Lévi-Strauss, *Les Structures Élémentaires de la Parenté*, Paris, La Haye, 1967, pp. 3-13 e pp. 548-570; e *Antropologia Estructural*, tradução para o espanhol de Eliseo Verón, Paidós, Barcelona, 1987, pp. 75-96 e pp. 299-338. Destaque-se, também, a obra, precursora do estruturalismo, de Ferdinand Saussure, *Curso de Linguística Geral*, tradução de Antônio Chelini, José Paulo Paes e Izidor Blikstein, 27ª ed., São Paulo, Cultrix, 2006. No direito, a obra mais relevante a adotar a perspectiva epistêmica do estruturalismo foi a *Teoria Pura do Direito*, de Kelsen (tradução de João Baptista Machado, São Paulo, Martins Fontes, 1999). Destaque-se que tanto Kelsen quanto Saussurre adotaram esta metodologia de forma que se pode dizer inconsciente, porque o estruturalismo como tema ainda não se colocava à época em que foram escritos.

40 REGIME JURÍDICO DAS POLÍTICAS PÚBLICAS

normas jurídicas editadas pelas autoridades competentes. O que torna uma política pública *objeto* de investigação jurídica é o fato de que seus elementos configuram, quando analisados em sua inter-referencialidade, uma estrutura que os diferencia, como *significado*, de outros objetos, sejam estes considerados isoladamente, sejam como outras estruturas, independentes das primeiras. Nos programas de amplo espectro, que reúnem uma gama variada de políticas públicas, de alguma forma ligadas entre si, as características estruturais de cada uma delas (totalidade, autorregulação, transformações, regra de comutação, compatibilidade/incompatibilidade) permitem identificá-las como realidades individuais, ainda quando integradas como subestruturas. Trata-se, portanto, de uma perspectiva eminentemente formal.

Corrobora o que se vem de expor o fato de que uma política pública pode ser constituída por qualquer das modalidades de atuação estatal. Estas modalidades, tal como definidas pela doutrina, adquirem um caráter de *interdefinibilidade*: a depender da maneira como tenha sido projetada determinada política pública, a atividade do Estado que, em termos jurídico-materiais, a personifica poderá plasmar-se, *v.g.*, em fomento, poder de polícia ou serviço público, ou mesmo em controle de abastecimento, tabelamento de preços ou vedação de comportamentos, obtendo-se, com qualquer destas modalidades interventivas, potencialmente os mesmos resultados. Disto resulta que não é a materialidade o que define uma política pública, pois ela independe formalmente da natureza das atividades e dos atos jurídicos que as compõem. Políticas públicas, a rigor, não são normas, mas estruturas normativas unificadas por uma materialidade orgânica que reflete objetivos, previamente definidos, a serem, com elas, atingidos. *Não sendo normas,*[12] *são um modo de compreender normas* – diferença fundamental.

---

12. A afirmação que aqui se faz consiste na negação das políticas como uma nova espécie normativa, o que não impede se possa afirmar serem as políticas públicas uma categoria jurídica. A distinção entre espécie normativa (usamos a locução no sentido de veículo introdutor de normas, conforme bem referido por Paulo de Barros Carvalho) e categoria jurídica é relevante e não pode ser esquecida para a correta compreensão do trabalho: enquanto a primeira figura corresponde a "uma estrutura formada pela hierarquia de eventos previstos como conteúdos de normas, em que encontramos, no ápice, a assembleia constituinte, na condição de fonte superior e, abaixo, os demais núcleos produtores de regras, em disposição vertical que culmina nos focos singulares de que promanam os preceitos terminais do sistema" (Paulo de Barros Carvalho, *Curso de Direito Tributário*, 18ª ed., São Paulo, Saraiva, 2007, p. 48); ao passo que a segunda corresponde a um recorte conceitual do sistema jurídico capaz de significância normativa, em termos genéricos. Somente esta segunda dimensão é atribuída às políticas públicas.

DELIMITAÇÃO DO OBJETO

1.2 A noção de política pública para a teoria da administração

As políticas públicas, conforme salienta Klaus Frey, já nos anos de 1950 eram tema da ciência política norte-americana.[13] A assim chamada "policy analysis" visava "à explanação das 'leis e princípios próprios das *políticas* específicas'",[14] e sua abordagem pretendia analisar "a inter-relação entre as instituições políticas, o processo político e os conteúdos de política" e o "arcabouço dos questionamentos 'tradicionais' da ciência política".[15] Dito de outro modo, eram consideradas, na análise das políticas públicas, três dimensões distintas: (i) *dimensão institucional*, relacionada à ordem do sistema político, tal como definida juridicamente, bem como à estrutura institucional do sistema político-administrativo (*polity*); (ii) *dimensão procedimental*, relacionada ao processo político, que é caracterizado pelo embate e divergência de forças sociais, ao fim do qual se estabelecem os objetivos, os conteúdos e os beneficiários da distribuição da riqueza a ser repartida na sociedade (*politics*); e (iii) *dimensão material*, referida aos conteúdos concretos, a saber, a configuração dos programas políticos, aos problemas técnicos e ao conteúdo material das decisões políticas (*policy*).

Deleon aponta que, embora a análise de políticas públicas sempre houvesse, desde a Antiguidade, acompanhado os detentores do poder, esta somente se transformou num objeto de investigação científica na virada do século XX, momento em que reuniu pelo menos três características relevantes: (i) o ser orientada à *solução de problemas*, o que equivale a dizer que não se justifica esforço científico a não ser pela utilidade de seus resultados para a comunidade e que, para tanto, não se pode prescindir de dados empíricos (institucionais, econômicos, sociológicos, jurídicos); (ii) a *interdisciplinaridade*, decorrente da multiplicidade de fatores presentes em cada contexto; e (iii) finalmente, o fato de *não ser axiologicamente neutra*: o cientista, ao analisar uma dada política pública, estará sempre valorando realidades, de modo a verificar sua compatibilidade ou não com os objetivos/finalidades que a orientam

---

13. Cf. Klaus Frey, "Políticas públicas: um debate conceitual e reflexões referentes à prática da análise de políticas públicas no Brasil", *Planejamento e Políticas Públicas*, n. 21, Instituto de Pesquisa Econômica Aplicada – IPEA, jun. 2000, pp. 211-259.

14. Idem, ibidem, p. 214.

15. Adrienne Windhoff-Héritier, *Policy Analyse: eine Einführung*, Frankfurt am Main/New York, Campus, 1987, *apud* Klaus Frey, "Políticas públicas...", cit., p. 214.

42 REGIME JURÍDICO DAS POLÍTICAS PÚBLICAS

e, por consequência, valorando os próprios objetivos/finalidades.[16] Noutro giro, ainda no âmbito da ciência política e da ciência das finanças públicas, falar em políticas públicas significa designar o *conteúdo* e a *forma* de atuação do aparato estatal em situações de consenso e também – e principalmente – naquelas outras em que este não é tão evidente ou mesmo quando não existe absolutamente (situações-conflito).[17] Torna-se tarefa do *policy maker*, e do analista, por conseguinte, identificar o interesse que deve ser privilegiado em cada situação, e os meios de atuação para realizá-lo.

No plano prático, a implementação de políticas públicas tem sido tradicionalmente concebida como pertencente à esfera de atuação da Administração Pública, ou, mais precisamente, do Poder Executivo. Oscar Oszlak ensina que esta compreensão se funda numa distinção, também tradicional, entre *política* e *administração*, sendo esta programada segundo critérios de racionalidade, ao passo que aquela se orientaria pela lógica majoritária (não necessariamente "racional"). Para o autor, esta distinção, embora muitas vezes negada pelos estudiosos, acabou se mantendo, pois todas as propostas teóricas que tentaram eliminá-la "tenderam a recriar nos fatos a distinção refutada no plano analítico".[18] Assim, é comum a contraposição entre conceitos de "papéis políticos" *versus* "papéis administrativos", "formulação" *versus* "implementação" de políticas públicas, "intelecção" *versus* "interação" etc. Sem entrarmos nas discussões – bastante férteis, ressalte-se – da teoria dos sistemas, especialmente na sua formulação por Niklas Luhmann, acerca do processo decisório nas organizações,[19] em que se delimitam os espaços ocupados pelo sistema político e pela burocracia (entendida como a parcela do corpo administrativo programada pelas decisões políticas), a compreensão das decisões administrativas sobre políticas públicas, na teoria da administração, gira em torno da tensão, interação e oposição

---

16. Peter Deleon, "The historical roots of the field", in Michael Moran, Martin Rein e Robert E. Goodin (orgs.), *The Oxford Handbook of Public Policy*, Oxford, Oxford University Press, 2006, p. 40.

17. Arye L. Hillman, *Public Finance and Public Policy – Responsibilities and Limitations of Government*, Cambridge, Cambridge University Press, 2003, pp. 416 e ss.

18. Oscar Oszlak, "Políticas públicas e regimes políticos: reflexões a partir de algumas experiências latino-americanas", *Revista de Administração Pública*, vol. 16 (1), Rio de Janeiro, p. 19.

19. Cf. Niklas Luhmann, *Organización y Decisión. Autopoiesis, acción y entendimiento comunicativo*, tradução do alemão de Darío Rodriguez Mansilla, Barcelona, Anthropos, 1997.

DELIMITAÇÃO DO OBJETO   43

entre os conceitos de *racionalidade técnica* e de *racionalidade política*.
A ausência de distinção entre tais polos explica, muitas vezes, o fracasso do planejamento estatal, não obstante este represente critérios universais de escolha racional. Conforme ressalta Oszlak:

> Os planejadores fracassam habitualmente porque pretendem, ainda que não o estabeleçam assim ou não sejam conscientes disso, influenciar um jogo – a política – que se rege por regras diferentes. Nada mais alheio à política que as premissas de mentalidade valorativa, racionalidade substantiva e certeza próprias do planejamento. O próprio fato de desconhecer estas circunstâncias a torna irrelevante. Fracassa porque o conhecimento que manipula é limitado, e, portanto, suas opções são impraticáveis e fracassa, também, porque seu poder efetivo é pequeno e, portanto, sua capacidade de forçar a concretização dessas opções é reduzida.[20]

Ganham relevo, a partir de tais constatações, as vertentes *incrementalistas*, que buscam negar as premissas do planejamento de largo espectro, por considerarem em suas formulações as contingências inerentes ao próprio processo não apenas de tomada de decisão, mas de sua implementação. Para Oszlak,

> diferentemente dos outros enfoques que temos examinado, este coloca em primeiro plano a problemática do conflito e da incerteza. Sob esta ótica as políticas públicas respondem habitualmente a questões socialmente discutíveis, a respeito das quais diferentes atores (indivíduos, grupos, setores, organizações) assumem posições conflitantes. Quando a política que se procura implementar encontra oposição, é provável que os objetivos inicialmente contemplados, por ocasião de sua formulação, devam ser modificados. Por isso, segundo esta interpretação, não deve ser concebida como um processo que ocorre *depois*, e independentemente, da formulação de uma política.[21]

Em resumo, a posição do autor acima citado leva a concluir que (i) o Estado não pode ser mais concebido como uma entidade monolítica operando em favor de um projeto político predefinido e invariável, devendo, ao revés, ser entendido como sistema internamente diferenciado, "em fluxo permanente", em cujo seio repercutem os interesses e os embates da sociedade civil; passa-se da ideia de clientela única (e projeto político único) para a de uma clientela múltipla e heterogênea (que se reflete na variedade de interesses a serem tutelados); (ii) a fluidez do

20. Oscar Oszlak, *Políticas Públicas e Regimes Políticos...*, cit., p. 24.
21. Idem, ibidem, p. 25.

44 REGIME JURÍDICO DAS POLÍTICAS PÚBLICAS

modelo decisório descrito anteriormente tende a ser considerada em comparação com modelos ideais de coerência e racionalidade como caótica ou desviada de um padrão "desejável"; e (iii) em decorrência dos itens precedentes, a tarefa de planejamento não só das políticas públicas mas também do aparato estatal que dará suporte àquelas, passa ao primeiro plano, devendo o analista combinar – em um equilíbrio sempre precário – o histórico comportamental da organização (que reflete o seu padrão orgânico de atuação) e as demais restrições contextuais com as necessidades de cada política pública.

A resposta para tais questionamentos é obtida em três dimensões: o estabelecimento de interdependências *hierárquicas, funcionais* e *materiais*. Retoma-se o pensamento do autor, em trecho transcrito:

> Estamos agora em condições de reconsiderar uma resposta à pergunta que deixamos pendente no final da seção anterior: como se consegue integrar a ação de indivíduos e das unidades organizacionais de modo que sua inter-relação conduza aos resultados almejados? Uma maneira consiste em submetê-los a alguma forma de compulsão – baseada em princípios impessoais, liderança carismática ou ameaça de sanção – a fim de guiar sua ação no sentido dos objetivos perseguidos. Essa é a essência da autoridade, isto é, a capacidade formal de decidir e conseguir que outros executem determinadas atividades orientadas para o alcance de certos fins. A vinculação entre indivíduos que dão e recebem ordens constitui uma hierarquia e a rede de relações de autoridade resultante cria *interdependências hierárquicas*.
>
> A autoridade é necessária para conseguir a coordenação das atividades entre os membros de uma organização. Essas atividades consistem fundamentalmente na produção e transmissão de informação ou na aplicação de conhecimento técnico à transformação de bens materiais. De modo geral, nenhuma unidade pode desenvolver ou assumir responsabilidade por mais de um aspecto da área de atividade em que esteja funcionalmente inscrita. Depende, então, dos insumos de informação que lhe proporcionam determinadas unidades e das informações que, por sua vez, fornece a outras. O conjunto de relações resultantes, coordenadas entre as unidades intervenientes de acordo com critérios técnico-normativos, formam outra rede de vinculações às quais chamarei *interdependências funcionais*.
>
> O terceiro plano de interação, como vimos, compreende o fluxo de bens materiais e financeiros que asseguram um determinado nível de atividade. Como os recursos são escassos, toda organização complexa conta com unidades diferentemente dotadas desses recursos e com capacidade variável para gerá-los, transferi-los e/ou deles dispor. Chamarei as relações existentes entre aquelas unidades que obtêm bens materiais e financeiros

DELIMITAÇÃO DO OBJETO 45

de uma fonte comum e competem entre si por sua obtenção de *interdependências materiais ou orçamentárias.*[22]

O controle dito "vertical", conforme descrito por Oszlak, nas organizações, é de certa forma o foco principal da teoria da administração, especialmente nos Estados Unidos, país onde a *discretion*[23] *é eleita como o campo por excelência para o estudo das políticas públicas. Como aponta Friedman,*[24] *"é geralmente reconhecido que o funcionamento das organizações requer formas apropriadas de liberdade" (discretion*), que deve porém ser controlada. Para o autor, "uma das conexões entre as políticas públicas e a organização deriva da identificação das formas necessárias de discricionariedade, de forma a construí-la dentro da estrutura organizacional", afinal os diferentes tipos de políticas públicas podem requerer formas específicas de implementação e organização, bem como de relacionamento entre os diversos atores envolvidos. Por outro lado, a concessão de liberdade aos agentes para alimentarem a implementação de tais políticas para além do necessário pode ensejar situações de difícil controle.

A ciência da administração parece caminhar progressivamente, se não para o abandono das concepções estritamente institucionalistas, no que tange às políticas públicas, pelo menos para uma maior abertura ao próprio processo de tomada de decisão, que envolve, naturalmente, uma

22. Idem, ibidem, pp. 34-35.

23. Evitamos traduzir o termo *discretion* por discricionariedade, porque este último possui significado bastante específico no direito administrativo moderno dos países de tradição romano-germânica (no sentido de liberdade para escolha entre comportamentos juridicamente indiferentes – cf. Eduardo García de Enterría e Tomás-Ramón Fernández, *Curso de Direito Administrativo*, tradução de Arnaldo Setti, São Paulo, Ed. RT, 1990, p. 394). Para o direito administrativo do ramo da *commom law*, a noção de *discretion* é muito mais próxima da de liberdade integrativa *a partir da lei*, cujo controle se resolve pela *accountability* (ou prestação de contas) do agente, concepção esta que não é sufragada em nosso direito (pelo menos não com esses contornos). Hawkins salienta, nesse sentido, que: "A good deal of decision-making in legal bureaucracies is concerned with matters of policy – deciding in general how to decide in specific cases. Policy-making involves making decisions about the objectives and meaning of the law, and about how these ideas are to be shaped into strategies to permit their implementation. *This is the 'very heart of the discretionary process'* (Galligan 1986a:110)" (grifou-se) (cf. K. Hawkins, "Using legal discretion", in D. J. Galligan (editor), *A Reader on Administrative Law*, Oxford, Oxford University Press, 1996, p. 254).

24. Barry L. Friedman, "Policy analysis as organizational analysis", in Michal Moran, Martin Rein e Robert E. Goodin (editores), *The Oxford Handbook of Public Policy*, Oxford, Oxford University Press, 2006, p. 484.

46 REGIME JURÍDICO DAS POLÍTICAS PÚBLICAS

investigação mais aprofundada dos elementos subjetivos que condicionam a tomada de decisão por parte do agente.

Herbert Simon traça um modelo da ação racional segundo as vertentes institucionalistas, acima referidas. Para o autor, a ação racional seria aquela em que o agente (i) contempla todas as alternativas de decisão de um modo panorâmico antes de agir; (ii) considera todo o complexo de consequências que seguirá a cada uma das alternativas de comportamento; e (iii) elege, com base em seu critério de valores, uma das várias alternativas de comportamento possíveis. Este modelo, conforme compreendido por Simon, não encontra correspondência empírica. O comportamento humano, se analisado ao longo do tempo, exibe uma natureza de mosaico: cada elemento decisório do comportamento é integrado por outros para o atingimento de determinados propósitos individuais ou coletivos; mas estes mesmos propósitos variam de tempos em tempos em razão das mudanças de conhecimento e atenção; de modo que um padrão de comportamento humano, neste sentido, é impossível, sendo mais plausível falar-se em comportamentos com segmentos de racionalidade, mas tais segmentos não necessariamente estarão conectados entre si. Assim, a pretensa racionalidade do comportamento decisório humano esbarra em fatores relevantes: (i) racionalidade requer o completo conhecimento e antecipação das consequências de cada escolha; todavia, o conhecimento, na prática, é sempre segmentário; (ii) desde que as consequências de um comportamento se encontram no futuro, a imaginação é o único recurso para suprir a falta de experiência na valoração de cada hipótese de comportamento; ocorre que quando se trata de valores, as consequências somente poderão ser antecipadas de modo imperfeito; (iii) racionalidade impõe a escolha entre todas as possíveis alternativas de comportamento; na vida real, apenas algumas dessas alternativas possíveis vêm à mente do agente, cuja percepção é naturalmente limitada.[25]

Sérgio Proença Leitão, com amparo nas conclusões alcançadas por Herbert Simon, afirma que este último autor foi

> quem apresentou a primeira e mais notável restrição à racionalidade administrativa, mostrando a existência de uma dimensão afetiva do comportamento humano nas empresas. A partir daí cresceram as contribuições para a desmistificação do até então intocado princípio da razão objetiva.

---

25. Herbert Simon, *Administrative Behavior. A study of decision-making processes in administrative organizations*, 2ª ed., Nova York, Free Press, 1965, pp. 80-81.

DELIMITAÇÃO DO OBJETO 47

Pesquisas recentes no campo da psicologia social e da bioquímica celular apontam ligações mais claras entre sentimentos, conhecimentos e comportamento humano. Resumindo as conclusões de diversos pesquisadores estudiosos das complexas relações entre o cognitivo e o emocional, os editores do *Brain/Mind Bulletin*, Coleman e Perrin, sugerem que os sentimentos são importantes demais para serem ignorados em qualquer campo da atividade humana.[26]

Transpostas tais conclusões para o caso brasileiro, pode-se concluir, na visão do autor, que "autoritarismo, paternalismo, centralização, informalidade e emotividade – traços fortes em nossa cultura – impregnaram a vida nas organizações, penetrando no processo de racionalização burocrática instaurado com a industrialização".[27]

Em face de tais constatações, a ciência da administração passou a adotar modelos descritivos ao invés de prescritivos. Tais modelos evidenciaram que "a razão de natureza subjetiva, ou seja, política, era possível e frequentemente estava presente nas decisões organizacionais",[28] com vistas a permitir uma aproximação com a realidade observada. Devem ser considerados, portanto, os seguintes elementos para a descrição mais exata do fenômeno da tomada de decisões nas organizações, sejam privadas ou públicas:

(i) não linearidade: afirma-se que os fatores interagentes na decisão não são apenas de caráter causal, podendo adotar formas de *complementaridade* ou *contradição*. As orientações teóricas que sustentam a absoluta racionalidade para a maximização de resultados como esquemas normativos da tomada de decisão desconhecem o horizonte limitado das decisões empiricamente consideradas, sendo a racionalidade presente nestas de caráter muito menos objetivo e mais satisfativo, subjetivo e

26. Sérgio Proença Leitão, "Capacidade decisória em decisões não-estruturadas: uma proposta", *Revista de Administração Pública*, vol. 27, n. 4, Rio de Janeiro, Fundação Getúlio Vargas, out./dez.,1993, p. 22.
27. Idem, ibidem. Tais conclusões são obtidas a partir do pensamento de Nice Braga, para quem a "história social e econômica do desenvolvimento do Brasil aparentemente contribuiu para o aparecimento de um alto grau de centralização nas organizações brasileiras. E, na maioria delas, o autoritarismo agrário choca-se com as tecnologias modernas de países desenvolvidos. As buscas, os sistemas e a troca de informações apresentam sérias falhas. Os executivos e gerentes tentam superá-las usando o 'jeitinho', as negociações, os incentivos financeiros e de promoção (*status*) e os subornos" (cf. Nice Braga, "O processo decisório em organizações brasileiras: comportamentos comunicativos", *Revista de Administração Pública*, vol. 22, n. 4, Rio de Janeiro, Fundação Getúlio Vargas, out./dez. 1988, p. 50).
28. Sérgio Proença Leitão, "Capacidade decisória...", cit., p. 23.

REGIME JURÍDICO DAS POLÍTICAS PÚBLICAS

funcional, modificando-se os seus resultados conforme as pessoas e as situações;

(ii) afetividade: pressupõe que nem todas as decisões seguem um raciocínio analítico.

As pessoas pensam e sentem. Na realidade, muitas vezes, sentem mais do que pensam; portanto, as decisões ocorrem tanto no plano afetivo (emoção, instinto, impulso) como no cognitivo (razão, lógica) ou ainda por intuição. Desfazer o mito da racionalidade do comportamento organizacional e levar à aceitação do homem como um ser biopsicossocial, ou seja, em sua totalidade como ser, é uma questão primordial nessa concepção de decisão. A grande dificuldade, no caso, é a necessidade de se discutir o modo como desenvolver as potencialidades humanas, transcendendo por vezes a consciência e penetrando em terrenos considerados esotéricos;[29]

(iii) percepção: considera que a percepção humana é interpretativa e seletiva, podendo sofrer influências por expectativas, por experiências passadas, pela posição do sujeito na organização e por seus valores e crenças individuais. O desafio que se coloca ao analista é compreender que tais elementos se encontram de forma monolítica e incindível em qualquer processo de tomada de decisão;

(iv) valores: abrange não apenas o complexo axiológico individual, mas também o da organização, pois esta é capaz de desenvolver valores e cultura próprios, que condicionam e delimitam a mobilidade decisória. Assim, os valores políticos, de governança, econômicos, ambientais etc. serão fundamentais para orientar o processo decisório em qualquer organização;

(v) condicionantes: consistem nas posições ocupadas pelo indivíduo na organização, na estrutura formal e informal de poder (nem sempre as decisões são tomadas com base nos objetivos da organização, mas sim nos objetivos dos que nela têm capacidade de influir), e nas limitações de informação e tempo, clássicos restritores da racionalidade analítica;

(vi) comunicação: os modelos clássicos de abordagem racional tendem a desconsiderar que muitas vezes os agentes trabalham com informações parciais ou não possuem o tempo suficiente para analisá-las propriamente. Igualmente desconsidera os fatores simbólicos da interação pessoal (muitas vezes as decisões são tomadas com apoio em conversas informais entre as pessoas, colhendo-se aí o substrato de informações para as decisões, mais do que a partir da consideração fria de dados racionalmente obtidos);

29. Idem, ibidem, p. 27.

DELIMITAÇÃO DO OBJETO 49

(vii) redução cultural: deve-se questionar se os aspectos de racionalidade abstrata podem ser limitados por características culturais de dada sociedade. Assim, no caso brasileiro, as origens patriarcais e autoritárias de nossa sociedade, mascaradas por uma superfície de cordialidade e refração à ruptura (por mais que tais aspectos sejam estereótipos passíveis de serem questionados e confrontados empiricamente), podem e devem ser consideradas pelo menos como variáveis que integram o processo decisório.

A teoria da decisão administrativa, conforme se depreende do quanto exposto, tem um papel de protagonismo na ciência da administração, seja porque esclarece variados aspectos da gestação das decisões no interior das organizações, seja, por fim, porque permite avaliar o quanto de subjetivo é inerente ao próprio processo decisório, repelindo-se as concepções exclusivamente racionalistas-normativas. Interessante notar que as teorias da decisão administrativa – ao compararem o fenômeno organização nos setores público e privado – chegam a conclusões esclarecedoras. Nice Braga, em artigo já citado, após pesquisa de campo específica, compara os estilos decisórios em um órgão governamental (organização A) e em uma empresa privada (organização B), concluindo que:

Na companhia (*sic*) A, as normas e políticas organizacionais eram definidas e explicitadas. Entretanto, a ênfase nos aspectos normativos do processo decisório inviabilizava um grau maior de criatividade por parte dos executivos e gerentes e perdia-se muito tempo discutindo normas e/ou políticas organizacionais.

Na organização B, normas e políticas organizacionais não eram explicitadas. Havia muita ambiguidade, incerteza e arbitrariedade no ambiente. Os gerentes engajavam-se em processos decisórios sem saber o que era esperado deles, e o presidente da companhia era o árbitro final das decisões. Uma vez que havia distorções de informação tanto no sentido vertical quanto no horizontal, o presidente tomava as decisões sem ter toda a informação necessária para respaldar a decisão, comprometendo, assim, os processos de trabalho e os objetivos organizacionais.

Na organização A havia abundância de normas e/ou políticas organizacionais, mas, em muitos casos, as decisões "políticas" passavam por cima delas.

Na organização B, normas e políticas não eram claras, e o grau de incerteza no ambiente contribuía para uma cultura de processo decisório tensa, estressada, ambígua e arbitrária.[30]

30. Nice Braga, "O processo decisório...", cit., p. 50.

50 REGIME JURÍDICO DAS POLÍTICAS PÚBLICAS

Embora tais conclusões sejam até certo ponto intuitivas, elas adquirem singular relevância porque, em primeiro lugar, derivam de observação empírica, e, em segundo lugar, permitem compreender o alto grau de irracionalidade da decisão humana, independentemente do esquema hierárquico adotado pelo grupo. No caso das políticas públicas, isto serve para desmentir tanto àqueles que defendem uma atividade estritamente vinculada da Administração Pública, como forma de reduzir a "liberdade" do administrador, quanto àqueles outros que defendem, de outra banda, uma Administração Pública "gerencial", centrada em "resultados" e no princípio da "eficiência" (conforme o jargão popularizado entre nós no final da década de 1990 e início dos anos 2000 com a tentativa de reforma do Estado feita pelo governo do Presidente Fernando Henrique Cardoso). Sem um exercício de autoanálise, por parte da Administração Pública, com o objetivo de descobrir quais são as falhas de seu funcionamento, qualquer modelo será, com muitas chances, fadado ao fracasso, com claros prejuízos para o desempenho das políticas públicas executadas.

Para o jurista, igualmente, a consciência da falibilidade decisória do agente público – por limitações tanto pessoais quanto organizacionais no que tange aos interesses a serem defendidos e ao processamento e cognição das informações disponíveis – põe em xeque, ou pelo menos relativiza, o verdadeiro dogma de que o legislador e o administrador público sabem (ou têm condições de saber) quais são os comportamentos normativamente exigidos a partir da constituição, das leis e dos atos infralegais. Embora as teorias que tratam da liberdade decisória no direito público – que versam de um modo ou de outro sobre as figuras dos *conceitos jurídicos indeterminados* e da *discricionariedade* – tenham como propósito ideológico (que é, ressalte-se, louvável, em face da ideia de Estado Democrático de Direito, que cumpre um papel importante entre nós) a limitação dos poderes dos agentes públicos, a fim de evitar situações de arbítrio,[31] deve-se ressaltar que tais teorias dificilmente reconhecem estes fatores, inerentes a qualquer processo decisório, como integrantes do fenômeno e portanto merecedores de atenção do estudioso. Se é verdade que é um dos axiomas dos sistemas

---

31. Cf. Diogo de Figueiredo Moreira Neto, *Legitimidade e Discricionariedade*, 3ª ed., Rio de Janeiro, Forense, 1998; Luciano Ferreira Leite, *Interpretação e Discricionariedade*, São Paulo, RCS, 2006; Cesar Guimarães Pereira, "Discricionariedade e apreciações técnicas da Administração", *Revista de Direito Administrativo*, n. 231, pp. 217-267; Celso Antônio Bandeira de Mello, "A relatividade da competência discricionária", *Revista de Direito Administrativo*, n. 212, pp. 49-56.

DELIMITAÇÃO DO OBJETO 51

jurídicos modernos o fato de que só são exigíveis, em relações jurídicas, as condutas possíveis (daí advindo as "exclusões" de ilícitos que vigem em praticamente todos os ramo do direito, v.g. as excludentes de tipicidade no direito penal, a exigência do direito civil, de que os negócios jurídicos tenham objeto *possível*,[32] os desenvolvimentos no direito administrativo sobre a exigência de voluntariedade para a configuração dos ilícitos administrativos etc.), importa concluir que também no caso das decisões pertinentes a políticas públicas essas considerações – ainda que casuisticamente – deverão ser realizadas pelo analista. O jurista, a partir do quanto exposto, deve entender que a racionalidade normativa, que é um ideal, pode nunca ser atingível na realidade. Deve-se então trabalhar com a racionalidade possível, o que envolve uma série de considerações sobre os deveres dos agentes públicos quanto à preparação da tomada de decisão (reunião de informações, avaliação de cenários, oitiva dos destinatários etc.). O aspecto procedimental do agir humano, destinado a aproximar a racionalidade normativo-ideal da racionalidade atingível em cada caso concreto, passa a ser um dos aspectos do controle de políticas públicas, pois somente por meio dele se poderá aferir se a cognição realizada pelo agente era a melhor possível, nas condições contextuais dadas em cada decisão.

Claus Offe, acentuando que a ação burocrático-administrativa é aquela caracterizada pela impossibilidade de tematizar as próprias premissas de comportamento, ressalta bem as limitações à racionalidade na atividade burocrática, quanto às condições exógenas de sua realização. A Administração, para legitimar-se, fica submetida a testes de pelo menos três ordens, decorrentes tanto do fato de ser a legalidade ainda o padrão de comportamento do administrador público, quanto do fato de seu contato íntimo com o sistema político, o qual impõe resultados que deverão ser contrastados pelo consenso público. Transcreve-se a posição do autor:

> Resumindo, encontramos um conceito de racionalidade tridimensional e contraditório, decisivo para a ação administrativa, sob as condições da política administrativa do Estado social. Na *primeira* dimensão, a ação administrativa está sujeita a um *teste de conformidade legal*, cujas exigências podem ser melhor satisfeitas sob condições como as idealizadas no modelo burocrático de Weber. Aqui são aplicadas premissas decisórias,

---

32. Cf. art. 104, II, do Código Civil, *verbis*: "Art. 104. A validade do negócio jurídico requer: I – agente capaz; II – objeto lícito, possível, determinado ou determinável; III – forma prescrita ou não defesa em lei".

52 REGIME JURÍDICO DAS POLÍTICAS PÚBLICAS

mas não são preenchidas funções, conforme as concebe a administração.

Na *segunda* dimensão, a ação administrativa está sujeita a um teste de *efetividade funcional*: a direção do processo de conversão se inverte e o problema passa a ser a escolha de premissas *adequadas*, do ponto de vista jurídico, organizacional e pessoal. Como todas as premissas se tornam disponíveis, perdem sua validade também aquelas premissas que definiam como se podia dispor sobre essas premissas: a parede que separava a administração da política desmorona. Pelo fato adicional de que, por sua vez, as instituições parlamentares, bem como os dirigentes políticos que chefiam os ministérios, se tornam dependentes da administração (em vez de poder abastecê-las com controles de direção e de instruções operativas), a política administrativa é forçada a voltar-se para a base social. Aqui ela está sujeita de modo imediato – este é o *terceiro nível* – a um teste de *consenso político*. Estas dimensões não são percorridas historicamente de forma consecutiva, embora um deslocamento de ênfase para as dimensões (2) e (3) seja uma hipótese plausível. O problema da política administrativa consiste justamente no fato de estar exposta simultaneamente a esses testes contraditórios. Ela precisa harmonizar, ao mesmo tempo, seus fundamentos jurídicos, suas funções e os interesses de seus clientes e grupos de referência. Nessa situação, não se torna visível nenhum critério de racionalidade de nível mais elevado, que abrangesse as respectivas premissas das três dimensões, colocando-se em uma relação hierárquica. *Enquanto isso ocorrer, estamos autorizados a concluir que somente circunstâncias contingentes impedem que a política administrativa se torne manifestamente incapaz de atender, seja à necessidade de orientação funcional exigida pelo sistema global, seja à sua própria necessidade de legitimar-se pelo consenso*[33] (grifos não coincidentes com o original).

Como visto, a pressuposição jurídico-normativa de racionalidade das ações administrativas deve ser compreendida segundo as limitações endógenas e exógenas da cognição administrativa. O caráter prospectivo da avaliação de políticas públicas, bem como a sua forma de apresentação retórica pragmática – conforme assinalado na Introdução deste livro –, impõem a consideração de tais fatores, quer para quebrar o dogma de que o administrador tem uma qualificação *melhor* ou *diferenciada* para lidar com os problemas de políticas públicas (argumento que reforça a tese da impossibilidade de atuação do Judiciário em razão do princípio da separação dos poderes), quer, ainda, de modo mais relevante, para conferir clareza ao processo de tomada de decisão e às correções de

---

33. Claus Offe, "Critérios de racionalidade e problemas funcionais da ação político-administrativa", in *Problemas Estruturais do Estado Capitalista*, tradução de Bárbara Freitag, Rio de Janeiro, Tempo Brasileiro, 1984, pp. 216-233 e pp. 232-233.

DELIMITAÇÃO DO OBJETO 53

rumo inerentes ao próprio processo de implementação de políticas públicas, inclusive sob a ótica do controle jurisdicional.

1.3 Políticas públicas, plano e planejamento

A transição do Estado Liberal para o Estado Social, embora a existência de ambos em suas formas "puras" seja questionável como fato empírico, é um paradigma teórico com alto poder explicativo para a Teoria do Estado contemporânea.

Entre ambas as figuras, vai-se da atuação *mínima* e *restrita* do Estado (mero garantidor das liberdades individuais e, especialmente, da propriedade privada) até uma atuação *impositiva*, *tentacular* e *abrangente* deste, distribuída para praticamente todos os âmbitos da economia e da vida social. Alberto Venâncio Filho, em sua clássica monografia, enxerga na doutrina de Adam Smith uma adequada definição do papel do Estado no liberalismo, quando este último defende como deveres do Estado "de acordo com o sistema de liberdade natural", basicamente, proteger a sociedade da violência e da agressão de outras sociedades independentes, administrar a justiça, evitando a opressão de um indivíduo por outro, e, por fim, a executar certas obras e promover a manutenção de certas instituições públicas, atividades estas cuja realização jamais seria do interesse pessoal dos indivíduos.[34] É curioso, nesse diapasão, relembrar os comentários de Oliveira Santos, administrativista brasileiro do início do século XX, para quem o Estado,

atenta a especialidade de sua natureza, não pode ser empreiteiro, fundador de empresas, administrador de empórios comerciais; em uma palavra, não pode ser agricultor, industrial, comerciante nem banqueiro. Em condições normais, limita-se a observar, a dirigir, a impulsionar a vida da nação, a fazer cumprir a lei, a respeitar o direito, e praticar a justiça, e nada mais.[35]

Entretanto, logo se verificou que a atuação estatal não poderia ou deveria restringir-se a tais campos. Foi a partir daí que se ingressou na fórmula de Estado social.

A transformação da forma de atuação estatal, que culminou no Estado social, deveu-se a uma série de fatores históricos. O primeiro deles relaciona-se com o surgimento de uma camada popular trabalhadora di-

---

34. Alberto Venâncio Filho, *A Intervenção do Estado no Domínio Econômico*, 2ª ed., Rio de Janeiro, FGV, 1968, p. 6.

35. Manuel Porfírio de Oliveira Santos, *Direito Administrativo e Sciencia da Administração*, Rio de Janeiro, Jacintho Ribeiro dos Santos, 1919, p. 173.

REGIME JURÍDICO DAS POLÍTICAS PÚBLICAS

ferenciada e específica, representando a força de trabalho cultivada pela burguesia, que foi sem dúvida o estrato articulador e maior beneficiário do liberalismo. Sobre o assunto, leciona Venâncio Filho:

A necessidade de atender às exigências e reclamos desse "homem situado" vai impor o alargamento das atribuições do Estado, justificando a afirmação de von Mises de que "o acontecimento mais importante da história dos últimos cem anos foi a substituição do liberalismo pelo estatismo". Esse estatismo, na expressão de von Mises, não obedece a nenhum plano pré-determinado, mas é baseado em medidas puramente emergenciais, na base de uma atuação casuística e empírica, de fundo puramente pragmático. A própria incerteza de terminologia em definir o fenômeno da intervenção do Estado no domínio econômico denota a falta de sistemática dessa intervenção. Nas palavras de Laufenburger, "como mostrou Saitzew na sua contribuição aos Estudos Fleiner, a expressão intervencionismo cobre toda uma série de expressões tais como: economia dirigida, controlada ou organizada, capitalismo regulamentado ou planificado, neocapitalismo, neomercantilismo, reformismo social, estatismo, corporativismo, etc. A última concepção parece ao menos resumir admiravelmente o exclusivismo que comporta esta nova fórmula, se é verdade, como pretendeu Mussolini definindo o corporativismo, que se tratava de banir o capitalismo e o socialismo. Mas, contrariamente a esta fórmula negativa, a palavra intervencionismo parece implicar um fato positivo, uma ação construtiva do Estado. Mas qual é ela? Liga-se ela a uma coordenação, a uma conciliação de formas capitalistas e socialistas? E em caso afirmativo, esses dois sistemas se fundem num sistema econômico novo? Toda a questão está aí colocada". Já para von Mises, o gênero estatismo compreendia duas formas: socialismo e intervencionismo.[36]

Embora tais questões – concernentes à filiação do intervencionismo ao capitalismo ou socialismo – fossem derivadas das próprias perplexidades do início do século XX, em que surgia um mundo bipartido entre dois sistemas produtivos diversos, a intervenção cada vez maior do Estado no domínio econômico foi um fenômeno presente em ambos e, portanto, de certa forma transcendente a eles. O Estado social erigido no mundo capitalista a partir de então, conforme defende com concisão Paulo Bonavides, significa "intervencionismo, patronagem, paternalismo".[37] Para o mestre, "não se confunde com o Estado socialista, mas com este

36. Alberto Venâncio Filho, *A Intervenção do Estado...*, cit., p. 11.
37. Paulo Bonavides, *Do Estado Liberal ao Estado Social*, 11ª ed., 2ª tir., São Paulo, Malheiros Editores, 2014, p. 203.

DELIMITAÇÃO DO OBJETO 55

coexiste. O mundo moderno fê-lo uma necessidade, não importa sob que regime político". A coexistência mencionada por Bonavides entre o Estado social e o Estado socialista somente significam expressões particulares – do capitalismo e do socialismo – de um fenômeno social mais abrangente: a intervenção estatal no domínio econômico. Mais do que a tradução de regimes políticos, o incremento da ação estatal, para além daqueles deveres mínimos preconizados por Adam Smith, é fenômeno representativo de um aperfeiçoamento do domínio das organizações coletivas. Passou-se a confiar no Estado como um indutor do bem-estar da sociedade a partir do momento em que este se mostrou capaz, como instituição, de promover tal bem-estar. Não se está, com tal afirmação, a realizar petição de princípio: o Estado de Direito, ou Estado liberal, nascido a partir da revolução francesa, precisou de um período de maturação, em que as suas estruturas fossem "domesticadas" (*v.g.*, com a estabilização de instituições judiciárias, o aparelhamento burocrático, a modernização da técnica legislativa), e somente a partir daí se aventurou a outras tarefas, tornadas necessárias em razão da constatação, concomitante, da insuficiência da liberdade como *proto* e *super*-princípio social para a realização do bem-estar coletivo.

Os demais fatores históricos que ensejaram o aparecimento de formas intervencionistas nos países ocidentais são conhecidos. A Primeira Guerra Mundial, que obrigou aos Estados beligerantes o direcionamento da força de trabalho e dos setores produtivos ao suprimento das necessidades da guerra, foi significativa para o incremento do intervencionismo estatal. Passado o período de prosperidade que sucedeu à guerra, cite-se o *crash* de 1929, nos Estados Unidos, crise que obrigou este país a adotar uma série de medidas intervencionistas sem paralelo na história: criação de agências e comissões reguladoras de setores econômicos, investimentos vultosos em obras públicas, destruição dos estoques de gêneros agrícolas (como algodão, trigo e milho), a fim de conter a queda de seus preços, controle sobre os preços e a produção, para evitar a superprodução na agricultura e na indústria, e diminuição da jornada de trabalho, com o objetivo de abrir novos postos. O advento da Segunda Guerra Mundial demandou, a exemplo do primeiro conflito, um intenso esforço de direcionamento econômico dos países envolvidos. Após o seu término, tanto nos países europeus quanto nos Estados Unidos, promoveu-se um amplo esforço de investimentos e mesmo de planejamento estatal, com vistas a recuperar as economias daqueles países dos prejuízos da guerra, naturalmente enormes. O grande desenvolvimento da Europa e dos Estados Unidos no período pós-Segunda Guerra mostra que as

56 REGIME JURÍDICO DAS POLÍTICAS PÚBLICAS

medidas adotadas foram em geral largamente eficazes na consecução de seus propósitos desenvolvimentistas.

A tais fatores, adicione-se

o esforço de independência dos países afro-asiáticos e o despertar dos povos coloniais, com uma consciência cada vez mais viva do fenômeno do subdesenvolvimento e da necessidade de superá-lo em curto prazo, e com o desejo das populações desses países de atingir a níveis mais elevados de renda e de bem-estar social.[38]

O Brasil, em face de suas peculiaridades civilizatórias, também aderiu ao intervencionismo, porém o fez tanto pelos motivos históricos que acometeram os países capitalistas centrais, como também pela tentativa de superar a sua condição de subdesenvolvimento periférico.[39]

Assim, a evolução do modelo de Estado predominante no ocidente (e também nos países que durante o século XX adotaram o comunismo) apontou de forma inequívoca para o *intervencionismo* como uma das principais – senão a principal – características do Estado desde o início do século XX até os tempos atuais. Como leciona Luís Solano Cabral de Moncada, os traços essenciais do modelo jurídico do Estado Social são "o esbatimento da distinção entre o direito público e o direito privado e a funcionalização crescente da autonomia privada à vontade dos Poderes Públicos bem como o papel positivo da norma jurídica na conformação da vida econômica e social".[40] Eros Roberto Grau, tomando posição sobre um debate comum no último quartel do século passado, que questionava a identidade ou não entre os conceitos de *dirigismo* e *intervencionismo*, assim se manifestou:

> Parece, no entanto, que, no esforço assim desenvolvido [*para separar as duas expressões*], não se consubstancia senão uma tentativa de variação de expressões para designar momentos e modalidades de um mesmo processo, desenvolvido em direção a um mesmo objetivo: a correção das dis-

---

38. Alberto Venâncio Filho, *A Intervenção do Estado...*, cit., p. 14.

39. Cf. Paulo Henrique Rocha Scott, *Direito Constitucional Econômico. Estado e Normalização da Economia*, Porto Alegre, Sérgio Antônio Fabris Editor, 2000, pp. 54-95; Fernando Herren Aguillar, *Direito Econômico. Do Direito Nacional ao Direito Supranacional*, São Paulo, Atlas, 2006, pp. 71-177.

40. Luís Solano Cabral de Moncada, *Direito Económico*, Coimbra, Coimbra Editora, 1988, p. 24.

DELIMITAÇÃO DO OBJETO   57

torções do liberalismo, para a preservação da instituição básica do sistema capitalista, o mercado.[41]

Para Eros Grau, o intervencionismo admite três formas: (i) intervenção por absorção, quando o Estado exerce a atividade ele próprio, monopolisticamente ou em competição com particulares; (ii) intervenção por direção, quando o Estado impõe comportamentos compulsórios aos particulares; e (iii) intervenção por indução, quando o Estado estimula comportamentos privados por meio de sanções premiais. O intervencionismo não se encaixaria nessa classificação, pois seria "adjetivo, qualificador de qualquer destas",[42] na qualidade não mais (apenas) de *terceiro-árbitro* mas de *terceiro-ordenador*.[43]

A ideia de planejamento liga-se, pois, à de intervencionismo. Ao passo que este representa a crença (e, ato contínuo, a prática) no Estado como promotor do bem-estar coletivo, como um *protagonista de sua realização*, o planejamento significa um qualificativo desta crença e desta prática: o Estado planejador não intervém, simplesmente; intervém de modo racional, ordenado, sistemático, para a consecução de fins socialmente relevantes. É neste sentido a lição de Eros Roberto Grau, transcrita abaixo:

> O *planejamento* apenas qualifica a intervenção do Estado *sobre* e *no* domínio econômico, na medida em que esta, quando consequente ao prévio exercício dele, resulta mais racional. Como observei em outro texto, forma de ação racional caracterizada pela previsão de comportamentos econômicos e sociais futuros, pela formulação explícita de objetivos e pela definição de meios de ação coordenadamente dispostos, o planejamento, quando aplicado à intervenção, passa a qualificá-la como encetada sob padrões de racionalidade sistematizada. Decisões que vinham sendo tomadas e atos que vinham sendo praticados, anteriormente, de forma aleatória, *ad hoc*, passam a ser produzidos, quando objeto de planejamento, sob um novo padrão de racionalidade.
>
> O planejamento, assim, não configura modalidade de intervenção – note-se que tanto intervenção *no* quanto intervenção *sobre* o domínio econômico podem ser praticadas *ad hoc* ou, alternativamente, de modo

41. Eros Roberto Grau, *Planejamento Econômico e Regra Jurídica*, São Paulo, Ed. RT, 1978, p. 22.

42. Idem, ibidem, p. 24.

43. Eros Roberto Grau, *O Direito Posto e o Direito Pressuposto*, 9ª ed., São Paulo, Malheiros Editores, 2014, p. 27.

58 REGIME JURÍDICO DAS POLÍTICAS PÚBLICAS

planejado – mas, simplesmente, um método a qualificá-la, por torná-la sistematizadamente racional.[44]

Eros Grau dá uma grande (talvez excessiva) ênfase no fato de o planejamento estatal servir ao mercado, para preservação e prosperidade deste. Talvez o faça para contrapor este tipo de planejamento (caso do Brasil) com aquele dos países comunistas (o trabalho foi escrito ainda sob a guerra fria). Mas esta afirmação teórica tem pontos de fragilidade: ignora que as instituições políticas e a burocracia estatal possuem objetivos paralelos e muitas vezes conflitantes com os do sistema econômico, de modo que a afirmação de que o sistema político serve ao sistema econômico resulta simplificadora da realidade e em certa medida ingênua. A teoria dos sistemas – ao identificar a distinção funcional entre os diversos sistemas sociais – pôs em relevo as distinções, p. ex., entre política e economia, sistemas que, embora possuindo necessários pontos de contato (ou de "acoplamento"), operam segundo lógicas distintas.[45] Do mesmo modo, a teoria econômica – nas formulações influentes das escolas austríaca e neoclássica – vê com desconfiança a atuação intervencionista estatal, ou pelo menos questiona os seus "benefícios" ao sistema econômico.[46] Além disto, é inegável que, conforme

44. Eros Roberto Grau, *A Ordem Econômica na Constituição de 1988*, 17ª ed., São Paulo, Malheiros Editores, 2015, p. 146.

45. Cf. Niklas Luhmann, *Complejidad y Modernidad: de la Unidad a la Diferencia*, tradução de Josetxo Beriain e José María García Blanco, Madrid, Trota, 1998, pp. 71-98.

46. "Economics does not say that isolated government interference with the prices of only one commodity or a few commodities is unfair, bad, or unfeasible. It says that such interference produces results contrary to its purpose, that it makes conditions worse, not better, from the point of view of the government and those backing its interference. Before the government interfered, the goods concerned were, in the eyes of the government, too dear. As a result of the maximum price their supply dwindles or disappears altogether. The government interfered because it considered these commodities especially vital, necessary, indispensable. But its action curtailed the supply available. It is therefore, from the point of view of the government, absurd and nonsensical" (Ludwig von Mises, *Human Action – a treatise on economics*, Auburn, Alabama, The Ludwig von Mises Institute, 1998, p. 794). O mesmo autor ressalta a incompatibilidade entre o capitalismo e a economia planificada: "In dealing with domestic affairs planning is used as a synonym for socialism. Sometimes only the German pattern of socialism – Zwangswirtschaft – is called planning, while the term socialism proper is reserved for the Russian pattern. At any rate planning always means planning by government authorities and execution of these plans by order of the government enforced by the police power. Planning is the antithesis of free enterprise and private ownership of the means of production. Planning and capitalism are utterly incompatible. Within a

DELIMITAÇÃO DO OBJETO   59

visto no item precedente, a ação administrativa e política possuem, cada qual, severas limitações em termos de racionalidade. Assim, de uma perspectiva behaviorista não é possível afirmar que exista uma ação racional orgânica e subjetiva destinada a promover a manutenção e florescimento do "capitalismo". O traço da *racionalidade* – desejável no plano normativo – é questionável como descrição da realidade. No caso das políticas públicas, sob a nossa concepção, a racionalidade que se busca fica no plano da análise, não constituindo, a partir daí, conforme se verá, uma afirmação empírica.

Uma distinção que deve ser realizada – por encontrar correspondência em nosso direito positivo – é aquela entre o planejamento *indicativo* e o *imperativo*. A Constituição Federal é clara, em seu art. 174, *caput*, ao estabelecer que o Estado, como "agente normativo e regulador da atividade econômica", "exercerá, na forma da lei, as funções de fiscalização, incentivo e planejamento, sendo este determinante para o setor público e indicativo para o setor privado". Retoma-se, aqui, a lição de Eros Grau:

> É necessário observar, no entanto, ainda que o mecanismo de coordenação do sistema capitalista seja o mercado, que o planejamento aí desenvolvido não é, todo ele, apenas indicativo, dado que, até onde o setor público tenha ação direta, será impositivo. O que se pode afirmar distinguir ambas as espécies é o fato de que, no planejamento imperativo, há impositividade de suas definições sobre todos os responsáveis pela produção e pelas inversões, alcançando elas, ademais, os próprios consumidores; já no planejamento indicativo, a força de imposição só atua em relação às unidades do setor público, sendo as suas definições meramente indutivas quanto ao setor privado. As unidades do setor privado que acatem tais definições apenas são caudatárias de benefícios, ficando em razão deles melhor posicionadas no mercado.[47]

system of planning production is conducted according to the government's orders, not according to the plans of capitalist entrepreneurs eager to profit by best serving the wants of consumers. It is a delusion to believe that planning and free enterprise can be reconciled. No compromise is possible between the two methods. Where the various enterprises are free to decide what to produce and how, there is capitalism. Where, on the other hand, the government authorities do the directing, there is socialist planning. Then the various firms are no longer capitalist enterprises; they are subordinate state organs bound to obey orders. The former entrepreneur becomes a shop manager like the Betriebsführer in Nazi Germany" (Ludwig von Mises, *Omnipotent Government. The rise of the total state and the total war*, Grove City, PA, Libertarian Press, 1969, pp. 238-239).

47. Eros Roberto Grau, *Planejamento Econômico...*, cit., pp. 30-31.

60 REGIME JURÍDICO DAS POLÍTICAS PÚBLICAS

Assim, "consubstanciando uma *atividade-meio*",[48] o planejamento não deve ser tomado como uma modalidade específica de intervenção, mas como um método qualitativamente diverso, de intervenção. A expressão documental do planejamento é o *plano*,

> no qual se registra, a partir de um processo de previsões, a definição de objetivos a serem atingidos, bem assim a definição dos meios de ação cuja ativação, em regime de coordenação, é essencial àquele fim. Como processo sistemático, compreende também uma etapa, posterior a sua implantação, de controle e adaptação do plano às mudanças da realidade a que se deve aplicar.[49]

Considerando tais características, e considerando também que o papel desempenhado pelo planejamento na ordem econômico-social, consistente em sua ordenação em face de objetivos de elevação do bem--estar da população, Eros Grau assim conceitua a noção de planejamento econômico:

> Conceituo o planejamento econômico, assim, como a forma de ação estatal, caracterizada pela previsão de comportamentos econômicos e sociais futuros, pela formulação explícita de objetivos e pela definição de meio de ação coordenadamente dispostos, mediante a qual se procura ordenar, sob o ângulo macroeconômico, o processo econômico, para melhor funcionamento da ordem social, em condições de mercado.[50]

Como visto, o problema do planejamento econômico é de certa forma uma questão preferencialmente de teoria política ou de uma política do direito. Interessante, nesse sentido, notar que um autor da máxima suposição, como Fábio Konder Comparato, chegou a defender a criação de um poder específico para desempenhar as funções de planejamento estatal, tamanha a importância atribuída a esta atividade; afinal, para o autor, a grande dicotomia da organização estatal no final do século XX não era já aquela entre legislar e aplicar as leis, mas, antes, a de "programar e executar as grandes políticas nacionais".[51]

---

48. Idem, ibidem, p. 62.
49. Idem, ibidem, pp. 63-64.
50. Idem, ibidem, p. 65.
51. Fabio Konder Comparato, "Organização constitucional da função planejadora", *Revista Trimestral de Direito Público*, n. 8, São Paulo, Malheiros Editores, 1994, p. 16.

DELIMITAÇÃO DO OBJETO 61

Aprofundando-nos um pouco na proposta do Professor Titular aposentado da Faculdade de Direito da Universidade de São Paulo, ela, em decorrência do reconhecimento da importância da atividade de planejamento para a condução do desenvolvimento social, consiste num rearranjo institucional capaz de contemplar o seguinte:

(i) reforma federativa: para o autor, o desenho federativo brasileiro é falho na medida em que consagra tanto um excesso de competências sob a órbita federal quanto uma excessiva dependência de recursos por parte de alguns Estados e Municípios em relação à União, o que inviabiliza ou compromete o próprio exercício, por tais entes, das poucas competências que lhes são privativamente outorgadas pela Constituição Federal. Assim, em princípio, seria necessária uma complementação da divisão federativa, de modo a contemplar regiões geoeconômicas, a exemplo do que prevê a Constituição italiana de 1947, com autonomia para fixar os planos regionais de desenvolvimento. No desenho institucional sufragado pela Constituição Federal, embora estejam previstas regiões,[52] estas não são autônomas, ficando susceptíveis às determinações quer do Executivo federal, quer do Congresso Nacional, que é competente para votar os planos regionais de desenvolvimento (art. 48, IV).

"O novo federalismo, no entanto, não prescinde da criação de Regiões como sujeitos políticos autônomos, dotados de competência própria de planejamento e realização de políticas públicas. O que implica, claramente, a reorganização do atual modelo financeiro federal. Os Estados e Municípios deveriam prover as suas despesas correntes unicamente com recursos próprios. As transferências de recursos financeiros federais deveriam ser feitas, unicamente, para as regiões e consórcios de Municípios, com a finalidade exclusiva de investimento em infraestrutura ou programas educacionais, no quadro de planos regionais ou locais de desenvolvimento";[53]

(ii) reforma da organização interna entre os poderes: a Constituição Federal integrou o planejamento no conjunto das funções normais do Estado (art. 174), porém não soube organizar institucionalmente o seu exercício. Tendo em vista que os governantes (Poder Executivo) ocupam-se dos problemas de curto prazo, de conjuntura, relegando naturalmente aquelas questões que transcendam o período dos manda-

---

52. O art. 43, *caput*, da CF, é expresso ao atribuir efeitos meramente administrativos (e portanto subordinados) às regiões: "Art. 43. Para efeitos administrativos, a União poderá articular sua ação em um mesmo complexo geoeconômico e social, visando a seu desenvolvimento e à redução das desigualdades regionais. (...)".

53. Fabio Konder Comparato, "Organização constitucional...", cit., p. 18.

62 REGIME JURÍDICO DAS POLÍTICAS PÚBLICAS

tos a um plano secundário, seria prejudicial, na visão de Comparato, a concentração, também em tais autoridades, da realização de políticas públicas de longo prazo, uma vez que estas ficariam subordinadas àquelas. Ademais, a sucessão de governantes no tempo, muitas vezes de partidos e orientações políticas diversas entre si, coloca a questão – psicológica, inclusive – de que o sucessor não quererá ou julgará não conveniente a execução de programas e políticas públicas elaboradas pelos primeiros. Como ressalta Comparato, "nenhum governo gosta de ser considerado mero executor dos programas do que o antecedeu, nem pode pretender, por isto mesmo, vincular o seu sucessor aos projetos e às políticas governamentais que tiver decidido".[54] Assim, seria necessária a separação, em um órgão específico e autônomo, das funções de planejamento de longo prazo, o qual seria composto por profissionais com *expertise* técnica, devidamente indicados pelo Presidente da República, com a aprovação do Congresso Nacional. O procedimento de planificação envolveria (a) a separação dos objetivos de cada política pública (órgão planejador) de sua estrutura organizativa (Administração Pública), a fim de que os objetivos dos programas de ação do governo sejam inseridos na grande política de desenvolvimento nacional; (b) a lei que veicula o plano – típica lei-objetivo – seria de iniciativa do órgão planejador e, uma vez aprovada pelo Congresso Nacional, vincularia o Poder Executivo para a execução da lei orçamentária anual; e (c) o elemento democrático se verificaria pela efetiva participação popular, que deveria ser ouvida em todo o processo de implementação do plano, fornecendo, inclusive, os elementos de retroalimentação que proporcionarão as correções necessárias ao longo de tal processo. Tais procedimentos implicam, conforme ressalta o autor, uma completa revisão do art. 165 e seguintes da CF; e

(iii) função de controle: o tipo de controle necessário à avaliação da função planejadora não seria um simples controle de legalidade, nem tampouco estaria contido na tradicional fiscalização contábil e financeira da atividade administrativa realizada pelos tribunais de contas. Comparato considera, com acerto, estes últimos despreparados para o controle de políticas públicas. A seu ver, este controle caberia ao próprio órgão planejador, devendo-lhe ser conferida, no controle do desempenho da atividade executiva de políticas públicas, a competência para sustar a liberação de verbas orçamentárias para os programas deficientes, mediante comunicação ao Congresso Nacional. O autor, ainda, assinala que outras formas de controle devem ser adotadas. Nas suas palavras, "faz-se também necessário renovar o quadro tradicional do exame da

54. Idem, ibidem, p. 19.

DELIMITAÇÃO DO OBJETO 63

legalidade dos atos dos Poderes Públicos, relativamente aos planos aprovados. Nesse sentido, parece-me indispensável que o órgão de planejamento (...) goze da mais ampla competência de expediente, que poderá se apresentar sob três modalidades. De um lado, a iniciativa de propor ao Legislativo a sustação dos atos normativos governamentais que exorbitem do quadro fixado pela lei do plano. De outro lado, a iniciativa de propor ao Chefe do Executivo o veto das leis incompatíveis com o plano aprovado, levando-se em conta que este se coloca sempre em nível legislativo superior ao das leis ordinárias. Finalmente, deveria ainda incumbir ao órgão planejador a competência para propor, perante um tribunal superior, uma ação direta de invalidade de leis ou atos do Poder Público, contrários a plano já aprovado".[55]

Conquanto concordemos com as propostas de Fabio Konder Comparato, constantes do artigo acima referido, por sua coerência,[56] é importante ressaltar que o arcabouço jurídico vigente no Brasil nem de longe contempla com tal profundidade a função planejadora (o próprio autor, como se viu, reconhece a necessidade de revisão constitucional). Do ponto de vista estritamente jurídico-positivo, a Constituição Federal prestigia a ideia de planejamento, mas sem alcançar a organicidade que seria desejável.

As menções constitucionais à atividade de planejamento estatal são várias. O art. 174, já referido, estabelece que, "como agente normativo e regulador da atividade econômica, o Estado exercerá, na forma da lei, as funções de fiscalização, incentivo e planejamento, sendo este determinante para o setor público e indicativo para o setor privado". No parágrafo primeiro do mesmo artigo, determina que a "lei estabelecerá as diretrizes e bases do planejamento do desenvolvimento nacional equilibrado, o qual incorporará e compatibilizará os planos nacionais e regionais de desenvolvimento".

Complementarmente, a Constituição Federal institui, nos termos do art. 165, as três leis orçamentárias, que apontam também uma função mais que meramente orçamental-contábil, mas de planejamento integrado: o plano plurianual, a lei de diretrizes orçamentárias e o orçamento

---

55. Idem, ibidem, p. 22.

56. Marcos Juruena Villela Souto partilha desta ideia. Para ele, "o planejamento deve ter uma estrutura administrativa de Secretaria, integrada na estrutura da Presidência – acima e fora das disputas políticas dos demais ministérios. O secretário deve ter seu nome aprovado pelo Senado Federal e mandato fixo, a salvo, pois, de injunções e pressões políticas" (cf. Marcos Juruena Villela Souto, *Aspectos Jurídicos do Planejamento Econômico*, Rio de Janeiro, Lumen Juris, 1999, p. 179).

64 REGIME JURÍDICO DAS POLÍTICAS PÚBLICAS

anual. Ainda, prevê que os Poderes Legislativo, Executivo e Judiciário manterão, de forma conjunta, sistema de controle interno para "avaliar o cumprimento das metas previstas no plano plurianual, a execução dos programas de governo e dos orçamentos da União" (art. 74, I).

Não está claro, na sistemática constitucional, se o planejamento estatal será exclusivamente aquele constante da lei do plano plurianual ou se com este se confundirá. De toda forma, o § 4º do art. 165 parece indicar que não, pois determina que "os planos e programas nacionais, regionais e setoriais previstos nesta Constituição serão elaborados em consonância com o plano plurianual e apreciados pelo Congresso Nacional". Se há necessidade de compatibilização, é porque se trata de entes ontologicamente distintos. Donde se infere que *não há um princípio da unidade do plano*, o que sem dúvida confere um caráter fragmentário – materialmente falando – à atividade de planejamento estatal, nas esferas federal, estadual e municipal. Outra observação a ser feita é que o plano, globalmente considerado, não é obrigatório: o que é obrigatório é o plano plurianual, que não necessariamente será materialmente um plano. A partir dessa sistemática, o plano, na acepção teórica acima referida, como a expressão normativa primária do planejamento, que vem a ser "a forma de ação estatal, caracterizada pela previsão de comportamentos econômicos e sociais futuros, pela formulação explícita de objetivos e pela definição de meio de ação coordenadamente dispostos, mediante a qual se procura ordenar, sob o ângulo macroeconômico, o processo econômico, para melhor funcionamento da ordem social, em condições de mercado" (Eros Grau[57]), embora relevantíssimo, não é obrigatório ao Estado.

O plano plurianual passa, se isto for assim, por mero instrumento de previsão contábil, passível de mudança legislativa sempre que necessário ou conveniente, de forma expressa por meio da alteração da própria lei que o veicula, ou tacitamente pelas várias disposições pulverizadas pelas leis de diretrizes orçamentárias e pelo orçamento anual, editadas anualmente. Esta talvez seja a maior deficiência do regime constitucional vigente, em que o plano, expressão da atividade planejadora, é simplesmente uma *opção*, de que podem lançar mão os governantes ao seu exclusivo alvedrio.

Quando analisados outros dispositivos constitucionais que se referem expressamente à atividade de planejamento, verifica-se, com efeito, uma variedade de áreas em que o constituinte prevê a necessidade (ainda que, como visto, de forma não vinculante) da atividade planejadora. O

---

57. *Planejamento Econômico e Regra Jurídica*, cit., p. 45.

DELIMITAÇÃO DO OBJETO 65

art. 25, § 3º, prevê que os Estados, mediante lei complementar, poderão instituir regiões metropolitanas, "para integrar a organização, o planejamento e a execução de funções públicas de interesse comum"; no art. 29, XII, fica prevista a participação de associações representativas no planejamento municipal. Aos Municípios também compete, conforme o art. 30, VIII, "promover, no que couber, adequado ordenamento territorial, mediante planejamento e controle do uso, do parcelamento e da ocupação do solo urbano". As regiões, que poderão ser regidas por planos regionais de desenvolvimento, são disciplinadas pelo art. 43, acima já referido. O art. 187, que trata da política agrícola, de certa forma identifica esta política com a atividade de planejamento, incluindo nesta as atividades agroindustriais, agropecuárias, pesqueiras e florestais (§ 1º). Do mesmo modo, o desenvolvimento urbano será objeto de política específica, consubstanciada no plano diretor, a ser realizada pelos Municípios (art. 182). São previstos, ainda, o plano nacional de reforma agrária (art. 188), o plano nacional de educação (art. 212, § 3º, e 214), o plano nacional de cultura (art. 215) e o plano nacional de juventude (art. 227, § 8º, II).

Não basta, contudo, a enunciação das áreas que deverão ser objeto de planificação. O plano, que vem a ser o ato jurídico que incorpora as escolhas da atividade de planejamento, é bem mais complexo, como bem ressaltou Luís Solano Cabral de Moncada:

> O plano económico pode ser definido como o acto jurídico que define e hierarquiza objetivos de política económica a prosseguir em certo prazo e estabelece as medidas adequadas à sua execução.
>
> O plano económico compõe-se sempre de duas operações essenciais; o diagnóstico e o prognóstico. São ambas essenciais à compreensão da própria noção de plano económico.
>
> No diagnóstico contabilizam-se os dados globais e sectoriais da atividade económica, que são o pressuposto de qualquer estimativa com destaque para o cálculo da procura (global e sectorial). No prognóstico projectam-se para o futuro as estimativas mais verossímeis, observadas durante a fase do diagnóstico, na base dos comportamentos considerados mais prováveis dos agentes económicos visados, ao mesmo tempo que se indicam os meios apropriados.
>
> Conclui-se assim que do conceito de plano económico fazem parte três elementos; as previsões, os objetivos e os meios a utilizar, numa perspectiva sempre temporária.[58]

---

58. Luís Solano Cabral de Moncada, *Direito Económico*, cit., p. 402.

66 REGIME JURÍDICO DAS POLÍTICAS PÚBLICAS

Tendo isto em vista, a profusão, acima relatada, de planos consagrados no texto da Constituição Federal apenas sinaliza setores nos quais o constituinte preferiu um determinado grau de racionalidade governamental, que se traduz na atividade de planejamento aplicada a tais setores. Mas, novamente, não se trata de um mandamento vinculante, pelo menos não no sentido que seria desejável a alguns. Ao mesmo tempo em que pode atuar, planejadamente, nos setores de cultura ou reforma agrária, por exemplo, o legislador pode atuar também de forma descoordenada, não racional, não planejada. Em grande medida, é o que ocorre no cotidiano da atividade governamental (compreendendo tanto o Poder Executivo quanto o Legislativo).

As políticas públicas, como estruturas normativas, relacionam-se diretamente com o intervencionismo estatal. É possível afirmar que elas se desenvolvem com o intervencionismo. Do mesmo modo que é possível afirmar que o intervencionismo se manifesta por meio de políticas públicas. O planejamento, sendo um qualificador do intervencionismo, será também um qualificador das políticas públicas, no sentido de que imporá a estas um nível de racionalidade e coordenação com as demais políticas públicas que inexiste na ausência do planejamento. O plano, em relação às políticas públicas, adquire um caráter de ordenação, no sentido de que impõe, quando existente, um grau de prioridades que deverá ser obedecido em cada política, no nível dos *propósitos*. A decisão de alocação de recursos, consubstanciada no plano, determinará não os fins de dada política – que estarão no nível constitucional, independentemente da existência do plano –, mas os seus propósitos, que são os resultados na realidade social que deverão ser alcançados com dada política, para os quais convergem tanto os componentes (resultados parciais) quanto as atividades. É por meio dos propósitos que se conhecem o âmbito e a abrangência de uma política pública, porquanto é mediante tal elemento da estrutura que se mede o quanto dos fins (interesse público constitucionalmente tutelado) será atendido.

1.4 Relação entre políticas públicas, programas e orçamento público

Na ausência de um plano nacional de desenvolvimento que vincule, coordenada e racionalmente, a Administração Pública nas mais diversas áreas, ganham relevo os *programas*, diretivas de ação específicas, de âmbito mais restrito e pontual do que aquele que caberia ao plano (enquanto *documento* da atividade de planejamento).

DELIMITAÇÃO DO OBJETO 67

A expressão "programa" ganhou significado preciso e importância no Brasil na década de 1960 do século passado, momento em que surgiram, por influência da experiência dos Estados Unidos (que inauguravam os PPBS – *planning-programing budgeting systems*), os debates sobre uma nova modalidade de elaboração e execução orçamentária, técnica que ficou conhecida por orçamento-programa.

José Afonso da Silva assim define tal modalidade, *in verbis*:

23. Classificação por programas – A classificação por programas tornou-se verdadeiro princípio orçamentário moderno. *Seu objetivo é vincular as despesas aos resultados, expressos em unidades físicas, que se espera alcançar.* O orçamento deverá ter conteúdo e forma de programação. *Programar significa: selecionar os objetivos que se procura alcançar; determinar as ações que permitirão atingir tais fins; calcular e consignar os recursos humanos, materiais e financeiros para a efetivação dessas ações.*

Programa-se para atingir objetivos claramente definidos, atender necessidades rigorosamente diagnosticadas, segundo uma ordem de prioridade estabelecida à vista das metas traçadas no Plano de Desenvolvimento e após eleger a melhor alternativa das que se oferecem ao programador. *Enfim, clarificação de objetivos, formulação das estruturas de programas-atividade e análise de custo-benefício são os três passos do processo de análise que devem preceder e continuar a apoiar a implementação do orçamento-programa*[59] (grifos não coincidentes com o original).

Como registro histórico, a teoria das finanças públicas e o direito financeiro – a reboque da primeira – costumam referir-se ao surgimento do orçamento-programa como uma reação ao orçamento dito *tradicional*. Embora considerando que tanto o *orçamento-programa* quanto o *orçamento tradicional* são "tipos-ideais", nunca verificados empiricamente, James Giacomoni refere algumas diferenças entre tais modalidades orçamentárias. O orçamento tradicional seria um mero processo contábil, dissociado do processo de planejamento estatal, ao passo que o orçamento-programa seria ele próprio um elo entre o planejamento estatal e a execução dos programas governamentais. O primeiro contemplaria a alocação de recursos com ênfase nos meios, e o segundo, a alocação de recursos com ênfase nas metas a serem alcançadas. No orçamento tradicional, as decisões são tomadas tendo em vista as necessidades das organizações, a estrutura do orçamento dá ênfase aos aspectos contábeis de gestão e os principais critérios classificatórios são: unidades adminis-

---

59. José Afonso da Silva, *Orçamento-Programa no Brasil*, São Paulo, Ed. RT, 1973, pp. 63-64.

68   REGIME JURÍDICO DAS POLÍTICAS PÚBLICAS

trativas e elementos; no orçamento-programa, as decisões são tomadas com base em avaliações e análises técnicas das alternativas possíveis, na sua elaboração são considerados todos os custos dos programas, inclusive os que extrapolam o exercício, a sua estrutura dá ênfase aos aspectos administrativos e de planejamento, e o seu principal critério de classificação é o funcional-programático. Ainda, no orçamento tradicional, inexistem sistemas de acompanhamento e medição do trabalho, assim como dos resultados, e o controle visa a avaliar a honestidade dos agentes governamentais e a legalidade no cumprimento das regras orçamentais; no orçamento-programa, há utilização sistemática de indicadores e padrões de medição do trabalho e dos resultados, e o controle visa a avaliar a eficiência e efetividade das ações governamentais.[60]

É ilustrativa do caráter do orçamento-programa a descrição feita por José Afonso da Silva, em sua clássica monografia:

> Um orçamento, na concepção moderna e segundo o direito brasileiro atual, não passa do equivalente financeiro do plano de ação governamental. Nunca pode ser independente do plano. Mostra de onde vêm os recursos para financiá-lo e *quanto* deve ser gasto para atingir os objetivos traçados. Distribui os recursos às diferentes atividades e projetos. Indica: a) que projetos e que atividades devem ser empreendidos; b) qual a magnitude desses projetos e atividades; c) onde e quando devem ser empreendidos; questões essas que somente podem ser resolvidas pelo planejamento prévio, que determine: a) os tipos de projetos e atividades a serem executados; b) o lugar onde serão empreendidos; c) o tempo requerido para sua execução; d) as prioridades que uns projetos e atividades devem ter em relação a outros.

> Tomadas essas decisões, cumpre reduzir cada projeto ou atividade a seus elementos componentes ou requisitos: a) que quantidade de trabalho humano será exigida, em termos de especialidade e horas de trabalho? b) que quantidade de equipamentos será necessária? c) que quantidade de material, inclusive matéria-prima, terá que ser empregada?[61]

José Afonso da Silva entende que a programação orçamentária, também chamada programação institucional, estabelecida no nível dos órgãos públicos, se divide em duas instâncias de programação:

> Nesse último caso, temos ainda dois níveis de programação que poderíamos dizer níveis de estrutura interna do orçamento-programa: *objetivos e meios*.

60. James Giacomoni, *Orçamento Público*, 6ª ed., São Paulo, Atlas, 1996, p. 149.
61. José Afonso da Silva, *Orçamento-Programa no Brasil*, cit., p. 72.

DELIMITAÇÃO DO OBJETO 69

Objetivo é cada bem ou serviço que as entidades públicas se propõem a colocar à disposição da comunidade no cumprimento de suas finalidades para satisfazer as necessidades coletivas. *Meios* são os serviços que a entidade presta a si mesma para servir de apoio à produção de bens ou serviços em favor da coletividade.

Daí proporem-se duas categorias de programação dentro do orçamento-programa: a) *programas de funcionamento*, destinados à organização dos meios para a consecução dos objetivos da entidade; b) *programas de investimentos* ou de formação de capital ou ainda de desenvolvimento econômico, visando à consecução de objetivos concretos.[62]

Colocada a natureza do orçamento-programa com o nível de detalhamento realizado por José Afonso da Silva, poder-se-ia ficar tentado a identificar, no orçamento-programa, a própria natureza das políticas públicas. Onde estivessem localizados normativamente (e lembre-se que o orçamento é veiculado por lei) os elementos da estrutura das políticas públicas (segundo nossa proposta integrada pelos elementos estruturais: *fins, propósitos, componentes, atividades*), estariam também, por óbvio, as próprias políticas públicas. Os programas, inscritos no orçamento, seriam, por consequência, *fotografias normativas* da política pública, suficientes para o manejo do analista. A este raciocínio – até certo ponto, defensável – devem ser oferecidas as seguintes objeções.

As políticas públicas não são estruturas normativas exclusivamente estatais: basta, para ilustrar tal afirmação, cogitar-se o caso dos serviços públicos concedidos, as parcerias público-privadas (pelo menos na modalidade de concessão patrocinada), as técnicas de fomento, a indução tributária etc. Em todas essas situações, não há emprego direto de recursos orçamentários públicos ou, se há tal emprego, este não financia integralmente a política pública. Haverá, portanto, um âmbito normativo alheio ao orçamento, que integrará a política pública e que não será avaliado pelo estudioso, se este se ativer somente aos seus aspectos orçamentários. Se se fizesse um corte metodológico, a fim de avaliar as políticas públicas somente a partir do orçamento (entendendo que isto fosse possível), certamente que se perderia de vista a totalidade do fenômeno. Não se nega que possa haver a coincidência entre ambos, mas ela será acidental e não inerente à fenomenologia das políticas públicas. Somente por isto já se deve repelir a identificação das políticas com os programas orçamentários.

62. Idem, ibidem, pp. 113-114.

70 REGIME JURÍDICO DAS POLÍTICAS PÚBLICAS

Ademais, no orçamento-programa, conforme salientou José Afonso da Silva, são instituídas duas áreas de programação que, embora estejam ligadas institucionalmente, se mostram, no orçamento, como formal e contabilmente separadas: a área de programação de *funcionamento* e a área de programação de *investimento*. A primeira relaciona-se com o funcionamento dos órgãos e instituições (unidades orçamentárias); tem a ver tanto com a manutenção dos serviços públicos quanto com a organização dos meios necessários ao cumprimento dos programas de investimento. Subdivide-se nas seguintes categorias orçamentárias: programa, subprograma, atividade e tarefa. A programação de investimentos destina-se a produzir bens de capital, à formação de capital fixo, à promoção do desenvolvimento. Suas categorias são os programas, subprogramas, projetos, obras e trabalhos.[63]

Tal classificação tem natureza esquemático-teórica, porém deixa claro um problema inerente à técnica orçamentária positiva e que pode impedir a correta análise de uma dada política pública *a partir do orçamento*. Tal problema consiste em que uma determinada política pública (identificada no orçamento como um "programa" ou "subprograma") pode reunir (e inevitavelmente reunirá) recursos alocados quer como programação de investimentos, quer como programação de funcionamento. As despesas a serem realizadas para a concretização de uma dada política pública não serão imediatamente identificáveis, e muitas vezes nunca poderão sê-lo. Basta, exemplificativamente, que se considere a despesa ligada ao funcionamento institucional de um ministério (ou de outro órgão público) competente para instrumentar e implementar uma série de políticas públicas, dos mais variados gêneros. Neste caso, é simplesmente impossível destacar que parcela do custo de programação institucional pertence a uma política pública e que parcela pertence às demais. Afinal, uma mesma estrutura institucional servirá – muitas vezes ao mesmo tempo – para a implementação de variadas políticas públicas, de modo que a aferição dos custos individualizados para cada política será inviável.

Voltando-nos para o direito positivo, importa destacar que as leis orçamentárias mais recentes contemplam outras classificações das despesas públicas, que elevam a um grau maior de complexidade o modelo bipartite (programação de investimentos/programação de funcionamento) exposto na obra de José Afonso da Silva.

Analisemos, a propósito, os dois últimos planos plurianuais instituídos no plano federal. A Lei 11.653, de 7.4.2008, que institui o plano

---

63. Idem, ibidem, pp. 115-124.

DELIMITAÇÃO DO OBJETO 71

plurianual para o período de 2008-2011, contém anexos que relacionam, separadamente, o que a lei designa por "programas finalísticos", "programas de apoio às políticas públicas e áreas especiais" e "órgãos responsáveis por programas de governo" (art. 1º). Em seguida, trata de definir tais figuras, no seu art. 4º, transcrito:

Art. 4º. Para efeito desta Lei, entende-se por: I – Programa: instrumento de organização da ação governamental que articula um conjunto de ações visando à concretização do objetivo nele estabelecido, sendo classificado como: a) Programa Finalístico: pela sua implementação são ofertados bens e serviços diretamente à sociedade e são gerados resultados passíveis de aferição por indicadores; b) Programa de Apoio às Políticas Públicas e Áreas Especiais: aqueles voltados para a oferta de serviços ao Estado, para a gestão de políticas e para o apoio administrativo; II – Ação: instrumento de programação que contribui para atender ao objetivo de um programa, podendo ser orçamentária ou não-orçamentária, sendo a orçamentária classificada, conforme a sua natureza, em: a) Projeto: instrumento de programação para alcançar o objetivo de um programa, envolvendo um conjunto de operações, limitadas no tempo, das quais resulta um produto que concorre para a expansão ou aperfeiçoamento da ação de governo; b) Atividade: instrumento de programação para alcançar o objetivo de um programa, envolvendo um conjunto de operações que se realizam de modo contínuo e permanente, das quais resulta um produto necessário à manutenção da ação de governo; c) Operação Especial: despesas que não contribuem para a manutenção, expansão ou aperfeiçoamento das ações do governo federal, das quais não resulta um produto, e não gera contraprestação direta sob a forma de bens ou serviços.

De fora parte o erro lógico grosseiro cometido no dispositivo acima transcrito, quando se mencionam, nas alíneas do inciso II, os elementos que integram a categoria "ação", e ao mesmo tempo se indica que um desses elementos ("operação especial") não se presta "para a manutenção, expansão ou aperfeiçoamento das ações do governo federal, das quais não resulta um produto, e não gera contraprestação direta sob a forma de bens ou serviços" (aparentemente se quis mencionar uma subcategoria *sui generis*, esotérica, não enquadrável nas outras duas descritas, mas, como visto, o resultado foi canhestro), deve-se ressaltar que tal plano plurianual contempla de forma geral a divisão referida por José Afonso da Silva, entre programação de investimentos (aqui "programas finalísticos") e programação de funcionamento (na lei, "programas de apoio às políticas públicas e áreas especiais").

A seu turno, a Lei 12.593, de 18.1.2012, que veicula o plano plurianual para o período de 2012 a 2015, adota solução mais simples, mas

72 REGIME JURÍDICO DAS POLÍTICAS PÚBLICAS

igualmente afinada ao esquema bipartido entre "programação de investimentos" e "programação de funcionamento", referidos por José Afonso. No seu art. 5º é possível ler:

Art. 5º. O PPA 2012-2015 reflete as políticas públicas e organiza a atuação governamental por meio de Programas Temáticos e de Gestão, Manutenção e Serviços ao Estado, assim definidos: I – Programa Temático: que expressa e orienta a ação governamental para a entrega de bens e serviços à sociedade; e II – Programa de Gestão, Manutenção e Serviços ao Estado: que expressa e orienta as ações destinadas ao apoio, à gestão e à manutenção da atuação governamental. Parágrafo único. Não integram o PPA 2012-2015 os programas destinados exclusivamente a operações especiais.

Como se verifica, o "programa temático" corresponde à "programação de investimentos" e o "programa de gestão, manutenção e serviços do Estados", à "programação de funcionamento". Cabe ainda destacar que a Lei 12.593/2012 detalha (art. 6º) os elementos que compõem o programa temático, adotando as seguintes categorias: (i) *objetivo*, que "expressa o que deve ser feito, reflete as situações a serem alteradas pela implementação de um conjunto de Iniciativas e tem como atributos"; (ii) *órgão responsável*, que é o "órgão cujas atribuições mais contribuem para a implementação do Objetivo"; (iii) *meta*, que é a "medida do alcance do Objetivo, podendo ser de natureza quantitativa ou qualitativa"; e (iv) *iniciativa*, que é o "atributo que declara as entregas de bens e serviços à sociedade, resultantes da coordenação de ações governamentais, decorrentes ou não do orçamento".

Estes conceitos correspondem à metodologia do *balanced scorecard*, desenvolvida sobretudo a partir do trabalho seminal dos pesquisadores norte-americanos Robert S. Kaplan e David P. Norton.[64] Em sua formulação original, voltada ao ambiente empresarial privado, a metodologia do *balanced scorecard* visava à resposta das seguintes questões: (i) como os consumidores veem a organização (perspectiva do destinatário das ações)?; (ii) quais são os campos em que a organização deve melhorar (processos internos)?; (iii) como continuar a melhorar e a inovar, criando valor à organização (aprendizado e inovação)?; e (iv) como a organização responde aos interesses dos acionistas (perspectiva finan-

64. Robert S. Kaplan e David P. Norton, "The balanced scorecard – Measures that drive performance", *Harvard Business Review*, jan./fev. 1992. Posteriormente a este artigo, a técnica do "balance scorecard" passou por reformulações, podendo-se hoje falar em uma terceira geração da técnica.

DELIMITAÇÃO DO OBJETO 73

ceira)? Apesar da popularidade de tal modelo, as críticas dirigidas a ele são variadas. Primeiramente, porque se trataria de um modelo "simplista e unidirecional":[65] tal como estruturado, deixaria de colocar em relevo as relações de causalidade entre os seus componentes, o que ocorre, na verdade, pela indefinição quanto à sua natureza (modelo de monitoramento *versus* modelo normativo). Ainda, tal metodologia é criticada porque: (a) negligenciaria a dimensão temporal dos projetos; (b) se basearia em poucos indicadores de desempenho, negligenciando aspectos relevantes do contexto vivenciado pela organização; (c) teria pouca (ou nenhuma) integração entre os níveis de objetivos e os níveis operacionais, o que compromete a integração e coerência do projeto; e, finalmente, (d) teria um foco excessivamente interno, deixando de considerar os fatores externos que influem sobre a execução de determinado projeto.

Em face das considerações acima, verifica-se que a discussão sobre políticas públicas nos mais recentes Planos Plurianuais, embora tenha se tornado mais sofisticada, ainda não é suficiente para permitir uma avaliação propriamente jurídica. Os problemas resultantes da distinção entre *programação de investimentos* e *programação de funcionamento*, conforme descritos acima, permanecem. Por esta razão, ainda que se utilizem mecanismos de avaliação como o do *balanced scorecard*, os dados reunidos não serão, em princípio, suficientes para a análise jurídica da totalidade da política pública. Por outro lado, se consideradas as deficiências intrínsecas à mencionada metodologia, conforme destacado acima, o que poderá ocorrer serão erros de avaliação da política pública, colocando-se em risco o seu sucesso.

Quando se passa à análise das leis orçamentárias anuais, as mesmas perplexidades acima relatadas se reproduzem.

A Lei 12.798, de 4.4.2013, que veicula o orçamento anual para o exercício financeiro do mesmo ano, refletindo a sistemática constante do art. 165, § 5º, da CF, adota a tríade (i) orçamento fiscal; (ii) orçamento de investimentos das empresas estatais; e (iii) orçamento da seguridade social. A indicação dos componentes de cada programa temático (na terminologia do plano plurianual, *objetivo, iniciativa, órgão responsável* e *meta*), quando existente, é superficial e incompleta, sendo omitidas normalmente especificações técnicas, metas e cronogramas, elementos

---

65. Cf. Milad Abdelnabi Salem, Norlena Hasnan e Nor Hasni Osman, "Balanced scorecard: weaknesses, strengths, and its ability as performance management system versus other performance management systems", *Journal of Environment and Earth Science*, vol. 2, n. 9, 2012, pp. 6-7.

74 REGIME JURÍDICO DAS POLÍTICAS PÚBLICAS

essenciais para a avaliação de qualquer política pública.[66] Não é razoável supor que os respectivos órgãos não disponham de tais informações: o que ocorre é que estas, por não estarem detalhadas na lei orçamentária, acabam por escapar à força vinculativa que é própria das leis, inclusive para a própria Administração Pública. Considerando que as decisões fundamentais sobre os programas orçamentários se encontram não nas leis orçamentárias, mas na esfera administrativa (*infra*legal) resulta clara a inadequação da adoção do orçamento como o *locus* da avaliação de políticas públicas. O risco de trivialização do orçamento-programa, ou seja, "de adotarem-se nomenclatura e terminologia técnicas deste, mas ater-se à mera realização formal e aparente de programação",[67] pode-se dizer que se concretizou no Brasil, agravando ainda mais a confiabilidade técnica de tal metodologia orçamental.

Assim, o poder de explicação sobre as políticas públicas, que se imagina inerente ao orçamento-programa, fica esmaecido e consequentemente perde muito da sua utilidade jurídico-analítica quando consideradas estas particularidades. A partir de tal perspectiva, fica em certa medida abalada a posição de alguns estudiosos que defendem o controle de execução do orçamento como um controle de políticas públicas e de implementação de direitos sociais.[68] Seria desejável que assim o fosse, mas o ordenamento jurídico-constitucional vigente entre nós impede que se sustente peremptoriamente tal posição. A crise do planejamento no Brasil – ou, mais propriamente, de sua inexistência – só será superada, concordamos com Bercovici (embora não quanto às premissas utilizadas para a conclusão), "com a reestruturação (para não dizer restauração) do Estado brasileiro".[69]

---

66. Cf. Anexo II da LDO 2013. Disponível em: www.planalto.gov.br/ccivil_03/_Ato2011-2014/2013/Lei/Anexos/12798/L12798-13%20-%20Volume%20II.pdf. Acesso em: 20.8.2014.

67. José Afonso da Silva, *Orçamento-Programa no Brasil*, cit., p. 380.

68. Cf. Alceu Maurício Jr., "A revisão judicial das escolhas orçamentárias e a efetivação dos direitos fundamentais", *Revista Diálogo Jurídico*, n. 15, Salvador, jan./fev./mar. 2007; e Eduardo Mendonça, "Da faculdade de gastar ao dever de agir: o esvaziamento contramajoritário de políticas públicas", *Revista de Direito do Estado*, n. 9, jan./mar. 2008, pp. 279-326. Em tais artigos, os autores defendem a possibilidade de controle de políticas públicas a partir do orçamento, mediante decisão judicial. Embora concordemos com este posicionamento – e os autores são muito competentes ao defendê-lo – deve-se evitar o equívoco de compreender tal controle como o único.

69. Cf. Gilberto Bercovici, *Constituição Econômica e Desenvolvimento. Uma leitura a partir da Constituição de 1988*, São Paulo, Malheiros Editores, 2005, p. 86. Aqui, o autor faz a afirmação transcrita como uma crítica ao "desmanche" do Estado

DELIMITAÇÃO DO OBJETO 75

O orçamento, no Brasil, ainda que, *de lege ferenda*, se pense o contrário, é uma peça formal, de *limitação* do governo mais do que de *impulsão* do governo. Assiste razão a Ricardo Lobo Torres quando afirma que

> o planejamento, consubstanciado no plano plurianual, na lei de diretrizes orçamentárias, ou na lei orçamentária anual, é mera autorização para que a Administração execute o programa traçado em leis específicas que compõem o sistema do Direito Administrativo, que já não está voltado para a regulamentação de todo o social nem para a intervenção na economia, mas para complementar a atividade privada e para subsidiar as carências e insuficiências societais. O planejamento, qualquer que seja ele, controla a Administração quanto ao limite máximo de gastos, mas não a obriga a realizar a despesa autorizada, como adiante veremos, em virtude de sua natureza simplesmente formal. É bem verdade que as sucessivas emendas constitucionais introduzidas nos últimos anos, vinculando a receita pública a despesas e fundos específicos (EC 14/1996, 17/1997, 27/2000, 29/2006) engessaram o orçamento e diminuíram consideravelmente a discricionariedade administrativa. Corolário dessa afirmativa é que a atividade administrativa objeto do planejamento passa a depender da efetiva realização da receita orçamentária e dos resultados positivos da economia. As políticas públicas dependem do dinheiro, e não apenas de verba. Os direitos sociais e a ação governamental vivem sob a reserva do possível, isto é, da arrecadação dos ingressos previstos nos planos anuais e plurianuais.[70]

na gestão do Presidente Fernando Henrique Cardoso. O Estado das privatizações seria, na sua visão, incapaz de planejar. Curioso que, atualmente, nove anos depois do término daquele governo e já sob a gestão contínua do Poder Executivo federal pelo Partido dos Trabalhadores, a situação de falta de planejamento se mantém, e talvez de forma ainda mais caótica e perigosa. A prova do que se afirma são as leis orçamentárias vigentes: basta analisar as suas disposições. Basta analisar as normas que veiculam o chamado PAC – Plano de Aceleração do Crescimento, que é um apanhado de projetos sem qualquer organicidade interna. O planejamento é uma atividade de racionalização da ação estatal para a consecução das prioridades consideradas politicamente para cada momento histórico. Pode ocorrer tanto num Estado superinflado quando num Estado mínimo. O aumento do bem-estar da população (no caso, a locução genérica e esotérica "desenvolvimento", que não se presta à reflexão jurídica), a rigor, independe do formato do Estado, embora seja mais provável que um Estado superinflado tenda a sufocar as forças produtivas e a própria liberdade econômica individual (que é um bem caríssimo sem o qual não há Estado de Direito). O estudioso deve ter a clareza, ideológica inclusive, para reconhecer tal fato e evitar comprometer a qualidade científica de suas conclusões.

70. Ricardo Lobo Torres, *Tratado de Direito Constitucional, Financeiro e Tributário*, vol. V (O orçamento na Constituição), Rio de Janeiro, Renovar, 2008, pp. 78-79.

76 REGIME JURÍDICO DAS POLÍTICAS PÚBLICAS

A impulsão será sempre uma decisão administrativa que, neste plano, deve ser controlada, inclusive quanto a eventuais omissões.

1.5 Políticas públicas e as modalidades de intervenção estatal nos domínios econômico e social

Assinala Eros Grau que a passagem do Estado liberal ao Estado social consubstanciou um verdadeiro salto qualitativo. Para ele, "A expressão *política pública* designa atuação do Estado, desde a pressuposição de uma bem marcada divisão entre *Estado* e *sociedade*".[71] Assim, quando se menciona política pública se está pressupondo um agir do Estado *sobre* e *para* a sociedade. Esse agir se dá tanto no chamado domínio econômico quanto no domínio social. A identificação das formas com que se dá esse agir pode ser entendida como uma identificação, igualmente, das formas de apresentação das políticas públicas, de modo a sustentar que a tipologia das políticas públicas será a mesma presente nas variadas formas de intervenção estatal, idêntica a estas. Assim, as políticas públicas poderiam ser reduzidas às modalidades de intervenção do Estado no domínio econômico e social. Este raciocínio não deve ser acatado, conforme ver-se-á em seguida.

A doutrina do direito público brasileiro tem adotado posições nem sempre acordes quanto ao estudo (e, consequentemente, classificação) das atividades estatais. Para as finalidades deste trabalho, a saber, a conceituação das políticas públicas e definição de sua localização na tipologia das ações estatais, analisar-se-ão duas propostas classificatórias: a de Eros Roberto Grau[72] e a de Celso Antônio Bandeira de Mello.[73] O motivo para a escolha de ambas as propostas reside, de fora parte a importância de seus autores no ambiente jurídico pátrio, no fato de que ambas resumem, de modo geral, o que se tem discutido na doutrina especializada nas últimas décadas.

Para Eros Grau, as atividades estatais, em face da sistemática introduzida pela Constituição de 1988, devem ser analisadas em dois ambientes antitéticos: o das *atividades econômicas em sentido estrito* e o dos *serviços públicos*. O Autor parte, na elaboração desta classificação, do

---

71. Eros Roberto Grau, *O Direito Posto e o Direito Pressuposto*, 9ª ed., São Paulo, Malheiros Editores, 2014, p. 26.

72. Idem, *A Ordem Econômica na Constituição de 1988*, cit. Cf., principalmente, o Capítulo 3.

73. Celso Antônio Bandeira de Mello, *Curso de Direito Administrativo*, cit., pp. 691 e ss.

DELIMITAÇÃO DO OBJETO 77

pressuposto fundamental da vigência, em nossa sociedade, de uma superestrutura econômica, baseada na economia de mercado, que constituiria o gênero (*atividade econômica em sentido amplo*), do qual as *atividades econômicas em sentido estrito* e os *serviços públicos* seriam espécies. Assim, tomando-se em conta que os setores público e privado – por meio das trocas econômicas – visam à alocação de bens escassos entre diversos agentes, não importando para esta conclusão qual a intenção de um e outro (Estado e particulares) nesta distribuição, não haveria como não se reconhecer que tanto os serviços públicos (de titularidade estatal) quanto as atividades privadas (de titularidade privada e eventualmente exercidas pelo Estado, excepcionalmente) estariam abarcadas pelo conceito de atividade econômica. Eros Grau salienta, ainda, que o Estado pratica simples *atuação*, quando age no seu campo de ação próprio, e que, quando age no campo estrito de atuação dos particulares, pratica *intervenção*. A *intervenção* estatal dividir-se-ia em (a) intervenção por absorção ou participação; (b) intervenção por direção; e (c) intervenção por indução.[74] Em outras palavras: a modalidade de intervenção por absorção (item "a", supra) configuraria intervenção *no* domínio econômico, enquanto as restantes modalidades ("b" e "c", supra) configurariam intervenção *sobre* o domínio econômico.

Embora o próprio Eros Grau não admita, em princípio, que a classificação acima tem como critério distintivo a noção de regime jurídico,[75] e aluda vagamente à existência de um critério metajurídico de *colisão*

74. Eros Roberto Grau, *A Ordem Econômica na Constituição de 1988*, cit., p. 90.

75. Para Eros Grau não é adequada afirmação de que a distinção entre serviços públicos e atividades econômicas em sentido estrito se dá em função do regime jurídico aplicável a cada uma das modalidades: "É inteiramente equivocada a tentativa de conceituar-se *serviço público* como atividade sujeita a *regime de serviço público*. Ao afirmar-se tal – que *serviço público* é atividade desempenhada sob esse *regime* – além de privilegiar-se a forma, em detrimento do conteúdo, perpetra-se indesculpável tautologia. Determinada atividade fica sujeita a regime de serviço público porque *é* serviço público; não o inverso, como muitos propõem, ou seja, passa a ser tida como serviço público porque assujeitada a regime de serviço público" (*A Ordem Econômica na Constituição de 1988*, cit., p. 114). Como se verá em seguida, discordamos desta opinião do Professor Titular aposentado da Universidade de São Paulo, na medida em que esta ressente-se de um caráter quase que jusnaturalista; com efeito, a reflexão jurídica não pode prescindir, como ponto de partida, da norma posta, ou, mais tecnicamente, dos enunciados de que se compõe o direito positivo. Assim, afirmar-se que determinada atividade é submetida a tal ou qual regime jurídico *porque é tal atividade* significa inverter o fenômeno jurídico de modo injustificado e com consequências potencialmente desastrosas. O que determina o regime jurídico de determinada atividade é a sua qualificação pelo direito positivo. Caso

78 REGIME JURÍDICO DAS POLÍTICAS PÚBLICAS

de forças sociais para a distinção entre os dois ambientes (as atividades caracterizadas como serviço público assim o seriam em função do fato de que a sua prática, diretamente pelo Estado ou mediante concessão ou permissão, seja um imperativo para a *coesão social*,[76] ou seja, constitua o resultado da colisão entre o *capital* e o *trabalho*, para usar o já antiquado jargão marxista), é importante ressaltar, com Celso Antônio Bandeira de Mello,[77] que, efetivamente, é a incidência, ou não, do regime jurídico- -administrativo o que permite distinguir tratar-se de *atividades econômicas em sentido estrito* ou *serviços públicos*, a adotar-se tal classificação dicotômica das atividades estatais.

De qualquer forma, e esta é a principal razão de ser de tal distinção, a disciplina jurídica de cada uma dessas modalidades de atuação estatal – *atuação* simplesmente ou *intervenção* – é diversa, dada a prevalência concedida pela Constituição à iniciativa privada (no caso das atividades econômicas em sentido estrito) e ao Poder Público (quando se tratar de serviços públicos).[78]

este se cingisse à natureza dos fenômenos sociais, a mutabilidade do direito positivo seria impensável.

76. Ressalta Eros Grau: "Observando, em outra oportunidade, ser um conceito aberto o de serviço público, conceito que cumpre preencher com os dados da realidade, devendo sua significação ser resgatada na realidade social, sustentei ser a distinção entre um (*serviço público*) e outra (*atividade econômica em sentido estrito*) função das vicissitudes das relações entre as forças sociais. Por isso que, em termos de modelo ideal, a distinção nos termos seguintes seria estabelecida.

"Pretende o capital reservar para sua exploração, como *atividade econômica em sentido estrito*, todas as matérias que possam ser, imediata ou potencialmente, objeto de profícua especulação lucrativa. Já o trabalho aspira atribua-se ao Estado, para que este as desenvolva não de modo especulativo, o maior número possível de *atividades econômicas (em sentido amplo)*. É a partir deste confronto – do estado em que tal confronto se encontrar, em determinado momento histórico – que se ampliarão ou reduzirão, correspondentemente, os âmbitos das *atividades econômicas em sentido estrito* e dos *serviços públicos*. Evidentemente, a ampliação ou retração de um ou outro desses campos será função do poder de reinvindicação, instrumentado por poder político, de um e outro, capital e trabalho. A definição, pois, desta ou daquela parcela da *atividade econômica em sentido amplo* como *serviço público* é – permanecemos a raciocinar em termos de modelo ideal – decorrência da captação, no universo da realidade social, de elementos que informem adequadamente o estado, em um certo momento histórico, do confronto entre interesses do capital e do trabalho" (*A Ordem Econômica na Constituição de 1988*, cit., pp. 106-107).

77. Cf. Celso Antônio Bandeira de Mello, "O conteúdo do regime jurídico- -administrativo e seu valor metodológico", *Revista de Direito Público*, n. 2, São Paulo, Ed. RT, out./dez. 1967, pp. 44-61.

78. Cf., nesse sentido, Fernando Herren Aguillar: "A razão pela qual o tema da distinção entre serviços públicos e atividade econômica é relevante para o Direito

DELIMITAÇÃO DO OBJETO 79

Celso Antônio Bandeira de Mello, a seu turno, também identifica, na ordem constitucional vigente, a convivência de dois ambientes complementares. O primeiro deles consiste naquelas atividades econômicas que estão reservadas à iniciativa privada e que somente em casos de relevante interesse coletivo ou para atender a imperativos de segurança nacional se justifica a intervenção estatal. O segundo ambiente é aquele reservado precipuamente ao Estado e é na conceituação das atividades estatais desenvolvidas neste ambiente que o pensamento de Celso Antônio se distingue do de Eros Grau. Com efeito, para aquele, o âmbito de atuação estatal não é composto unicamente por serviços públicos, a menos que se entenda – de modo impróprio e anticientífico – toda uma variedade de ações estatais como "serviços públicos". Afinal, para o direito, "estes vários tipos de atividades são perfeitamente distintos entre si, pois cada qual está sujeito a um regime diverso. Daí a conveniência de procurar apartá-las com nitidez".[79]

Analisando as atividades estatais sob o regime de direito público, o Professor Emérito da Pontifícia Universidade Católica de São Paulo chega à conclusão de que elas se dividem, de acordo com a sua materialidade, em: (i) serviços públicos; (ii) obras públicas; (iii) atividades decorrentes do exercício do poder de polícia; e (iv) atividades econômicas.

Serviço público, tal como definido por Celso Antônio,

> é toda atividade de oferecimento de utilidade ou comodidade material destinada à satisfação da coletividade em geral, mas fruível singularmente pelos administrados, que o Estado assume como pertinente a seus deveres e presta por si mesmo ou por quem lhe faça as vezes, sob um regime de Direito Público – portanto, consagrador de prerrogativas de supremacia e de restrições especiais –, instituído em favor dos interesses definidos como públicos no sistema normativo.[80]

Econômico pode ser explicada da seguinte maneira. Havendo regimes jurídicos diversos aplicáveis a um e outro casos, impõe-se identificar na Constituição os critérios existentes para submeter as atividades econômicas a este ou àquele regime. "Tais regimes apartam as atividades que devem ser precipuamente desempenhadas pelo Estado daquelas que devem em regra ser desenvolvidas pela iniciativa privada. Por imposição constitucional, os serviços públicos são de competência estatal, enquanto as atividades econômicas restantes são reservadas *em princípio* aos particulares" (Fernando Herren Aguillar, *Direito Econômico – Do Direito Nacional ao Direito Supranacional*, cit., p. 264, grifos aditados).

79. Celso Antônio Bandeira de Mello, *Curso de Direito Administrativo*, cit., p. 706.

80. Celso Antônio Bandeira de Mello, *Curso de Direito Administrativo*, cit., p. 695.

80 REGIME JURÍDICO DAS POLÍTICAS PÚBLICAS

Obra pública, a seu turno, é a "construção, reparação, edificação ou ampliação de um bem imóvel pertencente ou incorporado ao domínio público".[81] Salienta o Autor que a obra distingue-se do serviço público pelas seguintes características: (i) ter a característica de produto estático, estanque, enquanto o serviço público é atividade dinâmica; (ii) constituir *coisa*, enquanto o serviço público é *operação* que enseja o desfrute pelo usuário; (iii) cessar a sua realização quando pronta a obra, cuja fruição passa a ser direta, independentemente de uma prestação específica – o serviço público, por outro lado, tem a sua fruição dependente da prestação; e (iv) prescindir a obra da prévia existência de serviço, enquanto o serviço normalmente necessita de obra prévia que lhe permita a constituição de uma infraestrutura mínima para a prestação.[82]

Pelo poder de polícia, na lição de Celso Antônio, "o Estado, mediante lei, *condiciona, limita*, o exercício da liberdade e da propriedade dos administrados, a fim de compatibilizá-las com o bem-estar social".[83] A diferença entre as atividades de polícia administrativa e os serviços públicos reside no fato de estes constituírem atividades *ampliativas* da esfera individual do administrado, por meio do oferecimento de uma comodidade específica, e aquelas constituírem atividades *restritivas* de direitos dos administrados tendo em vista o interesse coletivo legalmente qualificado.

As atividades econômicas seriam exercidas pelo Estado por meio de pessoas de direito privado, empresas públicas ou sociedades de economia mista, que, embora sujeitas, no que tange às suas atividades-fim (ou seja, as atividades de seu objeto social), ao regime de direito privado, submetem-se às injunções do regime jurídico-administrativo, relativamente às suas atividades-meio (compras, contratação de pessoal etc.), podendo ser instituídas somente em caso de relevante interesse público, com a devida autorização legislativa.

O aspecto comunicante entre as propostas classificatórias relacionadas há pouco parece ser a tentativa de separar o ambiente em que o Estado pode conduzir-se com maior liberdade, utilizando-se das prerrogativas que o regime de direito público lhe fornece, a saber, a possibilidade (*dever-poder*) de atuação baseada na dita supremacia do interesse público sobre o interesse particular[84] e na indisponibilidade

81. Idem, ibidem, p. 706.

82. Idem, ibidem, pp. 706-707.

83. Idem, ibidem, p. 707.

84. Cf. para uma posição contrária: Humberto Ávila, "Repensando o 'Princípio da Supremacia do Interesse Público sobre o Particular'", *Revista Diálogo Jurídico*,

DELIMITAÇÃO DO OBJETO 81

pela Administração dos interesses públicos, do ambiente em que não incide tal regime, dado que o que se produz, neste outro campo, é a autonomia da iniciativa privada e dos interesses daí decorrentes.[85] Trata-se da clássica distinção entre o campo destinado à ação estatal e o destinado à iniciativa privada.

As duas propostas, acima sumariamente detalhadas, de certa forma refletem o que se discute na doutrina administrativista estrangeira. No direito administrativo francês, por exemplo, adotam-se classificações muito semelhantes. André de Laubadère ressalta que a atividade administrativa se desdobra nas seguintes modalidades: (i) serviços públicos; (ii) poder de polícia; e (iii) obras públicas.[86] Paul Duez e Guy Debeyre reproduzem as mesmas modalidades, acrescendo uma: a das empresas privadas de interesse público que, no regime francês, não se resumem àquelas que tenham participação acionária ou controle estatal, mas incluem também aquelas que, embora sem participação acionária estatal, exercem atividades sobre as quais recaia o interesse público, ensejando uma atuação estatal de apoio, quer estendendo às suas atividades prerrogativas do serviço público (desapropriações, benefícios legais etc.), quer ainda por meio de subvenções econômicas,[87] no que são seguidos por Marcel Waline.[88] A mesma classificação é adotada por Jean Rivero, que as reduz, no entanto a duas categorias mais genéricas, fundadas nos conceitos de *prescrições (imposição normativa)* e *gestão*:

vol. I, n. 7, Salvador, CAJ – Centro de Atualização Jurídica, out. 2001. Disponível em: www.direitopublico.com.br. Acesso em: 8.4.2011.

85. Assim como a noção de "supremacia do interesse público" a guiar o atuar estatal deve ser recebida com as devidas ressalvas (vide nota de rodapé acima), também o que se entende por autonomia da iniciativa privada não pode ser considerado sem a devida ponderação. Com efeito, mesmo para Kant, que a identifica como fundamento filosófico do direito postulado da *liberdade*, esta não pode ser entendida em termos absolutos, pois, para o autor da *Crítica da Razão Pura*, a "*liberdade* (independência do arbítrio de outro)" somente será "esse direito único, primitivo, próprio de cada homem, pelo simples fato de ser homem", desde que "possa subsistir com a liberdade de todos, segundo uma lei universal" (Emmanuel Kant, *Doutrina do Direito*, 2ª ed., São Paulo, Ícone Editora, 1993, p. 55), o que implica, naturalmente, limitações, condicionamentos, balizas impostas pelo direito para o exercício (e mesmo para a natureza) dos vários direitos titularizados pelos indivíduos.

86. André de Laubadère, *Traité Élémentaire de Droit Administratif*, Paris, LGDJ, 1953, pp. 537-547, 551-610 e 821-829.

87. Paul Duez e Guy Debeyre, *Traité de Droit Administratif*, Paris, Dalloz, 1952, pp. 596-625.

88. Marcel Waline, *Traité Élémentaire de Droit Administratif*, 6ª ed., Paris, Recueil Sirey, 1952, pp. 302-305.

82 REGIME JURÍDICO DAS POLÍTICAS PÚBLICAS

A atividade administrativa tem por finalidade satisfazer as necessidades do interesse geral.

Para o alcançar, reveste tradicionalmente duas formas essenciais: a *polícia* e o *serviço público*.

O interesse geral exige antes do mais que as livres iniciativas dos particulares não vão ao ponto de comprometer a ordem, condição de toda a vida social. Pertence pois ao Estado impor-lhes a disciplina indispensável; a esta finalidade corresponde o exercício da *polícia administrativa*.

Por meio do serviço público, a autoridade pública toma directamente a seu cargo a satisfação de uma necessidade de interesse geral, assegurando, quer à colectividade, quer aos particulares individualmente, as prestações ou vantagens correspondentes.

Esta distinção continua a ser fundamentalmente exacta. A polícia, que dá à actividade privada o seu quadro e os seus limites, e o serviço público, em que é a pessoa pública que se encarrega de oferecer aos particulares o que a actividade privada não tem possibilidades de lhes oferecer, são as duas modalidades essenciais e bem distintas da actividade administrativa. No primeiro caso, exerce-se principalmente por meio de *prescrições* gerais ou individuais; no segundo, toma a forma de uma *gestão*.[89]

O administrativista alemão Hartmut Maurer defende a existência das seguintes modalidades de atuação administrativa: (i) administração de *intervenção*, quando a Administração intervém na esfera jurídica do cidadão e limita sua liberdade e propriedade, quando ela, portanto, impõe ao cidadão obrigações e agravamentos; e (ii) administração de *prestação*, que é aquela que concede ao cidadão prestações ou outras vantagens.[90] As tarefas ou diretrizes de comportamento administrativo que exsurgem das duas modalidades referidas se manifestam nos seguintes modos materiais de atuação administrativa: (a) administração da ordem, que se relaciona à manutenção da segurança e ordem pública; (b) administração de prestação, caracterizada pelo apoio material ao indivíduo (subsídio social, bolsas de estudo) e pela preparação de instalações (escolas, hospitais etc.) destinadas à assistência aos cidadãos; (c) administração de direção, que tem por objeto o fomento e a condução ampla de áreas do domínio econômico e social (*v.g.*, por meio do plano); (d) administração tributária, destinada a amealhar os recursos necessários às atividades estatais; (e) administração de demanda, que se destina a ga-

---

89. Jean Rivero, *Direito Administrativo*, tradução de Rogério Erhardt Soares, Coimbra, Almedina, 1981, p. 473.

90. Hartmut Maurer, *Direito Administrativo Geral*, tradução de Luís Afonso Heck da 14ª ed. alemã, Barueri, SP, Manole, 2006, p. 8.

DELIMITAÇÃO DO OBJETO 83

rantir os meios materiais e pessoais necessários à realização das tarefas administrativas.[91]

No direito português, digna de nota é a proposta de Luís Solano Cabral de Moncada, para quem as intervenções estatais no domínio econômico podem ser classificadas sob vários critérios. O primeiro deles é o material: as intervenções podem ser *globais* (quando se relacionam com a economia em seu conjunto), *setoriais* (quando as medidas se dirigem a um campo específico) ou *pontuais ou avulsas* (neste caso, quando as medidas se dirigem à resolução de problema conjuntural). O segundo critério é finalístico: as intervenções podem ser *imediatas* (quando o Estado age diretamente com o propósito de influir sobre a economia) ou *mediatas* (quando o Estado, exercendo sua competência sobre outros domínios, causa indiretamente efeitos econômicos). A intervenção estatal pode ser também classificada sob o critério da impositividade: será *unilateral* quando ocorrer mediante imposição normativa estatal; será *bilateral* quando se utilizarem formas contratuais ou indutoras, de modo a incluir a vontade do particular como componente de tal atuação. As intervenções, por fim, sob um ângulo subjetivo, serão *diretas* (quando executadas pelo próprio Estado) ou *indiretas* (quando o Estado não age diretamente como agente econômico, mas apenas criando estruturas que possibilitem impactos econômicos, *v.g.*, construção de infraestrutura, desoneração tributária etc.).[92]

Analisadas criticamente as classificações acima mencionadas, algumas observações se impõem. A oposição *serviço público versus atividade econômica em sentido estrito*, ou *atividades estatais* (serviços públicos, obras públicas, poder de polícia) *versus atividades particulares* parte de uma esquematização muito mais próxima do liberalismo dos séculos XIX e XX, em que era mais fácil a distinção entre ambientes destinados à atuação do Estado e da iniciativa privada, do que da realidade atual, notadamente mais complexa. Com efeito, as políticas públicas, enquanto atividades estatais concatenadas temporalmente que englobam o planejamento, a tomada de decisão (edição de legislação/ato administrativo) e a execução com vistas à consecução de determinado fim estatal, constituem fenômeno que exige uma postura teórico-dogmática diversa. Para o estudo das políticas públicas não interessa tanto distinguir, no domínio econômico em sentido amplo (Eros Grau), as atividades que devem ou não ser executadas pelo Estado ou pela iniciativa privada. Não

91. Idem, ibidem, pp. 7-8.
92. Luís Solano Cabral de Moncada, *Direito Económico*, cit., pp. 32-38.

84 REGIME JURÍDICO DAS POLÍTICAS PÚBLICAS

se põe a questão da intervenção ou não no âmbito de atuação privado – pelo menos não num primeiro momento.

A estrutura das políticas públicas defendida no presente trabalho, composta por fins, propósitos, componentes e atividades – extraídas na metodologia do marco lógico, adiante abordada em detalhes – estará presente, por ser uma classificação estrutural, onde houver política pública. Assim, e considerando que tanto os serviços públicos quanto a intervenção do Estado na ordem econômica envolverão políticas públicas, na acepção proposta no presente livro, deve-se concluir que a sua localização (em um ou outro ambiente) não influirá em grande medida para a sua análise e de seus elementos estruturais.

Na mesma medida, a tipologia material da atuação estatal, conforme acima detalhada, não terá influência na análise de tal ou qual intervenção *como política pública*. Pode-se afirmar que há, material e formalmente, uma *fungibilidade* ou *interdefinibilidade* entre as várias modalidades de atuação estatal, no que tange à sua configuração como política pública. *Desde que presentes os seus elementos estruturais, ter-se-á política pública, independentemente dos veículos técnico-normativos que a veiculem.* Assim, imagine-se uma política pública que vise a elevar o nível de qualidade do ensino fundamental de um dado Município. Para a existência da política pública, será irrelevante se o Município decidir implementar tal política diretamente, por meio de sua secretaria de educação, ou indiretamente, por meio de um convênio com entidade do terceiro setor ou outro ente federativo, ou ainda por meio de uma parceria público-privada. A análise da juridicidade de cada uma dessas modalidades continuará sendo aquela imposta pelo regime jurídico regente de cada hipótese; a análise jurídica de políticas públicas será, sempre, *uma análise de superposição*, porquanto tem características próprias, que não se relacionam com as características dos atos normativos que compõem a política. O jurista, analisando políticas públicas, preocupar-se-á em identificar: (i) se o órgão formulador da política seguiu critérios democráticos para a sua instituição; (ii) se, além disto, observou critérios isonômicos quanto aos beneficiários (ou prejudicados, pois nem sempre a política pública será distributiva); (iii) se os fins regentes da política pública encontram respaldo seguro no texto da Constituição Federal; (iv) se os propósitos da política pública são suficientes (e, mais do que isto, *ótimos*) para o atingimento do fim idealizado; (v) se os componentes, como marcos intermediários de sua execução, são suficientes para o atingimento dos propósitos da política pública; (vi) se as atividades alocadas são eficientes, ou seja, aptas a atender aos componentes e aos

DELIMITAÇÃO DO OBJETO   85

propósitos; e, por fim, (vii) se o agente público disponibilizou todas as informações e seguiu todos os procedimentos que permitam aferir se a sua decisão, postos os limites cognitivos referidos no item 1.2, acima, foi a melhor *possível* para aquele contexto. O *bem jurídico* tutelado a partir da análise de políticas públicas, ainda que isto cause em um primeiro momento estranheza, é a integridade da sua própria estrutura.

1.6 Políticas públicas são objeto do direito administrativo? Retificação da ideia de função administrativa

Para aplicar a metodologia do direito administrativo às políticas públicas é necessário investigar se há correspondência entre o âmbito de incidência daquele ramo do direito e as atividades que compõem afinal o que são as políticas públicas. Faz-se necessária tal verificação pelo simples motivo de que, não havendo a devida correspondência entre o objeto que se pretende analisar e a incidência de um determinado plexo normativo, não fará sentido utilizar a metodologia deste para entender aquele. Não se submetem a um ramo do direito matérias que não lhe pertencem. Um, entre infindáveis exemplos: não é possível analisar, à luz da lei trabalhista, um contrato de prestação de serviços civil, porque tais espécies de contrato não se incluem no âmbito de incidência do direito do trabalho, que pressupõe, antes de tudo, a relação de emprego, o que não sucede naquele contrato, ainda que tenhamos, num e noutro casos, uma pessoa trabalhando para outra e recebendo pagamento em troca do seu trabalho.

As políticas públicas são, como dissemos ao longo deste trabalho, *atividades* estatais unificadas por uma *finalidade* de utilidade pública. Tais atividades podem ser de ordem legislativa (lei em sentido formal), regulamentar e concreta (atos administrativos, infralegais) e contratual, o que, no quadro da divisão de poderes, importa em dizer que poderão contar com a participação do parlamento e do Poder Executivo (além de sofrerem os influxos das decisões judiciais e contarem muitas vezes com atos jurídicos e materiais praticados por particulares).

A esmagadora maioria – para não dizer a totalidade – da doutrina do direito administrativo brasileiro e internacional sustenta que a *função administrativa*, conceito criado para indicar o âmbito de existência legítima do direito administrativo, restringe-se, ainda com relação à regra da divisão de poderes, à normatização da atuação do Poder Executivo e, eventualmente, dos demais poderes, desde que, e sempre, no exercício de função infralegal (são exemplos "de manual": ato da mesa de qual-

86 REGIME JURÍDICO DAS POLÍTICAS PÚBLICAS

quer das casas do Congresso Nacional para concessão de aposentadorias ou férias aos servidores daquele poder; licitações realizadas no âmbito do Poder Judiciário para a aquisição de bens necessários às suas atividades etc.).

Em decorrência desta concepção que identifica o direito administrativo com a chamada *função administrativa* e esta com a atividade estatal que "não inova" no mundo jurídico, ou seja, atividade de estrito cumprimento da lei e, em casos específicos, da Constituição, as decisões judiciais em nenhuma hipótese se submetem ao direito administrativo, nem tampouco as leis editadas pelo legislativo.

Esta concepção cria um embaraço para quem se põe a estudar políticas públicas à luz do direito administrativo. Afinal, se as leis, formalmente consideradas, ficam excluídas do âmbito de incidência do direito administrativo,[93] o entendimento de políticas públicas como *atividade* se torna impossível e, sendo impossível, a conclusão óbvia a que se chega é que o controle da constitucionalidade das leis e a teoria do ato administrativo são os únicos meios de controle daquelas atividades, controle este – a realidade o demonstra a sobejos – cabalmente inadequado e insuficiente para apreender um fenômeno da maior importância nas sociedades atuais.

Para confirmar ou infirmar as considerações feitas acima, dever-se-á enfrentar a questão (repetimos: para a quase totalidade da doutrina, resolvida) do âmbito de incidência do direito administrativo e do que se entende por *função administrativa*. É o que se fará em seguida.

O direito administrativo desenvolveu-se historicamente em torno da noção de "puissance publique", ou seja, de poderes conferidos ao ente público orientados para a consecução dos fins da sociedade.[94] Todavia, sem o desenvolvimento de outras noções, ligadas umas às outras, não

---

93. Hely Lopes Meirelles assinala – e este é um ponto que se tornou assente no meio doutrinário brasileiro – que leis (em sentido formal), em alguns casos, equiparam-se a atos administrativos, para fins de cabimento de mandado de segurança. Interessante o critério utilizado pelo Autor para identificar as leis contra as quais caberia o "writ": caberia mandado de segurança contra leis de *efeitos concretos*, ou seja, atos "que trazem em si mesmos o resultado específico pretendido, tais como as leis que aprovam planos de urbanização, as que fixam limites territoriais, as que criam municípios ou desmembram distritos, as que concedem isenções fiscais" (cf. Hely Lopes Meirelles, Arnoldo Wald e Gilmar Ferreira Mendes, *Mandado de Segurança e Ações Constitucionais*, 36ª ed., São Paulo, Malheiros Editores, 2014, p. 40).

94. Leon Duguit, *Traité de Droit Constitutionnel*, vol. I, Paris, Ancienne Librairie Fontemoing & Cie. Éditeurs, 1927, pp. 541-557.

DELIMITAÇÃO DO OBJETO 87

seria possível, *in concreto*, um direito administrativo, tal como o conhecemos hoje: a primeira dessas noções é a de personalidade jurídica do Estado, ou seja, a compreensão do Estado como ente não só sujeito de prerrogativas (direitos), mas também foco passivo de obrigações (deveres); a segunda, decorrente da primeira, é a noção de Estado de Direito, isto é, pessoa de direito público *criada* pelo direito e, como as demais pessoas, *sujeita* ao direito. Salienta Oswaldo Aranha Bandeira de Mello ser o direito administrativo um ramo próprio do

> Estado Moderno, ou melhor, do chamado Estado de Direito, porque só então se cogitou de normas delimitadoras da organização do Estado-poder e da sua ação, estabelecendo balizas às prerrogativas dos governantes, nas suas relações recíprocas, e, outrossim, nas relações com os governados.[95]

Ramo jovem, portanto, do direito, tendo em vista que a sua gênese moderna somente ocorreu com o limiar do século XIX, quando o "Estado de polícia" cedeu lugar ao Estado de Direito, o direito administrativo sempre causou discussões acaloradas entre os juristas, quando o que se debatia era o seu objeto. Debate, vale dizer, o mais das vezes acadêmico, já que, discutindo embora o âmbito de aplicação do ramo do direito que estudavam, os administrativistas acabavam sempre trabalhando a chamada *função administrativa* como a atividade estatal infralegal a cargo, no rígido quadro da separação de poderes, do Poder Executivo. Tal noção, até os nossos dias, se mantém intacta.

Seria um trabalho extenso mencionar aqui os inúmeros testemunhos da adesão da doutrina à tese que identifica a função administrativa (objeto do direito administrativo) à atividade típica do Poder Executivo. Trabalho extenso e desnecessário, a par da notoriedade e do caráter de indiscutibilidade que tal corrente de pensamento ganhou. A função administrativa designando a atividade infralegal típica do Poder Executivo é talvez o maior dogma do direito público dos Estados atuais e do Brasil, muito particularmente. Uma observação da maior relevância: por "dogma" entenda-se aquilo sobre o que já não é necessário refletir, um dado da realidade que não comporta discussão.

Todavia, é importante recordar, para um breve panorama acerca do desenvolvimento da noção de função administrativa, a lição de Oswaldo Aranha Bandeira de Mello, que, após recolher impressionante biblio-

---

95. Oswaldo Aranha Bandeira de Mello, *Princípios Gerais de Direito Administrativo*, vol. 1, 3ª ed., 2ª tir., São Paulo, Malheiros Editores, 2010, p. 76

88 REGIME JURÍDICO DAS POLÍTICAS PÚBLICAS

grafia estrangeira e nacional sobre o tema,[96] divide as teorias sobre o conceito de direito administrativo em quatro grupos.

O primeiro desses grupos reúne as chamadas *teorias do Poder Executivo*, que identificam, na teoria da tripartição dos poderes, a própria divisão de funções estatais. Sendo assim, ao Judiciário corresponderia a função jurisdicional, submetida ao direito judiciário; ao Legislativo corresponderia a função legislativa, submetida ao direito constitucional (incluído aí o chamado direito do processo legislativo); e, ao Executivo, a função administrativa, submetida ao direito administrativo. Tal orientação doutrinária, ensina o autor, peca por suscitar dúvidas quanto ao número de poderes e quanto ao conteúdo das próprias funções. Além disso, este critério distintivo deixa ao largo um fato muito comum: apesar de os poderes exercerem funções típicas, muitas vezes, p. ex., atos administrativos são praticados pelos Poderes Legislativo e Judiciário (licitações, atos das secretarias de tais poderes etc.), e atos tipicamente legislativos são adotados pelos Poderes Executivo e Judiciário (*v.g.*, medidas provisórias, pelo Executivo, e edição dos regimentos internos dos tribunais, pelo Judiciário). Além disso, a vida administrativa do Estado não se perfaz apenas pelas atividades do Executivo: entes da Administração indireta (como autarquias, fundações e empresas estatais), além de pessoas jurídicas de direito privado e mesmo pessoas físicas, que fazem as vezes do Estado, praticam normalmente atos administrativos. Outra insuficiência das teorias que identificam nos atos do Poder Executivo a função administrativa residiria no fato de que elas não conseguem explicar os atos de direito privado – não sujeitos, portanto, ao regime jurídico-administrativo – que são celebrados normalmente pelo Poder Executivo no curso de suas atividades.

Oswaldo Aranha identifica ainda uma nuança nas formulações da teoria do Poder Executivo: a subcorrente que substitui o Poder Executivo pela Administração Pública. Segundo o Autor, a diferença entre essa variação teórica da mesma corrente e a sua colocação tradicional

> está em que os adeptos desta teoria [*a da Administração Pública*] salientam como objeto do Direito Administrativo as relações jurídicas entre a Administração Pública, ou melhor, o Poder Executivo, e os administrados, enquanto os da teoria do Poder Executivo se referem às normas jurídicas, que ordenam a ação do Poder Executivo. Porém, essas ações, levadas a efeito nos termos das normas jurídicas, são justamente as relações jurídi-

96. Idem, ibidem, *passim*.

DELIMITAÇÃO DO OBJETO 89

cas do Poder Executivo com os administrados ou com os seus próprios órgãos.[97]

Para o mestre da Pontifícia Universidade Católica de São Paulo, as mesmas críticas às teorias do Poder Executivo se aplicam a esta sua subcorrente, ressaltando, adicionalmente às críticas anteriores, a insuficiência do critério de relação jurídica entre a Administração e os administrados, em razão do fato de, na realidade, existirem relações jurídicas entre tais sujeitos que refogem ao direito administrativo. Igualmente, para o Autor, em razão de sua peculiar posição no universo do direito administrativo (posição que será abordada com detença oportunamente), deve ser mencionado outro ponto: não apenas as *relações* entre Administração e administrados deve ser objeto do direito administrativo, mas, também, a própria ordenação dessas relações, que ocorre por meio da edição de atos administrativos, regulamentos e leis em sentido formal.

Com relação às *teorias orgânico-formais*, Oswaldo Aranha destaca as posições de Michel Waline, Merkel e Gasparri.

Para Waline

o Direito Administrativo é o ordenamento jurídico dos órgãos estatais a que compete o exercício da função administrativa, formalmente considerada. E esta conceitua de forma negativa. Compreende o que exclui da função própria dos outros órgãos, de legislar e de julgar.[98]

A crítica a ser feita com relação à teoria de Waline, segundo Oswaldo Aranha, reside na impropriedade lógica de se pretender definir um objeto negativamente (sabe-se o que ele não é, mas não necessariamente o que ele *é*). Além disso, Waline incorreria em mais uma impropriedade quando exclui os chamados "atos de governo" da função administrativa e inclui nesta os atos de jurisdição administrativa. Isto porque, não há qualquer diferença essencial entre os ditos "atos de governo" e os demais atos administrativos, exceto uma maior discricionariedade no exercício da competência para a edição daqueles, o que não quer dizer, de forma alguma, que tal categoria de atos escape ao controle jurisdicional (nos países de jurisdição única, como o Brasil) ou ao controle das cortes administrativas (nos países que admitem a dupla jurisdição, como a França). Outrossim, as sentenças emitidas pelo contencioso administrativo, segundo Oswaldo Aranha, não se incluiriam entre os atos característicos

97. Idem, 3ª ed., cit., p. 154.
98. Idem, 3ª ed., cit., p. 162.

90 REGIME JURÍDICO DAS POLÍTICAS PÚBLICAS

da função administrativa, dado que a finalidade com que são editados é a preservação da ordem jurídica – exatamente a mesma dos atos jurisdicionais – importando daí a imperiosidade de sua inclusão na função jurisdicional e não, como pretende Waline, entre os atos que compõem a função administrativa.

A segunda apresentação teórica relevante que se enquadra no grupo das chamadas teorias orgânico-formais é a formulada por Merkel. Adepto da chamada Escola de Viena, Merkel entende que, na pirâmide normativa positivista (constituição no ápice; leis, logo abaixo; atos administrativos e decisões judiciais na base), a função administrativa não se confunde com a função legislativa, já que é dependente desta. Segundo esta concepção positivista (em certa medida, ainda corrente entre nós) o fundamento de validade dos atos que compõem a função administrativa é a lei. Não haveria, portanto, inovação formal no mundo jurídico, pela categoria dos atos administrativos e, portanto, da função administrativa. A inovação formal só pode ser realizada pela legislação, que haure sua validade diretamente do texto constitucional. Por sua vez, a diferença entre a função administrativa e a função jurisdicional, tendo em vista que ambas legitimam-se no cumprimento estrito da lei, é que a primeira, na estrutura organizacional que determina a produção dos atos administrativos, apresenta um caráter hierárquico, sendo as instâncias superiores determinantes para as inferiores; a função jurisdicional, por sua vez, não apresentaria, em sua essência, este caráter hierárquico: embora se admita, na função jurisdicional, a possibilidade de uma instância superior modificar o teor de uma decisão emitida por uma instância inferior, tal modificação não significa que haja efetiva subordinação entre tais instâncias. Enquanto a função administrativa, nos órgãos encarregados de exercê-la, tem a característica da subordinação hierárquica, a estrutura organizacional do Judiciário é independente, nos diversos órgãos que a compõem.

A crítica feita por Oswaldo Aranha à posição de Merkel diz respeito ao fato de que, embora *normalmente* se verifique na estrutura administrativa uma predominância da hierarquia, haverá casos de coordenação entre órgãos, tal como a que ocorre entre um órgão cuja vontade possa modificar a de outro (ordenação intrínseca de controle), de modo que a afirmação de que a função administrativa se caracteriza pela estrutura hierárquica dos órgãos da Administração (ordenação intrínseca hierárquica) será insuficiente. Do mesmo modo, no Poder Judiciário, conquanto seja verdadeira a assertiva que a sua atividade *normal* caracteriza-se pela independência dos órgãos encarregados de dizer o direito, tal asser-

DELIMITAÇÃO DO OBJETO 91

tiva não consegue adquirir foros de verdade se observarmos os países (notadamente do *common law*) que adotam o sistema do *stare decisis*, ou seja, que consagram o precedente judicial obrigatório. No Brasil, temos atualmente forma similar de ordenação intrínseca hierárquica do Poder Judiciário na figura da *súmula vinculante*, introduzida pela Emenda Constitucional 45, de 30.12.2004.[99]

A terceira posição destacada por Bandeira de Mello é a de Pietro Gasparri, que estrutura a sua teoria da função pública na bipartição *função política* e *função administrativa*, esta diferenciável daquela por ser obrigatória, ao passo que a função política é de exercício facultativo pela autoridade jurídica competente. Dentro dessa bipartição da essência do Estado-poder, Gasparri estuda as formas de exteriorização da atividade estatal, a saber, atividade legislativa, executiva e jurisdicional.

As funções legislativa, executiva e judiciária estarão dentro da função política se levadas a efeito, tendo em vista o direito positivo do respectivo Estado-poder, de forma facultativa, sujeitas tão somente ao controle da opinião pública dominante do Estado-sociedade. Ao contrário, dentro da administrativa, se levadas a efeito, tendo em vista o direito positivo, do respectivo Estado-poder, de forma obrigatória, subordinada ao controle de órgão estatal.[100]

99. A EC n. 45/2004 introduziu no texto constitucional o art. 103-A, a seguir transcrito:
"Art. 103-A. O Supremo Tribunal Federal poderá, de ofício ou por provocação, mediante decisão de dois terços dos seus membros, após reiteradas decisões sobre matéria constitucional, aprovar súmula que, a partir de sua publicação na imprensa oficial, terá efeito vinculante em relação aos demais órgãos do Poder Judiciário e à administração pública direta e indireta, nas esferas federal, estadual e municipal, bem como proceder à sua revisão ou cancelamento, na forma estabelecida em lei.
"§ 1º. A súmula terá por objetivo a validade, a interpretação e a eficácia de normas determinadas, acerca das quais haja controvérsia atual entre órgãos judiciários ou entre esses e a administração pública que acarrete grave insegurança jurídica e relevante multiplicação de processos sobre questão idêntica.
"§ 2º. Sem prejuízo do que vier a ser estabelecido em lei, a aprovação, revisão ou cancelamento de súmula poderá ser provocada por aqueles que podem propor a ação direta de inconstitucionalidade.
"§ 3º. Do ato administrativo ou decisão judicial que contrariar a súmula aplicável ou que indevidamente a aplicar, caberá reclamação ao Supremo Tribunal Federal que, julgando-a procedente, anulará o ato administrativo ou cassará a decisão judicial reclamada, e determinará que outra seja proferida com ou sem a aplicação da súmula, conforme o caso."
100. Oswaldo Aranha Bandeira de Mello, *Princípios Gerais de Direito Administrativo*, vol. 1, 3ª ed., cit., p. 174

92 REGIME JURÍDICO DAS POLÍTICAS PÚBLICAS

Assim, a atividade legislativa do Estado inscrever-se-ia na função política quando coubesse, ao órgão encarregado da edição das leis, o juízo de conveniência, oportunidade e conteúdo para a sua edição; todavia, caso se cogitasse de um regime de governo parlamentar em que o monarca ou presidente tem o poder de dissolver o parlamento e convocar eleições, e ainda o Poder Judiciário fosse competente para declarar a inconstitucionalidade das leis, então, neste caso, a atividade legislativa, de pertencente à função política, passaria a integrar a função administrativa. A atividade executiva, exceto os ditos "atos de governo", corresponderia, nesta linha de pensamento, à função administrativa, bem assim os atos jurisdicionais que, salvo os atos de última instância, dos quais não caberia mais recurso (pertencentes portanto à função política), também se encaixariam na função administrativa. Remata Oswaldo Aranha dizendo que, para Gasparri, "o Direito Administrativo abarca as funções legislativa, jurisdicional e executiva, se levadas a efeito sob controle de órgão estatal".[101]

A crítica que Oswaldo Aranha faz relativamente à posição teórica de Pietro Gasparri tem a ver com o fato de que, como a tendência, nos países democráticos, é o progressivo controle dos atos estatais, a chamada função política tenderia a desaparecer, à exceção do poder constituinte e dos atos proferidos em última instância pelas cortes superiores. Desaparecendo a distinção, desaparece a utilidade da classificação. Além disso, a eleição do critério de liberdade para edição de atos (executivos, legislativos e judiciários) *versus* o dever de obediência a uma ordem jurídica pré-constituída não seria o melhor discrímen para analisar a atuação do Estado-poder, dado que não distinguiria a essência das formas de atuação estatal, a seu ver dividida entre as funções administrativa (função política, de eleição de objetivos coletivos e execução de atos jurídicos para a consecução de tais objetivos) e judiciária (função jurisdicional, cujo objetivo é a preservação da ordem jurídica vigente).

Nascidas como uma exigência prática, a fim de se definirem as competências do contencioso administrativo e jurisdicional na França do século XIX, as teorias do serviço público se desenvolveram largamente na França, passando daí à Europa continental e à América Latina. Tais teorias (é lícito falar em mais de uma teoria) encontraram seu maior expoente no gênio de Léon Duguit, que sustentava que o Estado era não mais que um conjunto de serviços públicos, entendidos em sentido amplo, isto é, abrangendo todas as formas de atuação estatal.

101. Idem, 3ª ed., cit., p. 175.

DELIMITAÇÃO DO OBJETO 93

Tendo em vista a amplitude que dá à locução "serviço público", Duguit estabelece então uma distinção ontológica dos atos do Estado-poder prestador de serviços públicos em (i) atos-regra, (ii) atos-condição; e (iii) atos subjetivos. Os primeiros seriam aqueles que estabelecessem um comando geral, abstrato e obrigatório aos seus destinatários (*v.g.* leis e regulamentos). Já os atos-condição seriam os atos por meio dos quais se busca a viabilização, a concretização dos atos-regra; os atos-condição são assim chamados exatamente porque constituem *condição* de efetivação dos mandamentos contidos nos atos-regra (por exemplo, os atos administrativos). Os ditos atos subjetivos, por sua vez, seriam aqueles "de caráter individual, especial, concreto e pessoal", que "criam situação de igual extensão aos indivíduos, em particular, por eles vinculados, em relação jurídica caso firmada. O contrato é o ato subjetivo típico".[102]

Registra, ainda, Oswaldo Aranha a posição de Gastón Jèze, para quem o conceito de serviço público deveria restringir-se aos atos estatais destinados ao oferecimento de comodidades aos administrados.

A crítica feita por Oswaldo Aranha à teoria do serviço público, no que tange à posição de Duguit, diz respeito ao fato de que, a adotar-se tal concepção ampla de serviço público, atividades estranhas ao direito administrativo acabariam por integrar-se a ele, tais como as atividades econômicas de empresas públicas que, apesar de serem executadas pelo Estado, controlador daquelas, não se sujeitam, de modo algum, nas suas atividades-fim, ao regime jurídico-administrativo. Do mesmo modo, a concepção restritiva de Jèze peca por não incluir no direito administrativo atividades tipicamente administrativas, como as derivadas do exercício do poder de polícia.[103]

Igualmente procedente é a observação de Jean Rivero, para quem mesmo os serviços públicos, assim definidos pelo sistema jurídico, nem sempre estariam sujeitos integralmente ao regime jurídico-administrativo, no que tange aos atos necessários à sua gestão. Afinal,

o serviço público, para a sua gestão, não faz necessariamente apelo ao direito administrativo. Consoante a sua natureza e o objeto que prossegue, tanto utiliza os processos de gestão privada, ou seja, do direito civil e comercial, como os da gestão pública, quer dizer, os do direito administrativo. E estes estendem o seu domínio para além do campo dos serviços públicos. Nestas condições, já não é possível encontrar na noção de serviço público nem o campo de aplicação do direito administrativo nem o seu

102. Idem, 3ª ed., cit., p. 180.
103. Idem, 3ª ed., cit., pp. 187-188.

94 REGIME JURÍDICO DAS POLÍTICAS PÚBLICAS

princípio de explicação, uma vez que as necessidades do serviço podem, segundo os casos, ser satisfeitas tanto pelo direito privado como pelo direito público.[104]

As *teorias teleológicas* concentram-se, de modo genérico, não no aspecto subjetivo do direito administrativo, ou seja, nos sujeitos dos quais emanariam normas administrativas, mas, sim, na atividade administrativa considerada em si mesma, independentemente dos órgãos que a executem. Separam, no plexo de atividades estatais, a legislativa, que significaria a emanação da vontade soberana do Estado, a jurisdicional, que representa a interpretação do Estado diante de litígios, visando à preservação da ordem jurídica, e a administrativa, que se assemelharia à função jurisdicional, no que tange à submissão à ordem legal, porém se distanciaria desta ao ter como objetivo não a resolução de conflitos, mas a ação orientada por finalidades ínsitas na legislação e na constituição. Inclui, nesta corrente, os autores que definem o direito administrativo como sendo o conjunto das atividades estatais, excluídas a atividade legislativa e a jurisdicional (definição negativa do direito administrativo), e os autores que, na esteira do pensamento de Jellinek, consideram o direito administrativo como o conjunto de atividades estatais (excluídas a legislação e a jurisdição) que têm por objetivo a "ação concreta do Estado de criação de utilidade pública, de realização dos fins de interesse geral, como atividade de conservação e aperfeiçoamento do Estado".[105]

A corrente negativa, segundo Oswaldo Aranha, incorre em sério equívoco lógico, do mesmo modo que Waline, já que, quando se define um objeto negativamente, somente se consegue dizer o que ele não é, e não, efetivamente, o que ele seja. Igualmente, salienta que, tanto nesta corrente como na corrente positiva, excluindo-se as atividades legislativas e judiciais do Estado, para enquadrar as demais no âmbito do direito administrativo, chegar-se-ia a conclusões inexatas, como a que pretende incluir no direito administrativo os atos derivados de relações internacionais, os chamados atos políticos e os atos de direito privado do Estado.

Feito esse *tour de force* pela história do direito administrativo, necessário para a correta compreensão do ponto de vista sustentado neste trabalho, cumpre trazer à discussão a contribuição teórica do próprio Oswaldo Aranha Bandeira de Mello. Para este administrativista, que de certa forma se filia à corrente das teorias teleológicas do direito admi-

---

104. Jean Rivero, *Direito Administrativo*, cit., pp. 39-40.

105. Oswaldo Aranha Bandeira de Mello, *Princípios Gerais de Direito Administrativo*, vol. 1, 3ª ed., cit., p. 198.

DELIMITAÇÃO DO OBJETO 95

nistrativo, o poder estatal exteriorizar-se-ia em duas funções, distintas uma da outra pela sua finalidade, a saber, a função *administrativa* e a *judiciária*.

A função judiciária teria por finalidade a preservação do próprio ordenamento jurídico. Seja na sua estruturação orgânica na forma de unidade de jurisdição (Brasil, EUA), seja nos ordenamentos em que se admite o contencioso administrativo (França, Portugal, p. ex.), a nota distintiva definitiva da função jurisdicional seria a sua destinação finalística: garantir a eficácia, jurídica e social, do direito posto.

Já a função administrativa englobaria as atividades legislativa e executiva do Estado-poder, "que se unificam na criação de utilidade pública – o que se leva a efeito mediante deliberação normativa, isto é, mediante ação programada, e execução efetiva dessa deliberação, desse programa de ação".[106] O direito administrativo seria, assim, na visão peculiar de Oswaldo Aranha, o ramo do direito que compreenderia a disciplina normativa da ação do Estado-poder, enquanto tal, ou de quem lhe faça as vezes, relativas à criação e concretização da utilidade pública. Na definição do mestre: "o ordenamento jurídico dos modos, meios e forma da ação do Estado, como Poder Público, ou de quem faça as suas vezes, na criação da utilidade pública, de maneira direta e imediata".[107]

Assim, excluir-se-iam do direito administrativo todos os atos que configurassem atividade jurisdicional, inclusive aqueles dos tribunais administrativos, mantidos na órbita do Executivo por uma simples questão de "engenharia de distribuição do poder" derivada de uma compreensão histórica da teoria da separação dos poderes, notadamente francesa. Por outro lado, a atividade legislativa do Estado enquadrar-se-ia na função administrativa, dado que ela, assim como a atividade executiva, representaria um momento da atuação estatal de criação e concretização dos fins estabelecidos pelo texto constitucional. Não se deve confundir, portanto, a atividade executiva do Estado, concentrada no Poder Executivo, com a função administrativa, abrangente, ela própria, não só deste momento da atuação estatal, mas também da atividade legislativa.

Afinal, a afirmação de que o regime jurídico-administrativo não se aplica à atividade legislativa – e, portanto, ao Poder Legislativo – importa negar o Estado de Direito ou, pelo menos, negar que ele se aplique aos representantes do povo, coisa inadmissível. Pois se é no regime jurídico-administrativo, ou seja, no complexo de regras e princípios que

106. Idem, 3ª ed., cit., pp. 59-60.
107. Idem, 3ª ed., cit., p. 61.

96 REGIME JURÍDICO DAS POLÍTICAS PÚBLICAS

incidem sobre as atividades de integração do texto constitucional e sobre os agentes que as executam que se viabiliza a construção do ideário republicano-constitucional (fundado na noção fundamental de igualdade entre os cidadãos), afirmar que tal regime tem sua incidência excluída de um determinado âmbito de ação estatal – justamente o mais importante, pois é o que delineia mais diretamente os mandamentos constitucionais – significa contrariar todo o arcabouço (ideológico, inclusive) que rege essas atividades e esses agentes. Inclusive se considerarmos que muito da atividade legislativa relaciona-se à aprovação de projetos de lei de iniciativa do governo (seja por meio dos projetos das leis orçamentárias, seja nos demais projetos de lei de interesse da Administração ou por imposição constitucional) e à conversão de medidas provisórias, não existe razão para sustentar uma diferença ontológica (e portanto jurídico-metodológica) às atividades dos Poderes Executivo e Legislativo.

Como se disse no início deste tópico, não é esta a posição esmagadoramente dominante na doutrina do direito administrativo, tanto no Brasil, quanto no exterior. A título de exemplo, mencione-se a posição de Agustín Gordillo, para quem a função administrativa seria

> toda a atividade que realizam os órgãos administrativos e a atividade que realizam os órgãos legislativos e jurisdicionais, excluídos respectivamente os atos e fatos materialmente legislativos e jurisdicionais, assim como as funções de poder jurídico ou econômico exercidas por particulares mercê de um poder conferido pelo Estado.[108]

Assim também para René Chapus, que entende que as atividades administrativas se dividem em três grandes vertentes: a atividade regulamentar, a atividade prestacional (serviços públicos) e as atividades de polícia administrativa, excluindo-se, portanto, do conceito de função administrativa, a atividade legislativa e jurisdicional do Estado.[109]

Outro jurista estrangeiro, Roberto Dromi, defende a existência de quatro funções distintas no direito público, a saber: (a) *função governativa*, que reúne os atos ditos políticos e que escapam a qualquer controle relativo ao seu conteúdo, como os atos internacionais do Estado, a decretação de estado de sítio ou de guerra, entre outros; (b) *função legislativa*,

---

108. Agustín Gordillo, *Tratado de Derecho Administrativo*, t. 1, 8ª ed., Buenos Aires, Fundación de Derecho Administrativo, 2003, Cap. V, p. 19 (tradução livre nossa). Cf. também, do mesmo Autor: *Princípios Gerais de Direito Público*, tradução de Marco Aurélio Greco, São Paulo, Ed. RT, 1977, pp. 109-125.

109. René Chapus, *Droit Administratif Général*, vol. 1, 15ª ed., Paris, Montchrestien, 2001, pp. 469 e ss.

DELIMITAÇÃO DO OBJETO 97

consistente na atividade de edição de legislação em sentido formal; (c) *função judicial*, exercida pelo Poder Judiciário na resolução de conflitos; e (d) *função administrativa*, dividida, quanto à sua matéria, em *atos de administração ativa,* isto é, de execução das leis, compreendendo os atos regulamentares e materiais; atos de *administração consultiva*, exercida pelos órgãos e pessoas encarregados de auxiliar, por meio de pareceres, consultas, prestação de informações, a chamada administração ativa; e, por fim, os atos de *administração controladora*, que exerce a verificação da legalidade da atividade administrativa, de modo geral.[110]

Entre nós, citem-se Hely Lopes Meirelles,[111] Celso Antônio Bandeira de Mello e Yara Martinez Stroppa,[112] entre tantos outros, os que comungam, com uma ou outra variação na designação dos atos que compõem a função administrativa, da ideia de tripartição, não só dos órgãos encarregados da exteriorização do poder do Estado, mas também da tripartição do próprio poder estatal em funções ontologicamente distintas.

Ao menos duas explicações podem ser dadas para este consenso. A primeira explicação, mais sociológica do que propriamente jurídica, consiste numa espécie de resquício, ainda presente no subconsciente dos doutrinadores, de um antiabsolutismo ou, mais especificamente, de uma concepção de Estado Democrático de Direito que se opõe radicalmente à de Estado de Polícia. De fato, num Estado posterior e oposto àquele em que o monarca era a fonte legítima e única do direito, não podendo os seus atos, vinculantes para toda a sociedade, ser contrastados perante o Judiciário (Estado de Polícia), se justifica plenamente, com vistas à garantia das liberdades individuais, em primeiro lugar a manutenção de uma supremacia formal dos atos editados pelos representantes de povo e, em segundo lugar, uma atuação *neutra* e *apolítica* do Judiciário na aplicação contenciosa dessa legislação.

Nesta ordem de ideias, surge e se firma o dogma segundo o qual, no Estado Democrático de Direito, as decisões dos representantes do povo não poderiam sofrer interferências dos demais poderes, quanto ao seu conteúdo, nem quanto à conveniência e oportunidade de sua edição.

É esta a posição de Enterría e Fernandez, ao afirmarem que é da

110. Roberto Dromi, *Derecho Administrativo*, 4ª ed. atual., Buenos Aires, Ediciones Ciudad Argentina, 1995, pp. 156 e ss.
111. Hely Lopes Meirelles, *Direito Administrativo Brasileiro*, 41ª ed., São Paulo, Malheiros Editores, 2015, pp. 61 e ss.
112. Cf. Yara Martinez Stroppa, "Função administrativa no Estado brasileiro", *Revista Trimestral de Direito Público*, n. 8, São Paulo, Malheiros Editores, 1994, pp. 146-174.

98 REGIME JURÍDICO DAS POLÍTICAS PÚBLICAS

essência da legislação (...) modificar o direito subjetivo, o fato de inovar a regulação das diferentes situações e relações da vida social, compondo os diversos conflitos de interesses e ordenando o conjunto social para fins que variam segundo a conveniência e a utilidade de cada momento. Isto é: a legislação é ela mesma, enquanto inovadora, essencialmente livre e aberta". A administração, ao contrário, seria uma atividade "conservadora e não inovadora, suscetível por isso de apresentar-se como 'execução' das grandes decisões políticas que só às leis cumpre realizar e por isso não só não livre, senão essencialmente vinculada.[113]

Na verdade, com todo o respeito que merece a posição dos eminentes juspublicistas espanhóis, alguns comentários devem ser feitos com relação a esta compreensão tradicional da divisão das funções estatais. Em primeiro lugar, é importante ressaltar que, conquanto se transvista como uma concepção derivada da teoria democrática, já que, ao menos na superfície, o que se pretende é garantir que os representantes do povo sejam livres para implantar, a cada legislatura ou governo, os programas para cuja execução foram eleitos, o fato é que a ideia de que a margem de liberdade do legislador deve ser grande, incontrastável pelo direito, e que a sua atividade não consistiria na execução da constituição, mas sim na produção de normas *a partir* da constituição, ressente-se de uma falha fundamental: nas sociedades atuais o próprio conceito de representação (regra da maioria) é problemático e não se encontra, nos corpos legislativos, a correspondência quase cartesiana imaginada pelos idealizadores da teoria da separação dos poderes, entre os programas políticos, cujas linhas gerais seriam capazes de criar um consenso entre a maioria dos cidadãos, e o efetivo conteúdo da ação parlamentar.[114] Com efeito, numa sociedade complexa, em que os problemas da modernidade se confundem e misturam com os resquícios do atraso e do subdesenvolvimento cultural e econômico, não é presumível a identidade entre a atuação da classe política e os interesses da maioria. A constituição, peculiarmente, adquire um caráter não de simples *conexão de produção* de leis,[115] mas,

---

113. Eduardo García de Enterría e Tomás-Ramón Fernandez, *Curso de Direito Administrativo*, cit., p. 159.

114. Cf. o estudo de Celso Fernandes Campilongo, *Direito e Democracia*, 2ª ed., São Paulo, Max Limonad, 2000, *passim*.

115. Salientam Enterría e Fernandez: "Neste quadro, em realidade muito amplo, o Legislativo atua com plena liberdade de determinação. Não é possível, pois, dizer que a lei executa a Constituição. Embora o sistema kelseniano utilize o conceito, o faz em termos convencionais que não são os usuais (essencialmente, chama-se *legis executio* a uma *Erzeugungszusammenhang*, isto é, a uma "conexão de produção"; a norma superior dispõe a forma de produção da seguinte, critério formal

DELIMITAÇÃO DO OBJETO 99

ao contrário e em certo ponto adicionalmente, o caráter de instrumento de proteção das minorias e dos interesses divergentes, de forma a que se mantenha um equilíbrio social mais ou menos eficiente.

A constituição deve ser encarada, portanto, como um ponto de inflexão do sistema jurídico, para o qual o indivíduo pode dirigir-se sempre que a produção normativa de hierarquia inferior não apresentar suficiente *justificação*, vale dizer, quando o consenso, caracterizado pela manutenção das expectativas normativas dos destinatários da norma, não puder ser alcançado imediatamente. A volta à constituição, assim, deverá ser capaz de legitimar a lei, o ato administrativo ou a política pública, dependendo do caso.

Como bem aponta Touraine, a modernidade se divide entre a defesa de pretensas identidades nacionais, coletivas ou pessoais, e a compreensão da sociedade em constante e acelerada mudança, que se apresenta ao indivíduo como um supermercado em que a cada dia surgem novos produtos a serem consumidos.[116] A multiplicidade de interesses postos em jogo, nas sociedades atuais, não pode ser resumida à simples divisão maioria/minoria, presente na teoria democrática *clássica* que ainda hoje goza de foros de indiscutibilidade no meio jurídico ocidental; há que se discutir a legitimidade, em cada caso, das ações estatais, e, em cada hipótese, perquirir qual a modalidade mais adequada, em termos procedimentais e substanciais, de se garantir a aceitação dessas ações como juridicamente válidas (legítimas).

É interessante notar, igualmente, que a chamada *teoria dos atos de governo*, consistente na aceitação de que, no conjunto de ações estatais, existiriam algumas (os *atos de governo*, ou *atos políticos*) que se apartariam das demais ações estatais pelo fato de que, nelas, não haveria como se exercer um controle externo (judicial), em função do fato de derivarem de um poder superior, incontrastável, de escolher sem peias a conveniência e a oportunidade da edição de tais atos, poder esse intrinsecamente ligado à legitimação conferida ao monarca, pela autoridade divina, e ao representante do povo, pelo povo soberano, se mostra hodiernamente em franco declínio, tendo praticamente desaparecido, no

que tenta completar-se interpretando os possíveis conteúdos materiais superiores como condições de tal produção) nem, tampouco, os que utilizamos: não vale a pena, por isso, entrar em uma polêmica que desviaria sem vantagens a linha da exposição" (*Curso de Direito Administrativo*, cit., p. 160).

116. Alain Touraine, *Crítica de la Modernidad*, tradução para o espanhol de Alberto Luis Bixio, 2ª ed., México, Fondo de Cultura Econômica, 2000, p. 216.

100 REGIME JURÍDICO DAS POLÍTICAS PÚBLICAS

que toca às ações do Poder Executivo, campo de observação da posição tradicional do direito administrativo.

Com efeito, no exame da ação do Poder Legislativo, tal noção, se diminuiu até o seu quase desaparecimento com relação ao Poder Executivo, ainda se mantém devido ao dogma mencionado acima, com razoável força atualmente. Tal fato é criticado por Clève, para quem a atualidade não comportaria uma compreensão da atividade legislativa como condicionadora do sentido do texto constitucional, mas sim como atividade sujeita ao plexo de direitos fundamentais axiologicamente vinculantes do texto maior.[117] Note-se que a reflexão de Clève não é nova; basta lembrar que Duguit, no início do século XX, já observava argutamente que o direito sem poder não é direito, mas o poder sem direito é barbárie.[118]

Não obstante tais considerações, há ainda autores que se prendem à concepção tradicional de intangibilidade, pelo direito, de determinadas áreas da ação estatal, consideradas "campo político" e, portanto, indevassáveis pelo controle judicial. Tal posição, por mais anacrônica que pareça, encontra ainda seus apaixonados defensores. Para Edinilson Donisete Machado, por exemplo, as decisões judiciais sobre políticas públicas, por incidirem sobre "decisões políticas", desbordariam das

---

117. Salienta o professor paranaense: "o que experimentamos foi mesmo uma espécie de mudança paradigmática, onde em vez de falarmos da *Constituição nos termos da lei*, porque os cidadãos não tinham acesso direto à Constituição na experiência constitucional clássica – por vezes mesmo os juízes não tinham acesso direto à Constituição na concepção clássica – falamos, agora, das *leis nos termos da Constituição*. Ou seja, nós que aprendemos a encontrar na lei a expressão da vontade geral; que aprendemos a localizar na lei a defesa da sociedade contra o arbítrio do Poder Público; nós que aprendemos a ver a lei como uma espécie de declaração de um direito, de um direito encontrado pelo debate racional ocorrente no seio do Parlamento, vamos nos surpreender com a descoberta de que o legislador, feito exatamente para proteger o cidadão, ele mesmo pode ser o veículo da opressão, ele mesmo pode ser o veículo da quebra dos direitos fundamentais, ele mesmo pode ser o violador da Constituição" (cf. Clèmerson Merlin Clève, "Controle de constitucionalidade e democracia", in Antonio G. Moreira Maués (org.), *Constituição e Democracia*, São Paulo, Max Limonad, 2001, p. 53).

118. Eis as palavras do mestre francês: "Quelle que soit l'opinion qu'on admette sur la notion de l'État, on ne peut nier qu'il est indispensable, pour qu'il y ait un État, qu'il existe une force contraignante, matérielle, irrésistible. Mais dès à présent, il importe d'affirmer que cette force matérielle est limitée par le droit. Si le droit sans la force est impuissance et par conséquent n'est pas une puissance étatique, la force sans le droit est la barbarie" (Léon Duguit, *Traité de Droit Constitutionnel*, vol. II, cit., p. 47).

DELIMITAÇÃO DO OBJETO 101

atribuições do Poder Judiciário, em função da teoria da separação dos poderes.

Sustenta o autor que as

escolhas não cabem ao Judiciário, ou melhor, ao Ministério Público, ou a qualquer outro ator da comunidade dos intérpretes, que não os escolhidos democraticamente. (...) Daí que a intromissão em escolhas, *mesmo que equivocadas*, mas constitucionais, não é passível de controle pelo Judiciário. É o custo da democracia. Resta-nos aguardar o próximo mandato e trocar de política (políticos).[119]

A fraqueza desta corrente reside justamente naquilo que parece ser a sua virtude: o apego à teoria da tripartição dos poderes em sua suposta formulação clássica. A suposição, subjacente ao pensamento de Machado, é aquela já apontada, segundo a qual a atividade legislativa realizada pelo parlamento somente seria objeto de controle judicial, mediante o cotejo daquela, em termos formais, com o texto constitucional. Diferentemente, portanto, da dita função administrativa, a cargo precipuamente do Poder Executivo, cujo controle seria o de legalidade, já que se trata de atividade *secundária*, que haure sua validade do "fiel cumprimento" das leis. O Poder Judiciário, terceiro vértice desta figura geométrica "perfeita", seria o encarregado de exercer o controle da legalidade dos atos administrativos e o controle de constitucionalidade das leis, ambos os controles em seu sentido formal, já que o juiz não pode querer arrogar--se nas funções do "administrador público", nem tampouco na função de "legislador". A conveniência, oportunidade e, em muitos casos, os aspectos substanciais dos atos controlandos não poderiam ser examinados, tendo em vista as limitações recíprocas entre os três poderes.

Reputamos errônea tal conclusão, dado que nela se desconsideram as alterações por que passou o direito estatal no último século. Basta atentar para o fato de que as chamadas normas programáticas ou finalísticas, que conferem ao indivíduo um *direito* a uma prestação do Estado, que passa a ter o correlativo dever de entregar tal prestação ao primeiro, significam um *compromisso constitucional do Estado*. Na hipótese de impossibilidade de realização concreta daquele compromisso ou da incorreção de sua execução pelos seus sujeitos passivos (Administração Pública: Legislativo e Executivo), o Judiciário, como bem salientou Tércio Sampaio Ferraz Jr., não pode deixar de atuar, no caso concreto, para garantir que a promessa seja cumprida. "Altera-se", portanto, "a posição

---

119. Cf. Edinilson Donisete Machado, *Decisão Judicial sobre Políticas Públicas: limites institucionais democráticos e constitucionais*, tese de doutorado, São Paulo, Pontifícia Universidade Católica de São Paulo, 2006, p. 130, grifos nossos.

102 REGIME JURÍDICO DAS POLÍTICAS PÚBLICAS

do juiz, cuja neutralidade é afetada, ao ver-se ele posto diante de uma corresponsabilidade no sentido de uma exigência de ação corretiva de desvios na consecução das finalidades a serem atingidas por uma política legislativa".[120] Não se ignora, de qualquer modo, que o Judiciário terá de lidar com um sério problema: como manter a sua neutralidade institucional, necessária à legitimidade do direito estatal, em face da necessidade (jurídica, inclusive) de efetivar normas cuja interpretação envolve, de modo inarredável, escolhas políticas? A este ponto voltaremos adiante, quando analisarmos a estrutura das políticas públicas.

Retomando o que se expôs neste item, entendemos que a ideia, defendida por Oswaldo Aranha Bandeira de Mello, de bipartição das funções estatais em função administrativa e função jurisdicional, tendo por critério discriminativo a *finalidade* de tais funções (no primeiro caso, a finalidade de proporcionar o bem comum através da disponibilização de uma série de serviços e da consecução de finalidades coletivamente relevantes, e, no segundo, a finalidade de reintegração da ordem jurídica, ou seja, a sua preservação mediante a aplicação do direito posto, garantindo a sua eficácia), é a mais adequada para descrever o direito público atual, possibilitando a compreensão das políticas públicas como fenômeno ontologicamente distinto dos demais atos estatais.

Esta concepção bipartite, contudo, não é a aceita pela esmagadora maioria da doutrina brasileira e internacional que, variando embora os critérios que utilizem, acabam admitindo a correspondência, mais ou menos estanque, entre as funções legislativa, administrativa e jurisdicional, e os órgãos estatais encarregados, de acordo com a teoria da divisão dos poderes, de desincumbir-se majoritariamente de cada uma daquelas funções (Poderes Judiciário, Executivo e Legislativo).

Poder-se-ia tentar, como fizeram alguns administrativistas, encontrar uma "brecha" na teoria da tripartição de poderes, para identificar, quando fosse necessária, a incidência do regime jurídico-administrativo sobre atos formalmente pertencentes à dita função legislativa. É o que ocorreu no caso do mandado de segurança.

O mandado de segurança, nos termos do art. 5º, LXIX, da Constituição de 1988, é ação cabível "para proteger direito líquido e certo, não amparável por *habeas corpus* ou *habeas data*, quando o responsável pela

---

120. Tércio Sampaio Ferraz Jr., "O Judiciário frente à divisão dos poderes: um princípio em decadência?", *Revista Trimestral de Direito Público*, n. 9, São Paulo, Malheiros Editores, 1995, p. 45.

DELIMITAÇÃO DO OBJETO 103

ilegalidade ou abuso de poder for autoridade pública ou agente de pessoa jurídica no exercício de atribuições do Poder Público".[121]

Hely Lopes Meirelles entende que os atos administrativos são o "objeto normal do mandado de segurança", ressaltando, com amparo em jurisprudência de tribunais superiores, que se excluem do âmbito de cabimento do *writ* os atos meramente normativos (lei em tese), e incluindo – no que foi seguido pela totalidade autorizada da doutrina – entre os atos passíveis de impugnação pela via do mandado de segurança as leis de *efeitos concretos*, entendidas como atos que "trazem em si mesmos o resultado específico pretendido",[122] em função do fato de serem "equivalentes a atos administrativos nos seus resultados imediatos".[123]

Esta justificativa teórica explica-se em razão da redação do texto constitucional, tanto o de 1967, quanto o de 1988, que fazia referência a atos estatais que consubstanciassem "ilegalidade" ou "abuso de poder". Ora, se se tratava de ilegalidade e, mais ainda, de abuso de poder, era claramente à função administrativa, vale dizer, aos *atos secundários* emitidos principalmente pelo Poder Executivo, que o dispositivo se referia.

Como era o direito administrativo o ramo do direito que, ao longo de seu desenvolvimento, estudou com detença essas duas figuras (ilegalidade e abuso de poder), era razoável que se aplicasse também às leis, pois nestas, se não poderia haver ilegalidade, haveria inconstitucionalidade, e com certeza poderia haver também desvio de poder. Ocorre que, tendo em vista a concepção de função administrativa (delimitadora do campo de investigação do direito administrativo) como restrita à atuação normativa secundária do Estado concentrada no Poder Executivo, os doutrinadores, para justificar a aplicação de institutos "de direito administrativo" a um campo alheio à sua incidência (Poder Legislativo), tiveram de acudir-se do expediente engenhoso de afirmar que *haverá algumas leis que serão materialmente atos administrativos*, conquanto se revistam "impropriamente" da forma de atos legislativos primários.[124]

---

121. O dispositivo equivalente na Constituição de 1967 vai aqui transcrito: "Art. 150 (...): § 21. Conceder-se-á mandado de segurança, para proteger direito individual líquido e certo não amparado por *habeas corpus*, seja qual for a autoridade responsável pela ilegalidade ou abuso de poder".

122. Hely Lopes Meirelles, Arnoldo Wald e Gilmar Ferreira Mendes, *Mandado de Segurança e Ações Constitucionais*, p. 40.

123. Idem, ibidem.

124. Excelente resumo desta discussão, no século passado, é encontrada em Sergio de Andréa Ferreira, *Lições de Direito Administrativo*, Rio de Janeiro, Editora Rio, 1972, pp. 157-172.

104 REGIME JURÍDICO DAS POLÍTICAS PÚBLICAS

Assim também poderíamos dizer que os atos legislativos que veiculem políticas públicas, por conterem "em si mesmos o efeito pretendido" (Hely), se equiparariam a atos administrativos e que, por isso, se justificaria a incidência do regime jurídico-administrativo sobre tais atos. Seria engenhoso, mas não seria verdadeiro. Isto porque, segundo entendemos, a função administrativa compreende as atividades normativas primária (legislativa) e secundária (executiva) do Estado-poder. Compreendendo o direito administrativo como um direito *adjetivo* incidente sobre as ações do Estado-poder, isto (tripartição dos poderes), que era uma barreira teórica invencível, desaparece também sem maiores dificuldades. Nada afinal impede que, num Estado estruturado em três organicidades básicas, independentes e harmônicas entre si (como quis a Constituição), incida sobre todos eles, no que for cabível, um determinado regime jurídico, no caso o jurídico-administrativo. Nada impede, também, que as atividades normativas de dois desses poderes (*legislativa-primária* e *executiva-secundária*) sejam consideradas "momentos" diferentes, porém complementares, de uma mesma função, no caso a função administrativa. Em nada ficará prejudicado o sistema de freios e contrapesos imaginado pelo constituinte de 1988 e pela extensa tradição do constitucionalismo, com esta proposta de abordagem do direito público. Haverá, pelo contrário, a vantagem de se passar a entender o que se chama poder político do legislador, indevassável perante o direito, sob a roupagem de uma *discricionariedade balizada pela ordem constitucional vigente*.

1.7 Limites do conceito jurídico de políticas públicas

1.7.1 Noções preliminares

No Brasil, o trabalho seminal da discussão sobre a ligação das políticas públicas com a Constituição deve ser atribuído ao Prof. Fábio Konder Comparato. Com efeito, foi a partir da publicação do artigo "Ensaio sobre o juízo de constitucionalidade de políticas públicas"[125] que o tema ganhou maior visibilidade entre nós.

Nesse estudo, de incomparável elegância, Comparato reconstrói a ideia de "Estado legislativo" desde os seus teóricos clássicos, no século XVII, até os tempos atuais. Ressalta que o Estado moderno nasce da ideia de liberdade individual derivada da luta antiabsolutista. Produto

---

125. Fábio Konder Comparato, "Ensaio sobre o juízo de constitucionalidade de políticas públicas", cit., pp. 11 e ss.

DELIMITAÇÃO DO OBJETO 105

desse contexto é a norma geral e abstrata, em substituição à vontade arbitrária do Soberano, que afinal constituía o fundamento da sociedade do Leviatã hobbesiano.

A montagem constitucional do Estado moderno foi feita, inteiramente, com base nessa substituição da vontade individual dos governantes pela autoridade da norma legal, superior e permanente, isto é, da *lei* no sentido solene que a palavra apresentava em suas origens.[126]

Comparato afirma que, tanto para Rousseau quanto para Montesquieu, a *lei* era entendida como na Antiguidade grega, ou seja, como regras de conduta derivadas da natureza das coisas e que, por isso, teriam um caráter estático e imutável.[127] A atividade legislativa nesse sentido não precisaria – nem deveria – ter um caráter permanente, dado que, uma vez feitas, as leis só deveriam ser cumpridas. "O Estado", nessa concepção, "não designa um poder que age, mas uma autoridade que zela pela tranquilidade e segurança da sociedade".[128]

Não obstante, essa pretensão de fixidez e imutabilidade do pensamento jurídico liberal, ainda de acordo com Comparato, acaba se chocando com a realidade social dinâmica, radicalmente alterada pelo progresso tecnológico e cultural trazido pela Revolução Industrial, iniciada no século XVIII e florescente no século seguinte. Resultado de tal processo, o ambiente social torna-se progressivamente mais complexo, e o Estado, antes apenas protetor das liberdades individuais, passa a atuar com vistas à concretização de finalidades coletivas. Se antes os indivíduos – cuja esfera de liberdade era protegida pelo aparelho estatal – eram os sujeitos que *elegiam* seus objetivos de vida e *cuidavam* de sua concretização, nesta nova configuração estatal o poder constituído, em maior ou menor medida, passa a ser o detentor de competência para perseguir determinados fins considerados relevantes à coletividade.

126. Idem, ibidem, p. 12.

127. Exemplo conhecido dessa "obsessão" do espírito grego pela permanência e imutabilidade das regras sociais (podemos dizer, jurídicas) é a lenda espartana segundo a qual Licurgo, o ilustre líder do povo da Lacônia, após ouvir de um oráculo que as leis por ele implantadas em Esparta eram boas e serviriam para garantir a felicidade do seu povo por longo tempo, julgou cumprida sua missão na vida e jejuou até morrer. Cf. a descrição deliciosa de tal episódio feita por Plutarco, no seu *Vidas Paralelas* (vol. 1, tradução de Gilson César Cardoso, 2ª ed., São Paulo, Paumape, 1995, pp. 127 e ss.).

128. Fábio Konder Comparato, "Ensaio sobre o juízo de constitucionalidade de políticas públicas", cit., p. 15.

106 REGIME JURÍDICO DAS POLÍTICAS PÚBLICAS

Assiste-se assim ao paradoxal convívio do chamado *Estado telocrático*, nascido da Revolução Industrial e consolidado com o crescimento da sociedade de massas no século XX, e do arcabouço jurídico-constitucional do Estado de direito, de feições antiabsolutistas. O problema subjacente ao pensamento do Prof. Comparato é mais sério: mais do que apenas uma questão de arranjo teórico-institucional e de incoerência interna do ordenamento jurídico, trata-se em verdade do confronto de uma "mentalidade jurídica", para usar uma expressão ao gosto de Becker, ainda presa a seus modelos clássicos iluministas e aos dogmas daí oriundos, com uma realidade completamente diversa, para a qual seus modelos se mostram de produtividade duvidosa. Se a "importação" acrítica de conceitos pré-jurídicos para o Direito pode ser prejudicial à atividade do cientista do direito,[129] do mesmo modo o apego acrítico a conceitos jurídicos pode ser negativa, principalmente quando tais conceitos já não servem à descrição de uma dada realidade, para a qual, em princípio, dever-se-iam aplicar.

Em seguida, Comparato trata de identificar as políticas públicas, acertadamente, como *atividade* que engloba, em sua inteireza ontológica, leis e atos administrativos, unificados ambos pela *finalidade* estatal que perseguem. A constitucionalidade de uma política pública, afastada a premissa conservadora segundo a qual os atos políticos seriam indevassáveis pelo Judiciário, deveria ser examinada sempre que a finalidade estabelecida no texto constitucional não fosse cumprida pelo Estado implantador da política pública ou quando, observada tal finalidade, os meios escolhidos não fossem aqueles considerados ideais perante o ordenamento jurídico ou mesmo quando desbordem do princípio da razoabilidade.

A consequência do juízo de inconstitucionalidade de uma política pública seria, para o Professor Titular aposentado da Universidade de São Paulo, a desconstituição, com efeitos *ex nunc*, de todos os atos editados, sejam leis ou atos administrativos executórios, envolvidos no programa de ação governamental. "Seria desejável", continua ele, "que a demanda judicial de inconstitucionalidade pudesse ter, além do óbvio efeito desconstitutivo (*ex nunc*, como assinalado), também uma natureza injuntiva ou mandamental. Assim, antes mesmo de se realizar em pleno um programa de atividades governamentais contrário à Constituição, seria de manifesta utilidade que ao Judiciário fosse reconhecida competên-

---

129. Alfredo Augusto Becker, *Teoria Geral do Direito Tributário*, São Paulo, Saraiva, 1963, pp. 35 e ss.

DELIMITAÇÃO DO OBJETO   107

cia para impedir, preventivamente, a realização dessa política".[130] Aponta ainda que a Constituição de 1988 teria de ser alterada para permitir o controle de constitucionalidade de políticas públicas. O controle deveria ser em todos os casos o direto,[131] estabelecendo texto constitucional o rol de legitimados, o procedimento e a competência para tal controle.

Para Maria Paula Dallari Bucci, "a necessidade de compreensão das políticas públicas como categoria jurídica se apresenta à medida que se buscam formas de concretização dos direitos humanos, em particular os direitos sociais".[132] Isto posto, destaca que as políticas públicas – em razão, para nós, do princípio da *fungibilidade* das ações estatais em relação à política pública, acima referido – podem apresentar uma multiplicidade indefinida de suportes normativos, podendo ser veiculadas por normas de hierarquia constitucional até, *v.g.*, por contratos (caso da concessão de serviço público).[133]

Considerando o extenso rol – constitucional e legislativo – de menções aos termos *política* ou *política pública*, Maria Paula Dallari Bucci conclui que nem sempre tais termos serão usados propriamente. Pontua a autora as deficiências que entende presentes neste tópico:

> A primeira delas é que nem o constituinte nem o legislador brasileiro utilizaram sistematicamente o termo política, não se podendo extrair esse caráter de disposições hauridas na linguagem natural e não na linguagem técnico-jurídica. Deve-se ponderar, no entanto, que se a prática do direito não tem pretensões de rigor científico, à ciência do direito não é negado ver além do fato posto, desvendando estruturas até então ocultas aos olhos do leigo.
>
> Uma outra conclusão possível seria no sentido de traçar uma linha divisória muito rígida entre as *políticas*, tal como aparecem nos textos normativos, e as *políticas públicas*, verdadeiros programas de ação governamental, despidos de suas roupagens jurídicas. *Nem tudo que a lei chama de política é política pública*[134] (grifou-se).

---

130. Fábio Konder Comparato, "Ensaio sobre o juízo de constitucionalidade de políticas públicas", cit., p. 21.

131. Como se verá em seguida, concordamos apenas parcialmente com tal assertiva. A nosso ver, o controle de omissões relativas a políticas públicas, desde que tais omissões violem direito público subjetivo, pode ser realizado pela via incidental.

132. Maria Paula Dallari Bucci, "O conceito de política pública em direito", in Maria Paula Dallari Bucci (org.), *Políticas Públicas: reflexões sobre o conceito jurídico*, São Paulo, Saraiva, 2006, p. 3.

133. Idem, ibidem, p. 11.

134. Idem, ibidem, pp. 21-22.

108 REGIME JURÍDICO DAS POLÍTICAS PÚBLICAS

Bucci analisa então o pensamento de Fábio Konder Comparato, para quem a noção de políticas públicas como *atividade* implica um juízo de juridicidade diverso daquele efetuado sobre os atos que a compõem, posição que defendemos no presente trabalho. A autora rechaça tal entendimento sob a justificativa de que ele "oferece um caminho extremamente espinhoso para o desenvolvimento do tema".[135] Não vai além. Introduz um argumento adicional, segundo o qual

> o entendimento da política pública como atividade administrativa redunda, no que diz respeito à sua sindicabilidade judicial, no conhecido tema do controle da discricionariedade administrativa, com seus também conhecidos problemas e limites. Daí, por esse prisma, não se reconhecer à noção de política pública o sentido de uma categoria nova no direito.[136]

Com todo o respeito ao entendimento esposado pela autora, a dificuldade da construção teórica de Fábio Konder Comparato não é motivo para que se proceda, pura e simplesmente, ao seu rechaço. Se não se admite a possibilidade de um controle específico para esta modalidade de ação estatal, então desaparece a própria utilidade em estudar o tema. Equivocado, também, o seu posicionamento, quando afirma que a compreensão das políticas públicas como atividade implicaria o recurso à teoria da discricionariedade administrativa, que ela entende limitada para a avaliação do caso. Ora, nenhum problema teórico deriva do fato de se pretender estender a teoria da discricionariedade às políticas públicas. A discricionariedade, antes de ser um instituto de direito administrativo, pertence à teoria geral do direito público e aplica-se, sem sombra de dúvida, também ao caso das políticas públicas. O que ocorre, diga-se a verdade, é que, se houvesse no Brasil a cultura de abordagem teórica das políticas públicas à luz da teoria da discricionariedade administrativa, já se teria, de modo geral, avançado muito mais do que se avançou até hoje.

Ainda, a preocupação em saber se as políticas públicas constituem uma categoria jurídica autônoma, presente nas reflexões, acima referidas, da autora, deve levar em consideração, em primeiro lugar, o que se entende por *categoria jurídica*. Se por categoria se entender uma nova modalidade normativa, então é forçoso reconhecer que não é o caso. As espécies normativas (ou, mais vetustamente, as "fontes do direito") admitidas no ordenamento brasileiro são aquelas relacionadas na Constituição Federal (arts. 59 e 84, IV e VIII, principalmente) e as políticas

135. Idem, ibidem, p. 24.
136. Idem, ibidem, p. 25.

DELIMITAÇÃO DO OBJETO 109

públicas serão veiculadas necessariamente por uma ou (frequentemente) mais de uma daquelas espécies normativas. Todavia, se por categoria normativa se entender *estrutura de normas* (e este é sem dúvida o caso das políticas públicas, conforme já demonstrado no item 1.1, acima), então poder-se-á afirmar que as políticas públicas constituem, sim, uma categoria jurídica específica, o que justifica o seu estudo em separado das demais e reafirma a diferença do controle de sua juridicidade em relação às modalidades tradicionais de controle. Aliás, a compreensão das políticas públicas como categoria pública é, antes de tudo, um imperativo prático: somente se pode cogitar o seu controle a partir do direito se ela própria puder ser um objeto juridicamente significativo (categoria jurídica).

1.7.2 A necessidade de superação do substancialismo

Conforme já exposto na introdução ao presente trabalho, é dominante, no debate sobre as políticas públicas, a orientação doutrinária que aqui chamamos substancialista, haja vista preocupar-se não com a compreensão das políticas públicas como fenômeno cuja estrutura deve ser dissecada, mas, sim, como um meio para a concretização de direitos fundamentais. Não se nega, ressalte-se, esta premissa: as políticas públicas se prestam, sim (e esta talvez seja a sua mais nobre função), à concretização de direitos fundamentais. O que não se aceita é a afirmação, feita por muitos autores, de que a análise e controle de políticas públicas se resume à hermenêutica constitucional e às boas intenções de seu intérprete.

Marília Lourido dos Santos, em trabalho específico,[137] caminha na direção ora qualificada como substancialista. Para a autora, o problema central das políticas públicas reside no fato de que elas, de modo geral, servem à concretização de direitos sociais garantidos pela Constituição de maneira vaga e muitas vezes fluída, de modo que restaria ao Administrador (Legislativo e Executivo) uma ampla margem de liberdade para decidir como concretizar tais direitos e, no limite, tendo em vista a impossibilidade de atuação do Poder Judiciário como "legislador positivo", até mesmo para decidir *se* e *quando* tais direitos, de letra constitucional passarão a realidade.

Identificando, nas normas constitucionais que instituem direitos sociais (matérias-primas, portanto, das políticas públicas), duas espécies

---

137. Marília Lourido Santos, *Interpretação Constitucional no Controle Judicial das Políticas Públicas*, Porto Alegre, Sérgio Antônio Fabris Editor, 2006.

110   REGIME JURÍDICO DAS POLÍTICAS PÚBLICAS

de indeterminação, a saber, *vagueza* e *ambiguidade*, Lourido sustenta serem esses problemas que podem – e devem – ser resolvidos pelo jurista, através da técnica hermenêutica. Segundo a Autora, a *vagueza* de determinadas normas existe quando "há dúvidas acerca dos objetos aos quais o enunciado é aplicável",[138] ao passo que a *ambiguidade* seria a plurissignificação de determinados termos. A primeira seria um elemento externo ao enunciado, dado que referido às situações em que se daria a aplicação da norma; a segunda, seria um atributo do próprio enunciado, que admitiria dois ou mais significados para o termo, em face de determinada situação de aplicação.

Em seguida a Autora analisa a jurisprudência (principalmente do STF) disponível no Brasil sobre o controle de constitucionalidade de políticas públicas, concluindo que "os julgados onde se dá tal exame são escassos e voltados para temas repetitivos, cuja repercussão social e política suscitou um posicionamento definitivo, como se deu no caso das perdas salariais oriundas dos sucessivos planos econômicos e no da distribuição gratuita de medicamentos para doentes pobres considerados portadores de doenças graves. Desta feita, a pressão externa vem fazendo", segundo a Autora, "com que o Judiciário transponha a resistência que apresenta em examinar questões de políticas públicas, pelo que, por vezes, apenas chancela entendimentos que já vinham sendo esposados por outras instâncias judiciais, como ocorreu no caso dos limites de internação estabelecidos pelos planos de saúde".[139]

Trata-se de um quadro nada alentador cuja solução, para Lourido, residiria na adoção de uma "hermenêutica substantiva". Em outros termos: para descobrir o conteúdo de uma política determinado pela Constituição, o intérprete deve lançar mão da técnica da ponderação de princípios e do princípio-mestre da razoabilidade, a fim de analisar e, por conseguinte, controlar as políticas públicas levadas a cabo pelo Estado, bem como eventualmente as omissões deste na tarefa.

Lourido não é o único exemplo da escola substancialista. Helena Beatriz Cesarino Mendes Coelho defende que

as políticas públicas sofrem os efeitos da supremacia e da força normativa da Constituição, de modo que os parâmetros constitucionais condicionam sua formulação e execução. E, estando tais políticas limitadas, de alguma maneira, pelas normas constitucionais, é evidentemente possível a realiza-

138. Idem, ibidem, p. 34.
139. Idem, ibidem, pp. 184-185.

DELIMITAÇÃO DO OBJETO   111

ção de seu controle, tanto pelo Poder Judiciário quanto por outros órgãos estatais competentes.[140]

E após, como se o controle dos atos estatais somente fosse possível se a vinculação partisse da Constituição, conclui a autora: "considerando-se que a Constituição abriga valores e opções políticas que orientam os fins, programas e metas a serem cumpridos, evidencia-se que o Texto Maior tem compromisso com a efetivação dos direitos fundamentais, que necessitam do desenvolvimento de políticas públicas".[141] Decorrência lógica: políticas públicas são o meio constitucional de concretização dos direitos fundamentais.

Digno de nota é também é o pensamento de Marcus Aurélio de Freitas Barros, que resume a "agenda programática" dessa corrente:

> Chega-se, pois, de alguma maneira, ao tema das políticas públicas, que interessa mais de perto. O assunto é tormentoso. Ainda hoje, ninguém atravessa seus umbrais sem receios. Para enfrentá-los com vantagem, já se pode perceber a necessidade de que o estudioso esteja sintonizado com os novos tempos, ainda que a prática, por vezes, teime por insistir em concepções ultrapassadas.
>
> Muitos direitos fundamentais, como se sabe, exigem ações estatais que se protraem no tempo, não sendo suficientes meras abstenções do ente estatal. Tal acontece seguramente com boa parte dos direitos sociais, econômicos e culturais, dos quais se incluem, por exemplo, as prestações de saúde, educação, habitação e as necessárias à garantia de acessibilidade urbana para as pessoas com dificuldade de locomoção.
>
> Nesta seara, as constituições atuais assumem um compromisso para o futuro, vinculando os poderes políticos, já que indicam ao menos as metas e as diretrizes programáticas que devem ser obedecidas, se utilizando, contudo, de normas com alto grau de abstração, que não detalham as condições de tempo, modo e lugar para a efetivação desses direitos (normas programáticas), deixando uma boa liberdade de conformação aos poderes políticos. (...)
>
> Já se pode afirmar, nesse diapasão, que as *policies* podem ser entendidas como uma técnica de concretização particular de direitos fundamentais, que sequer se aplicam em escala progressiva se não houver a definição e a regular execução de programas estatais que, em muitos casos, são limitados constitucionalmente.

---

140. Helena Beatriz Cesarino Mendes Coelho, *Políticas Públicas e Controle de Juridicidade. Vinculação às normas constitucionais*, Porto Alegre, Sérgio Antônio Fabris Editor, 2010, p. 58.
141. Idem, ibidem, p. 58.

112   REGIME JURÍDICO DAS POLÍTICAS PÚBLICAS

Chega-se, pois, a uma primeira conclusão: a efetividade de vários direitos fundamentais supõe o desenvolvimento de políticas públicas consoantes com as metas, objetivos e diretrizes constitucionais, que possuem caráter vinculante com relação aos poderes políticos, de modo que não podem passar despercebidas ao Direito.

Acresça-se ainda que, em tempos de neoconstitucionalismo, todos os direitos fundamentais exigem concretização, mesmo os que demandam a gradual implementação das *policies*, o que não é incomum em matéria de direitos fundamentais.

Por esta razão, tem-se que o estudo das políticas públicas é fortemente influenciado pelas premissas do neoconstitucionalismo, dentre elas: a) a supremacia e a força normativa da Constituição; b) a presença marcante da garantia jurisdicional; c) os traços da normatividade, superioridade e centralidade da Constituição; d) a incorporação de valores e opções políticas ligados aos direitos fundamentais; e) a expansão dos conflitos constitucionais. Tudo isso à luz de uma hermenêutica concretizante dos direitos fundamentais e das modificações recentes na teoria constitucional.[142]

A grande crítica que se deve fazer, com a devida vênia, é à corrente *substancialista* de abordagem das políticas públicas, que, sob o manto equivocado da concretização dos direitos fundamentais constitucionais, parte de premissas também equivocadas segundo as quais (i) os "direitos" já se encontram na Constituição e (ii) é tarefa do jurista concretizá--los por meio das políticas públicas.

1.7.3   Parênteses: a distinção entre "políticas de Estado" e "políticas de governo" e sua improdutividade

É muito comum os autores que tratam do tema refletirem, no campo da discussão jurídica, uma distinção, própria do discurso político, entre as chamadas *políticas de governo* e as *políticas de Estado*. O critério distintivo entre ambas as modalidades ora parece ser a sua duração (as políticas de governo teriam duração menor, cingindo-se, de regra, ao período de um governo/legislatura, ao passo que as políticas de Estado tomariam mais de uma legislatura, envolvendo potencialmente mais de um governo), ora a sua própria materialidade (as políticas de governo seriam "menos importantes" ou "menos prioritárias", ao passo que as políticas de Estado seriam "mais relevantes" e, permitida a expressão,

---

142. Marcus Aurélio de Freitas Barros, *Controle Jurisdicional de Políticas Públicas. Parâmetros objetivos e tutela coletiva*, Porto Alegre, Sérgio Antônio Fabris Editor, 2008, pp. 51-53.

DELIMITAÇÃO DO OBJETO 113

"mais prioritárias" que as primeiras), ora, ainda, em razão do veículo normativo que as introduz (as políticas de Estado seriam aquelas instituídas pela Constituição Federal e legislação ordinária/complementar, ao passo que as políticas, introduzidas por normas de hierarquia inferior, seriam as políticas de governo).

Apesar de reconhecer que se trata de critério "um tanto falho", Maria Paula Dallari Bucci o adota, proferindo a seguinte distinção:

> A política pública tem um compromisso de ação estratégica, isto é, incorpora elementos sobre a ação necessária e possível naquele momento determinado, naquele conjunto institucional e projeta-os para o futuro mais próximo. No entanto, há políticas cujo horizonte temporal é medido em décadas – são as chamadas "políticas de Estado" –, e há outras que se realizam como partes de um programa maior, são as ditas "políticas de governo".
>
> Se adotássemos o critério do suporte normativo das políticas, tenderíamos a dizer que as políticas constitucionalizadas seriam com certeza políticas de Estado, enquanto as políticas meramente legisladas seriam provavelmente políticas de Estado e as políticas com suportes infralegais seriam políticas de governo.[143]

Fernando Aith, em artigo publicado na obra organizada por Maria Paula Dallari Bucci, também adota tal distinção. É ver-se:

> Considerando essa participação cada vez maior da sociedade nas políticas públicas, mostra-se cada vez mais necessária a compreensão dos limites que essa participação privada deve ter, bem como dos limites que o Estado deve respeitar quando realiza uma política pública. Essa compreensão pode ser facilitada através da diferenciação entre a política de Estado e a política de governo. Essa diferenciação deve levar em conta três fatores principais: i) os objetivos da política pública; ii) a forma de elaboração, planejamento e execução da política pública; iii) a forma de financiamento da política pública. A conjugação desses fatores é que dará a clareza necessária para diferenciar uma política de Estado de uma política de governo.[144]

Para o referido autor, no plano dos objetivos, as políticas de Estado se dirigiriam à organização do Estado, de modo que ele tenha as "bases

---

143. Maria Paula Dallari Bucci, "O conceito de política pública em direito", cit., p. 19.

144. Fernando Aith, "Políticas públicas de Estado e de governo: instrumentos de consolidação do Estado Democrático de Direito e de promoção e proteção dos direitos humanos", in Maria Paula Dallari Bucci (org.), *Políticas Públicas: reflexões sobre o conceito jurídico*, São Paulo, Saraiva, 2006, pp. 234-235.

114 REGIME JURÍDICO DAS POLÍTICAS PÚBLICAS

estruturais mínimas" para a execução de políticas de promoção dos direitos humanos, ao passo que as políticas de governo, instituídas sobre as bases das políticas de Estado, destinar-se-iam à promoção de ações pontuais de proteção e promoção aos direitos humanos. Sob o ângulo da execução, salienta que as políticas de Estado são aquelas relacionadas às funções essenciais do Estado, que não podem ser executadas por particulares, nem tampouco sofrer solução de continuidade, enquanto as políticas de governo, por se destinarem ao atendimento de mandamentos constitucionais diversos, podem ter a sua execução delegada a terceiro, bem como ser interrompidas ou substituídas por outras. Decorrência deste último aspecto, o financiamento das políticas de Estado e das políticas de governo é diverso: as primeiras somente poderiam ser financiadas pelo Estado, ao passo que as segundas poderiam ter financiamentos privados.

Considerando criticamente os posicionamentos doutrinários acima expostos, deve-se notar, em primeiro lugar, que, do ponto de vista pragmático, a distinção pretendida parece ter por objetivo delimitar um campo de *imunidade* contra o dissenso no discurso jurídico. A exemplo do que assinalou Tércio Sampaio Ferraz Jr. no caso da locução "interesse público",[145] as locuções "políticas de governo" e "políticas de Estado"

---

145. Cf. "'Interesse' é um lugar-comum. E quando digo lugar-comum, estou chamando a atenção para um aspecto importante. Vamos discutir aqui, hoje e depois, interesse público. E interesse é lugar-comum. Se é um lugar-comum, poderemos até dizer que por pressuposto 'interesse' e, consequentemente, 'interesse público', sendo um lugar-comum, é algo que, em tese e por princípio, não admite definição (no sentido estrito de delimitar, de estabelecer limites – *de-finis* donde *definitio*). Lugares-comuns não se definem e é por isso mesmo que são lugares-comuns, como tais, expressões abertas, difusas e, assim, aceitáveis por muitos, independentemente de divergências quanto a detalhes. Para sair de um e ir para outro exemplo: o princípio da maioria é também um lugar-comum. Se houver uma disputa aqui nesta sala e não houver encontro do acordo das diferentes tendências e se alguém falar: bom, vamos decidir, a maioria vence, provavelmente. Vamos resolver a questão por maioria e ninguém vai começar a perguntar por que por maioria? Em primeiro lugar, porque 'por maioria' é um lugar-comum, aceita-se. Talvez, alguém entre em alguma especificidade da maioria: maioria simples ou maioria qualificada? Mas não vai mais além do que isto, e quem for contra vai levar o ônus de provar que não deve ser por maioria. Vai ser taxado de antidemocrático, etc., etc. A força do lugar-comum está, portanto, exatamente numa espécie de aceitação silenciosa. É aí que ele convence! Quanto mais temos que explicar o lugar-comum, menos força ele tem. Lugares-comuns não podem ser explicitados demasiadamente. A consciência do lugar-comum enfraquece a comunidade da expressão, isto é, começamos a perceber que, levantada esta ou aquela ou aquela outra característica, o lugar-comum deixa de ser tão comum, porque aí alguns aceitam um lado, mas não vão aceitar o outro. Esta

DELIMITAÇÃO DO OBJETO 115

são lugares-comuns, que não precisariam ser definidos, sob pena da perda de sua força significativa. Dizer que uma política é de Estado ao invés de governo significa que ela é *mais exigível* e *menos mutável* do que se fosse da outra categoria. Do mesmo modo, dizer que uma política é de governo e não de Estado significa que ela é *menos exigível* e *passível de alterações* ou *extinção* sem maiores consequências. Mas, se isto significa o desempenho, por tais conceitos, de uma função tanto no discurso *monológico* quanto no discurso *dialógico* do direito,[146] é inegável, de outra banda, que, para que houvesse no seu emprego um mínimo de consistência, era preciso contar com algum amparo dogmático.

Para que existisse a distinção (dogmática) entre tais categorias diversas, com graus de eficácia e exigibilidade diferentes, conforme se tratasse de uma ou outra, necessário que houvesse a competente qualificação normativa que, pela própria natureza jurídico-formal das políticas públicas, fosse veiculada pela Constituição Federal. Em sentido estritamente técnico-jurídico, somente seria viável a atribuição de níveis de eficácia (e também de validade, no caso de conflito entre uma política dita de governo com outra, de Estado) diversos a tais figuras por meio da Constituição, dado que tanto as políticas públicas de governo quanto as de Estado poderão ter matrizes desde constitucionais até administrativas ou contratuais.

Mormente se considerarmos, no caso do último autor citado, que os critérios distintivos propostos são, para dizer o mínimo, conflitantes com a realidade normativa. Veja-se:

(i) o fato de ser voltada à organização do Estado (política de Estado) ou voltada à promoção dos direitos humanos (política de governo) não é discrímen prestante à classificação de políticas públicas. De modo geral, toda política pública, por envolver a definição de fins, propósitos, componentes e atividades, é em larga medida uma atuação auto-organizativa do Estado. Todas seriam, nesta compreensão, políticas de Estado, o que torna imprestável a distinção. De outro lado, as políticas públicas, sejam de Estado ou de governo, não versam somente sobre a efetivação de direitos humanos. Todas as áreas de competência estatal podem ser

preliminar é importante quando se começa, neste Seminário, a discutir um lugar--comum, ou seja, a tomar consciência de um lugar-comum. Usa-se o lugar-comum: não se define o lugar-comum. E, não se definindo, o uso é mais eficiente" (Tércio Sampaio Ferraz Jr., "Interesse público", *Revista do Ministério Público do Trabalho do Estado de São Paulo*, n. 1, dez. 1995, p. 10).

146. Tércio Sampaio Ferraz Jr., *Direito, Retórica e Comunicação*. 2ª ed., São Paulo, Saraiva, 1997, pp. 57-71.

116 REGIME JURÍDICO DAS POLÍTICAS PÚBLICAS

objeto de políticas públicas, de modo que a sua compreensão restrita aos direitos humanos é inexata;

(ii) não há nada que ligue a delegabilidade ou não de determinada atividade a terceiros com o fato de ser a política pública daí resultante uma política de Estado ou de governo. Se o critério é a importância de tal área ou atividade (o que seria atestada pela sua indelegabilidade), então atividades como administração penitenciária não poderiam contar com a colaboração de terceiros (o que contraria a doutrina autorizada[147]). Em outra dimensão, *v.g.*, os serviços de educação ou de saúde – que são abertos à iniciativa privada – não poderiam nunca ser objeto de uma política de Estado, o que constitui afirmação quase teratológica;

(iii) o caráter de perenidade (ou continuidade) de áreas estatais que o autor entende como típica de políticas de Estado (em contraposição à mutabilidade das políticas de governo) encontra-se também presente nas áreas delegáveis, caso típico dos serviços públicos, em que vige, *de lege lata*, o princípio da continuidade;[148]

(iv) por último, a distinção entre políticas de governo e políticas de Estado no tocante ao financiamento (a primeira comportaria financiamento privado e a segunda não) é igualmente desamparada em face de nosso ordenamento jurídico. Com efeito, as concessões de serviço público contam com recursos privados; áreas estatais (que o autor entende indelegáveis) contam com o ingresso de capitais privados, seja por meio de doações, seja por meio de convênios; serviços tipicamente estatais (*v.g.*, assistência social, saúde, educação etc.) são financiados por entidades do terceiro setor, entre muitos outros exemplos.

Além do exposto, a própria ideia da distinção ora discutida é problemática, porquanto dificilmente haverá consenso quanto ao que é política

147. Cf. José Roberto Pimenta Oliveira, "Parcerias público-privadas: indelegabilidade no exercício da atividade administrativa de polícia e na atividade administrativa penitenciária", in Carlos Ari Sundfeld (org.), *Parcerias Público-Privadas,* 2ª ed., São Paulo, Malheiros Editores, 2011, pp. 433-467. Apesar do título do artigo, o autor entende possível a transferência a terceiros de serviços penitenciários (desde que, naturalmente, não sejam relacionados ao poder de polícia sobre a pessoa do detento, cujo exercício é insuscetível de transferência por parte da Administração Pública).

148. Ver Lei 8.987, de 13.2.1995, art. 6º, § 1º, *verbis*: "Art. 6º. Toda concessão ou permissão pressupõe a prestação de serviço adequado ao pleno atendimento dos usuários, conforme estabelecido nesta Lei, nas normas pertinentes e no respectivo contrato. § 1º. Serviço adequado é o que satisfaz as condições de regularidade, continuidade, eficiência, segurança, atualidade, generalidade, cortesia na sua prestação e modicidade das tarifas. (...)".

DELIMITAÇÃO DO OBJETO 117

de Estado ou de governo. Se o fator de *discrímen* for a importância da política (este parece ser o menos frágil, dentre os mencionados acima, para justificar eventuais diferenças de eficácia e a imunidade quanto a alterações posteriores), então com muito mais razão se instalará a confusão.

Isso porque os grupos de interesse, constituídos pelos beneficiários de tal ou qual política, sempre considerarão como de Estado a política que lhes beneficie, em detrimento das demais (e isto, para aquele grupo, será realmente a verdade). Assim, em certa medida, toda política pública será de Estado ou de governo, conforme o interesse nela investido. Do mesmo modo, considerando-se que os fins de cada política pública, a serem atendidos por meio dos respectivos *propósito, componentes* e *atividades*, serão sempre remissíveis ao texto da Constituição Federal, ou seja, terão sempre um fundamento mediata ou imediatamente constitucional, sob pena de invalidade da política pública, imperioso concluir que toda política pública será "importante" à luz do texto constitucional e, por isso mesmo, toda política pública, inevitavelmente, será "de Estado".

Quanto à afirmação de que as políticas públicas "constitucionalizadas" seriam certamente políticas de Estado, ao passo que as "não constitucionalizadas" seriam políticas de governo, deve-se apontar para algumas imprecisões capitais. Primeira: não existe política pública exclusivamente constitucional – no sentido de que todas as decisões e atos jurídicos relevantes para a definição dos seus fins, propósitos, componentes e atividades, seriam de antemão praticados pelo constituinte, dispensando, portanto, qualquer parcela de contribuição criativa do legislador e do administrador público. Toda política pública envolverá necessariamente uma combinação de variados atos estatais (e possivelmente não estatais). Além disto, ao se afirmar que existe uma categoria de políticas públicas "constitucionalizadas", está-se afirmando também que exista uma categoria de políticas públicas "desconstitucionalizadas", ou seja, sem qualquer ligação normativa com o texto constitucional. Uma afirmação desta ordem pode levar a equívocos incríveis, teratológicos, colocando em risco a própria estrutura do Estado Democrático de Direito, porquanto é inerente ao regime jurídico de direito público a ideia de que toda atuação estatal será constitucional, haurindo a validade de seus atos direta ou indiretamente do texto constitucional. Com efeito, o Estado somente está autorizado a realizar políticas públicas "constitucionalizadas"; cogitar outra solução é demonstrar desconhecimento do atual estágio do direito público das nações civilizadas e de todo o universo

118   REGIME JURÍDICO DAS POLÍTICAS PÚBLICAS

jurídico regido por nossa Constituição. Se os fins de uma dada política pública não encontrarem amparo constitucional, esta será irremediavelmente inválida. *Secundum non datur.*

É óbvio, portanto, que fica em muito comprometida a seriedade científica de uma distinção dessa ordem. Além do mais, fora daquela função retórica referida acima (que pode ser facilmente eliminada no discurso jurídico), fica difícil antever qualquer utilidade no seu emprego. Por tais razões, não se adota a distinção entre políticas públicas ditas *de governo* e políticas públicas *de Estado*.

1.7.4   Da inexistência de campo material específico para as políticas públicas

É comum, também, entre os monografistas do tema, notadamente os filiados à corrente descrita no item 1.7.2, acima, a referência a um campo material específico para a manifestação das políticas públicas, sendo este geralmente o dos direitos fundamentais. Assim, salienta Nagibe de Melo Jorge Neto que pelo termo "política pública queremos significar toda e qualquer atuação do Estado, por meio da Administração Pública, que tenha por fim efetivar os direitos fundamentais de segunda e terceira dimensões. Queremos também abarcar a não atuação de estatal que interfere na concretização desses direitos".[149] Do mesmo modo, Américo Bedê Freire Júnior entende que "em regra, as políticas públicas são os meios necessários para a efetivação dos direitos fundamentais, uma vez que pouco vale o mero reconhecimento formal de direitos se ele não vem acompanhado de instrumentos para efetivá-los".[150]

Aqui, como já ressaltado, não se nega esta função das políticas públicas. Elas realmente são importantes instrumentos para a concretização dos direitos fundamentais e dos ideais de justiça social. Mas não são os únicos instrumentos para tal finalidade, nem a sua existência será somente destinada a isto. Assim, um direito fundamental pode ser atendido sem política pública (veja-se, p. ex., a gratuidade para a obtenção de registro de nascimento, que não é política pública, pois não corresponde a qualquer estrutura normativa composta de *fins*, *propósitos*, *componentes* e *atividades*, e atende perfeitamente ao direito da criança de adquirir

---

149. Nagibe de Melo Jorge Neto, *O Controle Jurisdicional das Políticas Públicas. Concretizando a democracia e os direitos sociais fundamentais*, Salvador, Juspodium, 2009, p. 54.

150. Américo Bedê Freire Júnior, *O Controle Judicial de Políticas Públicas*, São Paulo, Ed. RT, 2005, p. 48.

DELIMITAÇÃO DO OBJETO 119

a documentação que lhe garante a existência civil e a cidadania), ao passo que uma política pública (p. ex., para embelezamento dos prédios públicos ou para a ajuda econômica a outros países) nem sempre será destinada à consecução de direitos fundamentais (não há um direito fundamental à boa jardinagem). Política pública é um *modo* de agir (*adjetivo*) e não um *conteúdo* do agir (*substantivo*). É somente a partir dessa premissa que será possível compreender a sua estrutura.

1.7.5 Conclusões parciais

Maria Paula Dallari Bucci, após fazer referência aos debates sobre o dirigismo constitucional e a aplicabilidade das normas constitucionais, conclui ser esta a linha de pesquisa mais fecunda para a investigação do tema, compreendendo-se as políticas públicas como programas de ação destinados a realizar, sejam os direitos a prestações, diretamente, sejam a organização, normas e procedimentos necessários para tanto.[151] Sua definição de políticas públicas, apesar desta ressalva teórica da autora, é essencialmente formal, concentrada no eixo ação-coordenação, processos e programas:

> Política pública é o programa de ação governamental que resulta de um processo ou conjunto de processos juridicamente regulados – processo eleitoral, processo de planejamento, processo de governo, processo orçamentário, processo legislativo, processo administrativo, processo judicial – visando coordenar os meios à disposição do Estado e as atividades privadas, para a realização de objetivos socialmente relevantes e politicamente determinados.
>
> Como tipo ideal, a política pública deve visar à realização de objetivos definidos, expressando a seleção de prioridades, a reserva de meios necessários à sua consecução e o intervalo de tempo em que se espera o atingimento dos resultados.[152]

Eliminadas as premissas que informam a definição acima, a definição de Bucci compreende de forma competente o fenômeno das políticas públicas, do ponto de vista da materialidade dos atos e da natureza dos agentes necessários à sua execução. Porém, é importante realizar uma observação sobre o que a definição acima omite: quando se fala em "conjunto de processos juridicamente regulados" destinados à "realiza-

---

151. Maria Paula Dallari Bucci, "O Conceito de Política Pública em Direito", cit., p. 31.
152. Idem, ibidem, p. 3, especialmente p. 39.

120 REGIME JURÍDICO DAS POLÍTICAS PÚBLICAS

ção de objetivos socialmente relevantes", compreendendo desde a ação legislativa do Estado até as atividades privadas, embora aparentemente se abarque o fenômeno em sua abrangência ontológica, se deixa de mencionar aquilo que distingue uma política pública, como categoria jurídica, das demais, que é justamente a natureza funcional de todos esses "processos" e "agentes", e a relação estrutural de tais elementos. Sem se classificarem funcionalmente tais atividades (em sentido amplo), não se saberá o que controlar. E mais: sem se definirem as relações entre as diversas naturezas de atividades, ainda que se saiba que atos controlar, não se poderá justificar juridicamente o seu controle.

Uma alternativa de definição de políticas públicas, mais adequada às opções teóricas do presente trabalho, seria a seguinte: *políticas públicas são estruturas normativas integradas tanto por atos jurídicos quanto por atos materiais, distribuídos entre os elementos funcionais: fins, propósitos, componentes e atividades, relacionados entre si, em ordem decrescente, por um liame de necessidade e satisfatividade.* O detalhamento desta definição será realizado no Capítulo III deste livro.

De todo modo, as definições, se têm a vantagem de simplificar, com a enunciação de um conceito, um determinado campo da realidade, têm também a desvantagem (ou perigo) de se substituir a essa mesma realidade, exponencialmente muito mais rica e complexa, paralisando novas reflexões. Assim, qualquer definição de política pública que se adote deve levar em consideração também os seguintes fatos, já expostos e demonstrados no presente capítulo, sumarizados como conclusões parciais:

(i) as políticas públicas constituem estruturas nas quais se podem identificar as propriedades de *totalidade* (a consideração de cada um dos elementos constitutivos da política será diversa da consideração dos mesmos termos em sua mútua relação – *interreferência*), de *transformação* (ao mesmo tempo em que a estrutura é contida pela *interreferencialidade* de seus elementos, ela, em outro plano, não poderá esquivar-se de ser, também, um fator estruturante de transformações na realidade) e de autorregulação (o modo de ser da estrutura em concreto será sempre uma reprodução dos modelos de *interreferencialidade*);

(ii) sendo um conceito também estudado por outros ramos do conhecimento, as políticas públicas possuem, na teoria da administração, um *locus* privilegiado de reflexões. Para a teoria da administração, as discussões sobre políticas públicas são principalmente discussões sobre a teoria da decisão e do comportamento administrativo. Os desenvolvimentos teóricos dos últimos cinquenta anos dão conta de que

DELIMITAÇÃO DO OBJETO 121

a racionalidade dos modelos de decisão não se verifica na realidade. O agente público sofre os efeitos de uma série de fatores (não linearidade, limitações de cognição, afetividade, valores subjetivos e institucionais, condicionantes hierárquicos, problemas e modelos de comunicação, redução cultural etc.), que impedem a aplicação de modelos racionalistas;

(iii) o jurista, a partir do quanto exposto, deve entender que a racionalidade normativa, que é um ideal, pode nunca ser atingível na realidade. Deve-se então trabalhar com a racionalidade possível, o que envolve uma série de considerações sobre os deveres dos agentes públicos quanto à preparação da tomada de decisão (reunião de informações, avaliação de cenários, oitiva dos destinatários etc.). O aspecto procedimental do agir humano, destinado a aproximar a racionalidade normativo-ideal da racionalidade atingível em cada caso concreto, passa a ser um dos aspectos do controle de políticas públicas, pois somente por meio dele se poderá aferir se a cognição realizada pelo agente era a melhor possível, nas condições contextuais dadas em cada decisão;

(iv) no plano das atividades estatais, as políticas públicas, segundo a definição acima exposta, relacionam-se com o fenômeno do intervencionismo estatal, nascido na virada do século XIX para o século XX. O planejamento estatal – que é um qualificador do intervencionismo – pode ser entendido como um qualificador das políticas públicas, no sentido de implicar a sua inclusão e conformação a um quadro mais amplo, racionalmente orientado, de intervenções;

(v) as políticas públicas, de outro lado, não se confundem com os programas e com o orçamento público, na medida em que – ainda que se considere que este seja o documento que conterá a definição das prioridades financeiras – elas não se encerram no orçamento, havendo uma série de outros atos jurídicos e materiais a ser considerada para a avaliação de uma dada política pública;

(vi) as políticas públicas devem ser diferenciadas das modalidades de intervenção do Estado na ordem econômica e social. A estrutura das políticas públicas defendida no presente trabalho, composta por fins, propósitos, componentes e atividades – extraídas na metodologia do marco lógico, adiante abordada em detalhes – estará presente, por ser uma classificação estrutural, onde houver política pública. Assim, e considerando que tanto os serviços públicos quanto a intervenção do Estado na ordem econômica envolverão políticas públicas, na acepção proposta no presente trabalho, deve-se concluir que a sua localização (em um ou outro ambiente) não influirá em grande medida para a sua análise e de seus elementos estruturais;

(vii) na mesma medida, a tipologia material da atuação estatal, conforme acima detalhada, não terá influência na análise de tal ou qual intervenção *como política pública*. Pode-se afirmar que há, material e formalmente, uma *fungibilidade* ou *interdefinibilidade* entre as várias modalidades de atuação estatal, no que tange à sua configuração como política pública. *Desde que presentes os seus elementos estruturais, ter-se-á política pública, independentemente dos veículos técnico--normativos que a veiculem*;

(viii) as políticas públicas, como estruturas, não devem ser estudadas exclusivamente sob a ótica da corrente *substancialista*, que, sob o manto equivocado da concretização dos direitos fundamentais constitucionais, parte de premissas também equivocadas segundo as quais (i) os "direitos" já se encontram na Constituição e (ii) é tarefa do jurista concretizá-los por meio das políticas públicas;

(ix) rejeita-se, por sua inconsistência teórica, a distinção corrente entre *políticas de Estado* e *políticas de governo*; e

(x) embora se reconheça que as políticas públicas são importantes instrumentos para a concretização dos direitos fundamentais e dos ideais de justiça social, reafirma-se que elas não são os únicos instrumentos para tal finalidade, nem a sua existência será somente destinada a isto. Assim, um direito fundamental pode ser atendido sem política pública e uma política pública pode ter objetivos outros que não a concretização de direitos fundamentais. Retoma-se o quanto dito no item precedente: "Política pública é um *modo* de agir (*adjetivo*) e não um *conteúdo* do agir (*substantivo*)".

Capítulo II
POSITIVAÇÃO DAS POLÍTICAS PÚBLICAS

2.1 Ordenamento jurídico das políticas públicas. 2.2 Noção de regime jurídico e os princípios jurídicos das políticas públicas: 2.2.1 Democrático – 2.2.2 Igualdade: 2.2.2.1 Impessoalidade – 2.2.3 Razoabilidade (adequabilidade das metas e satisfatividade) – 2.2.4 Subsidiariedade – 2.2.5 Transparência: 2.2.5.1 Importância do acesso às informações estatais para a análise e controle de políticas públicas – 2.2.5.2 Vinculatividade das informações prestadas – 2.2.6 Eficiência – 2.2.7 Conservação – 2.2.8 Instrumentalidade – 2.2.9 Responsabilidade.

2.1 Ordenamento jurídico das políticas públicas

Uma das premissas assentadas no presente trabalho, e que não é negada de modo geral pela doutrina que trata do tema, consiste na variedade normativa de que pode se revestir cada política pública. Chamamos a esta variedade *princípio da interdefinibilidade.*[1] De acordo com este princípio, as políticas públicas podem consubstanciar diversas matrizes legislativas, desde normas constitucionais até atos administrativos. Apenas para ilustrar este princípio – que é estrutural, porque inerente ao próprio fenômeno, e não propriamente jurídico – convém trazer, neste ponto da exposição, alguns exemplos de matrizes normativas de políticas públicas.

Tomemos como primeiro exemplo o da saúde. A Constituição Federal, que abriga o direito à saúde como um dos direitos sociais (art. 6º),

---

1. Por princípio da *interdefinibilidade*, no presente trabalho, designamos tanto o fato de que as políticas públicas podem se concretizar por várias modalidades de intervenção do Estado no domínio econômico e social, quanto o fato de que elas podem se revestir de uma infinita combinação de espécies normativas. No primeiro caso, enfatiza-se a dimensão *material* do princípio; no segundo, a sua dimensão *formal*.

124 REGIME JURÍDICO DAS POLÍTICAS PÚBLICAS

contém uma seção inteira para tratar das políticas públicas relativas à área. O art. 196 estabelece que a saúde é um direito universal e o eleva à condição de direito subjetivo público, na medida em que determina ser dever do Estado a realização de "políticas sociais e econômicas que visem à redução do risco de doença e de outros agravos e ao acesso universal e igualitário às ações e serviços para sua promoção, proteção e recuperação". Já aí se distribuem as características genéricas das políticas públicas no tocante à saúde: devem ser tanto *preventivas* quanto *reparatórias*.

A Constituição Federal dispõe (art. 198) sobre a criação do Sistema Único de Saúde (SUS), que deve concentrar todas as ações estatais na área, obedecidas as diretrizes de descentralização (com direção única em cada esfera de governo), atendimento integral (privilegiando-se a prevenção) e participação da comunidade. Determina, ainda, de forma rígida, as fontes de custeio do SUS, fixando os encargos de tal sistema (art. 200) e franqueando à iniciativa privada, de modo complementar, a execução de serviços de saúde (art. 199).

No plano da organização do Poder, o art. 23, II, estabelece as competências comuns dos entes federativos para "cuidar da saúde e assistência pública", e o art. 24, XII, a competência concorrente para legislar sobre a "proteção e defesa da saúde". Os Municípios, nos termos do art. 30, VII, são os responsáveis pela prestação dos "serviços de atendimento à saúde da população". Os arts. 34, VII, "e", e 35, III, incluem, entre as hipóteses ensejadoras de intervenção nos Estados e Municípios, a não aplicação dos percentuais mínimos de recursos previstos para o setor.

A Lei 8.080, de 19.9.1990, estabelece, em seu art. 6º, a abrangência do Sistema Único de Saúde – SUS, *in verbis*:

> Art. 6º. Estão incluídas ainda no campo de atuação do Sistema Único de Saúde (SUS): I – a execução de ações: a) de vigilância sanitária; b) de vigilância epidemiológica; c) de saúde do trabalhador; e d) de assistência terapêutica integral, inclusive farmacêutica; II – a participação na formulação da política e na execução de ações de saneamento básico; III – a ordenação da formação de recursos humanos na área de saúde; IV – a vigilância nutricional e a orientação alimentar; V – a colaboração na proteção do meio ambiente, nele compreendido o do trabalho; VI – a formulação da política de medicamentos, equipamentos, imunobiológicos e outros insumos de interesse para a saúde e a participação na sua produção; VII – o controle e a fiscalização de serviços, produtos e substâncias de interesse para a saúde; VIII – a fiscalização e a inspeção de alimentos,

POSITIVAÇÃO DAS POLÍTICAS PÚBLICAS 125

água e bebidas para consumo humano; IX – a participação no controle e na fiscalização da produção, transporte, guarda e utilização de substâncias e produtos psicoativos, tóxicos e radioativos; X – o incremento, em sua área de atuação, do desenvolvimento científico e tecnológico; XI – a formulação e execução da política de sangue e seus derivados. (...).

A rigor, para cada um dos incisos do dispositivo acima transcrito corresponderá pelo menos uma política pública, a ser realizada em cooperação da União com Estados, Distrito Federal e Municípios. A Lei 8.080/1990 estabelece, ainda, diretrizes a serem adotadas no SUS e as competências de gestão administrativas dos entes federativos na operação do sistema.

Analisando-se o arcabouço normativo acima referido a partir da estrutura das políticas públicas – descrita em detalhes no capítulo seguinte –, composta por fim, propósito, componentes e atividades, chega-se à conclusão de que o fim de toda política pública de saúde encontra clara e expressa previsão na Constituição Federal, que outorga a todos os poderes constituídos o dever de atuar em sua promoção. *O fim – por sua alta carga valorativa – é sempre um motor para agir.* A delimitação legislativa da área de atuação do SUS, também referida, atua mais no plano do fim, desdobrando-o semanticamente, do que no plano do propósito, que é o resultado concreto, que servirá para o atingimento pleno ou parcial do fim em que se estriba.

Sendo assim, propósito, componentes e atividades de saúde estarão localizados em outras leis – eventualmente promulgadas pelos entes federativos – e, sobretudo, em atos administrativos e materiais. Exemplos disto, ainda no caso da saúde, são a Portaria do Ministério da Saúde n. 2.203, de 5.11.1996, que aprova a Norma Operacional Básica (NOB 01/96) e redefine o modelo de gestão do Sistema Único de Saúde; a Portaria do Ministério da Saúde n. 373, de 27.2.2002, que aprova a Norma Operacional da Assistência à Saúde – NOAS-SUS 01/2002; e a Resolução do Ministério da Saúde n. 399, de 22.2.2006, que divulga o Pacto pela Saúde 2006 – Consolidação do SUS e aprova as diretrizes operacionais do referido pacto. Estas normas condicionam a elaboração, por Estados, Distrito Federal e Municípios, das políticas públicas de saúde no âmbito do SUS. Embora haja nelas já alguma indicação quanto aos propósitos e componentes, as políticas públicas respectivas somente estarão corporificadas, com o detalhamento das atividades, mediante atos legislativos, administrativos e materiais dos respectivos entes federativos, culminando com o atendimento aos seus destinatários – a generalidade da população – por meio de prestações materiais.

126 REGIME JURÍDICO DAS POLÍTICAS PÚBLICAS

Mais um exemplo pode ser citado, a saber, o do direito à moradia no Município de São Paulo. Como é sabido, o direito à moradia é um dos direitos sociais consagrados no art. 6º da CF. A Lei Orgânica do Município estabelece, em seu art. 167, que é competência do Município (i) elaborar a política municipal de habitação, integrada à política de desenvolvimento urbano, promovendo programas de construção de moradias populares, garantindo-lhes condições habitacionais e de infraestrutura que assegurem um nível compatível com a dignidade da pessoa humana; (ii) instituir linhas de financiamento bem como recursos a fundo perdido para habitação popular; (iii) gerenciar e fiscalizar a aplicação dos recursos destinados a financiamento para habitação popular; (iv) promover a captação e o gerenciamento de recursos provenientes de fontes externas ao Município, privadas ou governamentais; (v) promover a formação de estoques de terras no Município para viabilizar programas habitacionais.

A Secretaria de Habitação do Município de São Paulo, por força de competência genérica, conferida em sua lei de constituição (Lei do Município de São Paulo 10.237, de 17.12.1986), para gerir e executar programas de habitação popular e de auxílio a pessoas em condições de moradia "sub-normal", editou a Portaria n. 138/2006, nos termos da qual foram instituídas modalidades de auxílio habitacional em dinheiro com objetivo de aquisição de moradias, remoção de famílias moradoras de zona de risco e mesmo o pagamento de aluguéis. A operacionalização destas políticas públicas – que consistem, ao lado da construção em larga escala de conjuntos habitacionais, nas tarefas que mais diretamente atendem ao direito à moradia constitucionalmente contemplado – fica a cargo da secretaria, sendo a política pública correspondente estruturada quase que exclusivamente por atos administrativos individuais e concretos, e por atos materiais de entrega de dinheiro aos beneficiários. A política pública, neste caso exemplificativo, tem tanto o seu propósito, quanto componentes e atividades, definidos no nível infralegal.

Como estes exemplos, muitos outros poderiam ser citados. A elaboração e execução de políticas públicas são atividades que comportam inúmeros arranjos normativos. Esta instabilidade de formas é compensada pela noção de políticas públicas como *estruturas*. Dentre os arranjos normativos existentes (ou inexistentes, nos casos de omissão), caberá identificar os elementos constitutivos das políticas públicas. Somente assim, e respeitado o regime jurídico abaixo detalhado, será viável, conforme se defende no presente trabalho, o controle jurisdicional de políticas públicas.

POSITIVAÇÃO DAS POLÍTICAS PÚBLICAS   127

2.2 Noção de regime jurídico e os princípios jurídicos das políticas públicas

Já sustentou Kelsen que na

> afirmação evidente de que o objeto da ciência jurídica é o Direito, está contida a afirmação – menos evidente – de que são as normas jurídicas o objeto da ciência jurídica, e a conduta humana só o é na medida em que é determinada nas normas jurídicas como pressuposto ou consequência, ou – por outras palavras – na medida em que constitui conteúdo de normas jurídicas.[2]

Conquanto tal linha argumentativa possa ser relativizada, o fato é que, tanto as teorias que concebem o direito como sinônimo de hermenêutica, quanto as que se concentram na decisão judicial,[3] afastando-

---

2. Hans Kelsen, *Teoria Pura do Direito*, tradução de João Baptista Machado, São Paulo, Martins Fontes, 1999, p. 79.

3. Tércio Sampaio Ferraz Jr. menciona, ao lado das teorias que concebem a ciência do direito como uma ciência da *norma jurídica*, as teorias concentradas na *interpretação* e as concentradas na *decisão* judicial. Para o autor, todas estas concepções de ciência jurídica convivem entre si e justificam-se plenamente, como aspectos, mutuamente indissociáveis, do fenômeno do direito. Transcreveremos em seguida a preciosa lição do Autor:

"Envolvendo sempre um problema de decidibilidade de conflitos sociais, a Ciência do Direito tem por objeto central o próprio ser humano que, pelo seu comportamento, entra em conflito, cria normas para solucioná-lo, decide-o, renega suas decisões etc. Para captá-lo, a ciência jurídica se articula em diferentes modelos, determináveis conforme o modo como se encare a questão da decidibilidade. Cada um destes modelos representa, assim, uma efetiva concepção do ser do homem, como centro articulador do pensamento jurídico.

"O primeiro modelo, que poderíamos chamar analítico, encara a decidibilidade como uma relação hipotética entre conflito e decisões, isto é, dado um conflito hipotético e uma decisão hipotética, a questão é determinar as suas condições de adequação: as possibilidades de decisões para um possível conflito. Pressupõe-se aqui o ser humano como um ser *dotado de necessidades* (comer, viver, vestir-se, morar etc.), que são reveladoras de interesses (bens de consumo, de produção, políticos etc.). Estes interesses, nas interações sociais, ora estão em relação de compatibilidade, ora são incompatíveis, exigindo-se fórmulas capazes de harmonizá-los ou de resolver, autoritariamente, os seus conflitos. Neste caso, a Ciência do Direito aparece como uma sistematização de *regras* para a obtenção de decisões possíveis, o que lhe dá um caráter até certo ponto formalista.

"O segundo modelo vê a decidibilidade do ângulo de sua relevância significativa. Trata-se de uma relação entre a hipótese de conflito e a hipótese de decisão, tendo em vista o seu *sentido*. Pressupõe-se, neste caso, que o ser humano é um ser cujo agir tem um significado, ou seja, os seus menores gestos, mesmo os seus meca-

128   REGIME JURÍDICO DAS POLÍTICAS PÚBLICAS

-se portanto da ideia de centralidade da norma jurídica como objeto primacial da cognição jurídica, não podem prescindir da ligação – mais próxima (sistema romano-germânico) ou mais distante (*common law*), mas sempre presente – com o texto do direito posto.

Mesmo estudiosos menos ligados ao positivismo não puderam negar esta premissa. Miguel Reale, para quem a norma jurídica deveria "ser concebida como uma ponte *elástica*, dadas as variações semânticas que ela sofre em virtude da intercorrência de novos fatores, condicionando o trabalho de exegese e de aplicação dos preceitos [*jurídicos*]", não pôde deixar de afirmar em seguida que tais alterações, resultantes da interpretação, "encontram natural limitação na estrutura formal da regra jurídica positivada, não sendo possível esforço de exegese que manifestamente desnature o seu enunciado".[4] Assim, ainda que se considere a norma como *ponto de partida* para a experiência jurídica, ou seja, como apenas o início do percurso que vai do *dever-ser* ao que *é*, passando pela ponderação *axiológica* do intérprete no processo de intelecção destes dois planos, há que se considerar, inevitavelmente, que tal experiência não poderá desbordar das circunscrições lógico-semânticas da norma posta, pois, do contrário, não será possível uma experiência propriamente *jurídica*.

É certo que, como quis Grau,[5] o direito posto é *ponto de partida* para a construção da norma pelo cientista do direito. Mas também é seu *ponto de chegada*. Desbordado da norma posta, o raciocínio do jurista, *ciência* ou *prudência*, não terá propriamente nada de jurídico. Perderá

nismos involuntários, os seus sucessos e os seus fracassos têm um sentido que lhe dá unidade. A Ciência do Direito, neste caso, se assume como atividade interpretativa, construindo-se como um sistema compreensivo do comportamento humano. Pelo seu caráter, este modelo pode ser chamado *hermenêutico*.

"O terceiro modelo encara a decidibilidade como busca das *condições* de possibilidade de uma decisão hipotética para um conflito hipotético. Estabelece-se uma relação entre a hipótese de decisão e a hipótese de conflito, procurando-se determinar as condições desta relação para além da mera adequação formal entre conflito e decisão. O ser humano aparece aqui como um *ser dotado de funções*, isto é, um ser que se adapta por contínua evolução e transformação, às exigências do seu ambiente. Segue a concepção da Ciência do Direito como uma investigação das *normas* de convivência, estando a norma encarada como um processo decisório, constituindo-se, então, o pensamento jurídico como um sistema explicativo do comportamento humano enquanto controlado por normas. Pelo seu caráter, este modelo pode ser chamado *empírico*" (cf. *A Ciência do Direito*, São Paulo, Atlas, pp. 47-48).

4. Miguel Reale, *Filosofia do Direito*, 4ª ed., São Paulo, Saraiva, 1965, p. 479.

5. Eros Roberto Grau, *O Direito Posto e o Direito Pressuposto*, 9ª ed., São Paulo, Malheiros Editores, 2014, pp. 32 e ss.

POSITIVAÇÃO DAS POLÍTICAS PÚBLICAS 129

sua legitimidade. Carlos Maximiliano já alertava, em sua obra máxima, a propósito da chamada "Escola da Livre Indagação", propagada no início do século XX por Geny, Ehrlich e Kantorowicz, quanto aos perigos de se atentar, teoricamente, contra o direito positivo.[6] Remontando as características desta linha de pensamento, baseada na máxima de que, em cada caso concreto, o juiz deveria procurar pela solução que traduzisse o direito justo (*richtiges Recht*), independentemente de esta solução ser, no limite, contrária à lei, o mestre gaúcho pondera que tal corrente doutrinária nasceu como uma reação, bem-intencionada e até certo ponto compreensível, ao ambiente forense do início do século passado, em que o juiz, ao menos pretensamente, reduzia-se a mero técnico que, aplicando as fórmulas e deduções silogísticas, pronunciava a *voz da lei* perante cada caso concreto.

Não obstante as críticas salutares que tal corrente trazia para o ambiente jurídico, como a necessidade de melhor preparo humanístico dos juízes, que não deveriam agir como meros técnicos e sim como agentes públicos com profunda consideração para a realidade social, não seria aceitável a tentativa de substituir a lei, expressão da vontade geral, pelo juiz, portador de um critério individual. Isto, na opinião Maximiliano, por duas razões principais: a primeira, porque a lei constituiria, no Estado de Direito, a proteção do povo contra o arbítrio, um ganho evolutivo que não pode ser perdido a despeito das boas intenções do julgador; a segunda, porque o trabalho do juiz somente seria possível (isto é, legítimo, inquestionável perante uma sociedade progressivamente mais complexa) na medida em que as suas decisões pudessem ser contrastáveis segundo critérios objetivos (no caso, a lei, em face da valoração do caso concreto) e assim permitissem, além da revisibilidade por instâncias superiores, o alívio do ônus de responsabilidade que significaria a ideia de um juiz criador *ad hoc* de direito.

Isto posto, releva notar que, superada a interpretação que vai *além* do direito, a compreensão de um objeto, juridicamente, se dá primacialmente por meio da descrição (interpretação) do direito posto (enunciados) relativo a tal objeto. Faz-se um corte metodológico para atingir, no direito posto, os enunciados prescritivos que dizem respeito, direta ou indiretamente, ao objeto que se quer conhecer. O exame do direito posto, todavia, é apenas um primeiro passo para a identificação de um determinado regime jurídico, ou seja, a normatização que o sistema jurídico confere a este ou aquele assunto da realidade social. Cabe ao in-

6. Carlos Maximiliano, *Hermenêutica e Aplicação do Direito*, 19º ed., Rio de Janeiro, Forense, 2003, pp. 60-70.

130 REGIME JURÍDICO DAS POLÍTICAS PÚBLICAS

térprete, de posse dos enunciados normativos relativos ao objeto que se deseja conhecer, realizar a integração de tais enunciados com os demais do sistema jurídico (e os valores que tais enunciados representam), de modo a que, findo este processo, determine o *regime jurídico* incidente sobre referido objeto. Regime jurídico será assim entendido como coisa bem diversa do que a simples reunião de tais ou quais dispositivos legais que tratem dos vários aspectos relativos a um mesmo assunto. Regime jurídico é a disciplina normativa do sistema jurídico referente a determinado objeto da realidade social, resultante, sempre, de uma intelecção sistemática e finalista, não apenas dos significados imediatos dos enunciados selecionados, mas principalmente dos significados que exsurgem do confronto destas normas (em sentido impróprio, porque ainda não serão, nesta perspectiva, *normas*), selecionados com as demais que compõem o que se pode chamar *ordenamento jurídico*. Poder-se--ia, em verdade, afirmar que, entre a seleção de enunciados, feita num primeiro momento, e a intelecção destes enunciados em confronto com o conjunto de enunciados que constituem o sistema total, há um abismo qualitativo de sentido.

Entre nós, foi Celso Antônio Bandeira de Mello quem primeiro – e definitivamente – alertou para a importância da noção de regime jurídico para a compreensão do direito, em geral, e do direito administrativo, em particular. No pioneiro artigo "O conteúdo jurídico do regime jurídico--administrativo e seu valor metodológico",[7] o então Professor-Assistente da Pontifícia Universidade Católica de São Paulo operou uma mudança de eixo em nosso direito administrativo, ao passar da compreensão isolada de institutos do direito administrativo (sobre os quais eventualmente incidiriam alguns "princípios de direito público") para a compreensão globalizante deste direito fragmentário à luz dos seus princípios fundamentais.

Esta perspectiva principiológica do direito administrativo tem, subjacente a si, a noção de que, em suas "regras expressas" (e de qualquer outro ramo que o jurista queira examinar) seria possível identificar, explícita ou implicitamente, a *ratio* que as informa. Esta *ratio*, que impregnaria inarredavelmente as normas e relações de direito administrativo, é o que constitui afinal o regime jurídico-administrativo.[8] Assim, o

---

7. Celso Antônio Bandeira de Mello, "O conteúdo do regime jurídico-administrativo e seu valor metodológico", *Revista de Direito Público*, n. 2, São Paulo, Ed. RT, out./dez. 1967, pp. 44-61.

8. Os princípios originalmente identificados pelo Prof. Celso Antônio como constituintes do regime jurídico-administrativo são os seguintes: (i) dois princípios

POSITIVAÇÃO DAS POLÍTICAS PÚBLICAS 131

trabalho mais importante, para o jurista, não seria a investigação quanto ao conteúdo das regras aplicáveis a tal ou qual instituto de direito administrativo, mas, ao invés, a investigação dos princípios, que lhes são categorialmente superiores. Para Celso Antônio Bandeira de Mello, de

extrema importância, isto sim, é desvendar os princípios acolhidos no sistema; isto é, os que se encontram vazados nas diversas normas administrativas, informando suas disposições, embora não se achem formal ou categorialmente expressos. Estes, genericamente acolhidos no sistema, presidem toda sua organicidade e, obviamente, podem ter generalidade maior ou menor, aplicando-se, então, à totalidade dos institutos ou apenas a alguns deles.[9]

Duas observações devem ser feitas quanto à posição de Celso Antônio e, de certa forma, também quanto à própria ideia de compreensão de institutos jurídicos a partir da noção de regime-jurídico, introduzida por ele e adotada pela parcela mais autorizada da doutrina brasileira a partir de então.

A primeira diz respeito ao contexto em que tal pensamento foi formulado. Com efeito, Celso Antônio propõe esta inversão metodoló-

categorialmente superiores, o da supremacia do interesse público sobre o interesse privado e o da indisponibilidade do interesse público; e (ii) dezoito princípios corolários: 1) princípio da posição privilegiada da Administração Pública nas relações jurídicas; 2) princípio da supremacia dos órgãos da Administração Pública; 3) princípio do estabelecimento unilateral de obrigações aos particulares (poder de polícia e outros "atos de império"); 4) princípio da presunção de veracidade dos atos administrativos; 5) princípio da presunção de legitimidade dos atos administrativos; 6) princípio da exigibilidade dos atos administrativos; 7) princípio da autoexecutoriedade dos atos administrativos; 8) princípio da revogabilidade, pela Administração, dos atos administrativos; 9) princípio da anulabilidade, pela Administração, dos seus atos administrativos; 10) princípio da modificação e resolução unilateral das relações jurídico-administrativas; 11) princípio da legalidade; 12) princípio da responsabilidade do Estado; 13) princípio da obrigatoriedade do desempenho da atividade pública; 14) princípio da discricionariedade; 15) princípio da continuidade da atividade pública; 16) princípio do controle administrativo; 17) princípio da isonomia; e 18) princípio da inalienabilidade dos direitos concernentes a interesses públicos. A partir do seu *Elementos de Direito Administrativo* (São Paulo, Ed. RT, 1980, pp. 3-34, atual *Curso de Direito Administrativo*, 32ª ed., São Paulo, Malheiros Editores, 2015), o Autor incorpora ao rol de princípios que compõem o regime jurídico-administrativo, mais um: o princípio da hierarquia, a vigorar entre os vários órgãos da Administração. Tal classificação se manteve nas edições posteriores de seu *Curso de Direito Administrativo* (cit.).

9. Celso Antônio Bandeira de Mello, "O conteúdo do regime jurídico-administrativo e seu valor metodológico", cit., p. 58.

132   REGIME JURÍDICO DAS POLÍTICAS PÚBLICAS

gica num ambiente constitucional anterior ao atual. É de se notar que o ordenamento jurídico vigente sob as Constituições de 1946 e de 1967 não apresentava a configuração essencialmente princípio e axiologicamente comprometida que tem o texto constitucional vigente. Isto posto, é de se notar, também, que o universo principiológico introduzido pela Constituição de 1988 para o direito público brasileiro, sem dúvida sob o influxo das ideias deste autor, importou uma nova reflexão quanto à correspondência do modelo proposto por Celso Antônio Bandeira de Mello com o atual texto constitucional. O próprio autor, no seu *Curso de Direito Administrativo*,[10] tenta derivar dos novos princípios da Constituição de 1988 aqueles antevistos por ele muitos anos antes. Isto posto, quer-se dizer que qualquer investigação empreendida acerca de um determinado regime jurídico deve ter como parâmetro o direito positivo. A construção de sentidos pelo intérprete depende, no atual estágio da ciência jurídica, da sua conexão ao direito posto, sob pena, repita-se, de desjuridicizar-se, de perder legitimidade.

Em segundo lugar, Celso Antônio apresenta uma relação de princípios (dois principais e dezenove corolários – vide nota de rodapé n. 176, acima) que, haurida de uma compreensão analítica das regras vigentes, condicionaria aprioristicamente (salvo expressa disposição ab-rogante de tal regime, constante do próprio ordenamento) os atos e relações de direito administrativo. Tal como apresentado em *O Conteúdo Jurídico do Regime Jurídico-Administrativo e seu Valor Metodológico*,[11] e depois reiterado nas obras posteriores do Autor,[12] a função dos princípios no direito público seria traduzir valores eleitos pelo legislador em normas de caráter genérico (os princípios, propriamente ditos) que, justamente em função dessa natureza genérica e indeterminada, atuariam de forma "vertical": afinal, os princípios de direito público, por conterem os "mandamentos nucleares" do sistema jurídico, teriam uma precedência hierárquica relativamente às demais normas. Daí porque o Autor afirma que violar um princípio "é muito mais grave do que transgredir uma norma qualquer".[13] A desatenção a um dado princípio, assim, implicaria ofensa não apenas a um específico mandamento obrigatório, mas a todo um plexo normativo informado por este mandamento.

---

10. Idem, *Curso de Direito Administrativo*, cit., pp. 98-140.
11. Idem, "O conteúdo do regime jurídico-administrativo e seu valor metodológico", cit., *passim.*
12. Idem, *Curso de Direito Administrativo*, cit., pp. 98-140.
13. Idem, *Curso de Direito Administrativo*, cit., p. 54.

POSITIVAÇÃO DAS POLÍTICAS PÚBLICAS 133

Com relação a esta última observação, cumpre salientar que tal concepção *unidimensional* dos princípios jurídicos sofreu, nas últimas décadas, o influxo de inúmeros estudos, alguns deles de grande valor.

A tônica geral, e por isto mesmo a importância, destes estudos, foi reconhecer, nos princípios jurídicos, várias dimensões de eficácia, para além da simples "questão hierárquica", por meio da qual os princípios, pelo simples fato de serem mandamentos genéricos, teriam procedência sobre as regras.[14]

Ana Paula de Barcellos, em estudo sobre o princípio da dignidade da pessoa humana, isolou nove modalidades de eficácia jurídica: (a) *eficácia simétrica* ou *positiva*: é a modalidade de eficácia que permite o surgimento de um direito subjetivo para uma pessoa, que permita, seja judicial ou extrajudicialmente, que os efeitos desejados pela norma sejam concretizados; (b) *nulidade*: modalidade de eficácia jurídica que permite a invalidação de qualquer ato que viole o disposto na norma; (c) *ineficácia*: modalidade de eficácia que permite exigir que atos contrários à norma sejam simplesmente ignorados pelo direito (*v.g.* alienação em fraude à execução); (d) *anulabilidade*: modalidade de eficácia que permite ao indivíduo pleitear a invalidação de ato comissivo violador de determinada norma jurídica; (e) *eficácia negativa*: autoriza que todos os atos ou normas contrários aos efeitos pretendidos por determinada norma sejam declarados inválidos; (f) *eficácia vedativa do retrocesso*: modalidade de eficácia jurídica que, partindo do pressuposto de que os direitos fundamentais necessitam de integração infraconstitucional para concretizarem-se, impede que os efeitos das normas que eventualmente tenham sido editadas para realizar tal integração sejam revogadas ou anuladas, sem que, automaticamente, se tenha a substituição dessa norma por outra que satisfaça, no mínimo em igual medida à da norma revoganda, ao direito fundamental em questão; (g) *penalidade*: modalidade de eficácia jurídica que determina a aplicação de uma penalidade

---

14. Como visto no item acima, quando se tratou do tema da ponderação de princípios, nem mesmo esta "supremacia hierárquica" dos princípios sobre as regras seria aceitável. A doutrina mais autorizada sobre o assunto, aliás, entende que, no confronto entre um princípio e uma regra, deve prevalecer esta. A única exceção a tal critério interpretativo se daria naqueles casos em que o disposto numa regra estiver em confronto com o núcleo de um princípio: aqui, como o núcleo de um princípio tem estrutura de regra, na medida em que identificável plenamente o comportamento que viola as suas disposições, abrir-se-ia a possibilidade de aplicação do princípio em lugar da regra (cf. Ana Paula de Barcellos, *Ponderação, Racionalidade e Atividade Jurisdicional*, Rio de Janeiro, Renovar, 2005; e Humberto Ávila, *Teoria dos Princípios*, 16ª ed., 2015).

134 REGIME JURÍDICO DAS POLÍTICAS PÚBLICAS

em caso de infração à norma; sua característica principal é que, apesar de visar a desestimular o descumprimento da norma, não conseguirá garantir que o comportamento desejado pela norma seja implementado; aplicar-se-á apenas quando as demais modalidades de eficácia não puderem ser utilizadas; (h) *eficácia interpretativa*: ocorre quando o conteúdo de uma norma (normalmente, princípios) condiciona ou influencia a interpretação de outra; e (i) eficácia social: relaciona-se à efetividade, ou seja, à possibilidade, determinada pelas mais diversas causas, de uma norma ser ou não aplicada em sociedade.[15]

Ressalte-se que, para a Autora, tais modalidades de eficácia jurídica seriam aplicáveis a todas as espécies normativas, não importando tratar-se de regras ou princípios. De fato, apesar das ressalvas que são feitas no presente trabalho quanto a certos tópicos do neopositivismo (vide item 3.4, abaixo), ao qual a própria autora conscientemente se filia, não há como não entender procedente a conclusão de Barcellos, quanto à possibilidade de variados graus de eficácia normativa. Deve-se, portanto, apontar, com relação aos princípios do chamado regime jurídico-administrativo, que a noção, tão somente, de que tais princípios teriam uma "supremacia hierárquica" sobre as demais normas, de hierarquia inferior, poderá ser de utilidade reduzida, dependendo do grau de precisão exigido pelo caso concreto.

Assim, a noção de regime jurídico não pode ser a de "princípios jurídicos explícitos ou implícitos extraídos do direito posto que condicionam (ou seja, impõem-se de modo lógico-formal por sua supremacia) um determinado campo de incidência jurídica". É preferível, em razão de tudo que se expôs, entender *regime jurídico* como a construção de sentido resultante da operação semiótica de derivação de interpretantes. Tal definição justifica-se, além do fato da insuficiência das noções correntes, (i) por concentrar-se na ideia de *sentido*, na acepção peirceana do termo, ou seja, na *significação plenamente satisfatória* (que corresponderia ao postulado filosófico de *verdade*) obtida da cognição competente da realidade natural; e (ii) por evitar que a investigação enverede por caminhos ou adote critérios interpretativos alheios aos enunciados de que se compõe a comunicação jurídica. Afinal, não cabe ao jurista sair do texto legal, construir um aparato teórico (ainda que tal aparato possa ser extraído da realidade), para depois voltar ao exame dos campos de incidência jurídica, podendo ou não ser desmentido pela realidade normativa. Temos conosco que o trabalho de construção do pensamento jurídico envolve a integração ascendente de sentidos, até que se alcance

15. Ana Paula de Barcellos, *A Eficácia Jurídica...*, cit., pp. 59-76.

POSITIVAÇÃO DAS POLÍTICAS PÚBLICAS 135

um nível satisfatório, nos termos aqui propostos. Este "nível satisfatório", entendemos, relaciona-se à análise dos dispositivos – regras ou princípios – diretamente ligados ao tema sob exame, à coordenação do sentido daí extraído com os demais sentidos indiretamente ligados ao tema e com as finalidades constantes do ordenamento.

Propõe-se, assim, um retorno à ideia de *entinemas* (isto é, silogismos quase-lógicos), de concepção aristotélica, segundo a qual o discurso próprio do direito deve buscar não a verdade (objetivo primário do positivismo clássico), mas a *verossimilhança*, a ser apurada perante o poder de convencimento do discurso perante o seu auditório (comunidade jurídica, Judiciário, sociedade, e o próprio autor do discurso),[16] reconhecidas, como integrantes deste "poder de convencimento", as possibilidades fáticas de uso dos argumentos daí resultantes no discurso (dialógico) jurídico.

Analisar o regime jurídico incidente sobre determinado objeto importa, nesta ordem de ideias, chegar à *totalidade-satisfatoriedade* de sentido que este objeto apresenta para o sistema jurídico, sendo certo, em primeiro lugar, que esta totalidade-satisfatoriedade deve ser normativamente orientada, e, em segundo lugar, que a pretensão de sua aplicabilidade a uma generalidade de casos não pode excluir seja tal regime afastado, quando condições particulares (também normativamente orientadas) ocorram.

A partir do regime jurídico administrativo e sua matriz constitucional, serão derivados os princípios acima detalhados, diretamente aplicáveis às políticas públicas, ressaltando-se todavia que o rol abaixo constrói-se sem caráter exaustivo.

2.2.1 Democrático

A Constituição Federal, já em seu art. 1º, parágrafo único, ao declarar a República Federativa do Brasil um Estado Democrático de Direito e ao fixar a máxima de que "todo o poder emana do povo, que o exerce por meio de representantes eleitos ou diretamente" nos termos da Constituição, consagra o princípio democrático como um dos mais relevantes (senão o mais relevante, porque dele, de certa forma, defluem os demais) princípios do Estado brasileiro.

A democracia é assim fundamento de legitimação da atuação estatal, ao mesmo tempo em que se configura como técnica decisória e como

16. Aristóteles, *Arte Retórica e Arte Poética*, tradução de Antônio Pinto de Carvalho, Rio de Janeiro, Ediouro, 1981, *passim*.

136 REGIME JURÍDICO DAS POLÍTICAS PÚBLICAS

padrão axiológico inarredável. Como salienta Campilongo, a democracia como técnica decisória é elemento de maximização da concordância entre a vontade individual e a vontade estatal.[17] É neste sentido que leciona José Afonso da Silva:

> A democracia, em verdade, repousa sobre *dois princípios fundamentais* ou *primários*, que lhe dão a essência conceitual: (a) o da *soberania popular*, segundo o qual *o povo é a única fonte do poder*, que exprime pela regra de que *todo poder emana do povo*; (b) a *participação direta ou indireta, do povo no poder*, para que este seja efetiva expressão da *vontade popular*; nos casos em que a participação é indireta, surge um princípio derivado ou secundário: o da *representação*. As técnicas que a democracia usa para concretizar esses princípios têm variado, e certamente continuarão a variar, com a evolução do processo histórico, predominando, no momento, as técnicas eleitorais com suas instituições e o sistema de partidos políticos, como instrumentos de expressão e coordenação da vontade popular.[18]

O princípio democrático importa em um dever de oitiva da *sociedade* e do *indivíduo* seja na fase formativa, seja na fase de execução da política pública. Esta regra tem como sujeito passivo o Estado e seus agentes (em sentido amplíssimo) e como sujeito ativo a totalidade dos indivíduos. O princípio democrático, no sentido ora enfatizado, tem expressão direta no direito de petição, constitucionalmente assegurado (art. 5º, XXXIV, "a"), e repercutiu em dispositivos legais, como o art. 3º, III, da Lei 9.784, de 29.1.1999, segundo o qual é direito do administrado "formular alegações e apresentar documentos antes da decisão, os quais serão objeto de consideração pelo órgão competente". De se ressaltar que esta mesma lei impõe, no seu art. 32, antes da tomada de decisão e quando se tratar de matéria relevante, a realização de "audiência pública para debates sobre a matéria do processo", sendo dever da Administração divulgar os resultados – isto é, a motivação da recusa ou adoção dos argumentos produzidos – de tais audiências (art. 34).

---

17. Celso Fernandes Campilongo, *Direito e Democracia,* 2ª ed., São Paulo, Max Limonad, 2000, p. 39. Para o autor: "a regra da maioria é uma técnica rápida de tomada de decisões coletivas que maximiza a liberdade individual e assegura a ampla e igual participação política dos cidadãos, aproximando governantes e governados por meio de uma prática social de legitimação eventual, finita no espaço e no tempo, que sujeita as decisões à continua revisão e mantém a sociedade unida" (idem, ibidem, p. 38).

18. José Afonso da Silva, *Curso de Direito Constitucional Positivo*, 38ª ed., São Paulo, Malheiros Editores, 2015, p. 133.

POSITIVAÇÃO DAS POLÍTICAS PÚBLICAS

2.2.2 Igualdade

A igualdade, aqui, assume o significado que a aproxima do sentido de *universal, próprio de todos*. As políticas públicas são, defendemos, estruturas de normas jurídicas orientadas a finalidades estatais mediata ou imediatamente constitucionais, compostas pelos elementos *fins, propósitos, componentes* e *atividades*. A definição material desses elementos, que se dá, de regra, na fase formativa das políticas públicas (vide Capítulo III), deve ser informada por critérios isonômicos.

Assim, a definição dos propósitos, que são os termos estruturais que definem os resultados a serem alcançados com a política pública, deve levar em conta o maior número possível de beneficiários e de benefícios à comunidade. *Se a subjetivação ocorre para um indivíduo, ela ocorre, por força do princípio da isonomia, para todos os outros em iguais condições.*

Em face desta última afirmação, põe-se a questão, muito comum quando se trata de políticas públicas, dos limites para desigualação entre pessoas pertencentes a uma mesma categoria de possíveis beneficiários. Melhor explicando, imagine-se uma determinada política municipal para urbanização de favelas: o Município formula a política com o *propósito* de urbanizar todas as favelas existentes em seu território. Os componentes dessa política pública serão aqueles elementos parciais que deverão ser alcançados a fim de que o próprio propósito se realize: implantação de tantos quilômetros de ruas asfaltadas, de rede de coleta e tratamento de esgoto para tantos metros cúbicos de resíduos, iluminação, evacuação de áreas de risco etc. Nesse cenário, imagine-se que este mesmo Município possua dez favelas e inicie a política pública em uma delas, apenas. A pergunta que se faz é: podem os moradores das outras nove favelas exigir – e por exigir estamos falando em fazê-lo em juízo – que a prefeitura inverta as prioridades ou trabalhe simultaneamente em todas?

A resposta a esta última questão deve levar em conta o que a corrente do *public choice* (que não é jurídica, porém econômica) ressalta já há certo tempo: as políticas públicas, ainda que se considere serem elas regidas pelo critério político (isto é, definidas pela maioria), devem ser orientadas à *generalidade*. Afinal, uma política pública que não satisfaça algum aspecto do princípio da generalidade-igualdade não pode ser tida por legítima. Políticas públicas discriminatórias não passam, como bem

138 REGIME JURÍDICO DAS POLÍTICAS PÚBLICAS

ressaltam Buchanan e Congleton, no teste contratualista.[19] Sob o "véu da ignorância",[20] é impossível o consenso social sobre o estabelecimento de instituições políticas que imponham políticas públicas explicitamente discriminatórias, pois estas não atendem aos critérios de justiça ou equidade, bem como representam necessariamente esforços ineficientes, do ponto de vista da aplicação de recursos públicos.

Trazendo tais considerações para o caso hipotético, a resposta *prima facie* (para usar uma expressão típica dos *alexystas*) é: sim. É perfeitamente possível que um grupo em idênticas condições àquele que está sendo inicialmente beneficiado por uma política pública exija, em juízo inclusive, que o Poder Público promova, em seu benefício, a aplicação simultânea da mesma política pública.

É óbvio que poderá o Poder Público argumentar que (i) a subjetivação, para o grupo reclamante, não houve (ele é menos vulnerável ou possui condições financeiras menos precárias que as do grupo beneficiado); (ii) se trata de um programa-piloto, cuja execução servirá como análise para políticas públicas futuras; ou (iii) existe um cronograma razoável para o atendimento de todos, não se justificando, em razão do planejamento realizado para a política pública (e muitas políticas envolverão vultosos recursos e um grande número de componentes ou atividades complexos, sendo impossível realizá-las em cronogramas curtos), a imposição de prazos menores para a sua execução.

Para que sejam acatados tais argumentos – inviabilizando-se pretensões de generalização imediata de políticas públicas –, o ônus de provar cabe ao Poder Público. A generalização resultante do princípio da igualdade é a regra. Exceções somente se admitem quando absolutamente justificadas (provadas) pelo gestor público.

O que se traduz, mais do que a disputa de pessoas em situação material ou juridicamente idêntica por um benefício estatal, é o dever do Estado de *contemplar os iguais na formulação da política pública*.

---

19. James M. Buchanan e Roger D. Congleton, *Politics by principle, not interest. Towards nondiscriminatory democracy*, New York, Cambridge University Press, 1998, p. 11.

20. "The veil of ignorance and/or uncertainty offers a means of bridging the apparent gap between furtherance of separately identified interests and agreement on the rules that conceptually define the 'social contract'. Potential contractors must recognize that the basic rules for social order – the ultimate constitutional structure – are explicitly chosen as permanent or quasi-permanent parameters within which social interaction is to take place over a whole sequence of periods" (idem, ibidem, p. 6).

POSITIVAÇÃO DAS POLÍTICAS PÚBLICAS 139

Trata-se de condição de validade impostergável: somente é constitucional a política pública que, em seu propósito, componentes e atividades, seja *conceitualmente destinada à generalidade das pessoas em iguais condições.*

Todavia, uma ressalva de intensa relevância deve ser feita: este raciocínio não pode ser transposto automaticamente como uma baliza para o controle jurisdicional de políticas públicas, no sentido de que "se o que se pleiteia em juízo não puder ser extensível à totalidade dos possíveis beneficiários da política pública, o pedido deve, ainda que existente a situação de subjetivação (no sentido do item 3.2.3, abaixo), ser indeferido". Na verdade, a adotar-se tal raciocínio, o que ocorrerá é justamente a negação de valor jurídico ao princípio da igualdade, na medida em que se manterá a situação ilícita de privilégio, sufragando-se a impossibilidade jurídica de sua desconstituição. Imagine-se o seguinte exemplo: uma entidade representativa de portadores de determinada doença pleiteia em juízo a inclusão de um determinado medicamento na lista de medicamentos a serem fornecidos obrigatoriamente pelo SUS. Este medicamento é de alto custo e certamente não poderia, imediatamente, ser adquirido ou disponibilizado em quantidade suficiente para atingir a totalidade da demanda. O juiz não pode negar este pedido – que influi simultaneamente nos elementos *componentes* e *atividades* da política pública de saúde – sob o fundamento de que o tratamento, se fosse solicitado ao sistema por todos os possíveis doentes daquela moléstia, significaria uma desigualação entre eles (considerando-se que, possivelmente, uma parcela da população seria desatendida).[21] Em resumo, o princípio da igualdade não pode ser utilizado como um argumento serviente à manutenção de situações de desigualdade ou de omissão no atendimento de direitos subjetivos.

21. Com igual razão, adotando-se ainda um exemplo na área de saúde, não se pode negar o pedido individual relativo a fornecimento do medicamento ou tratamento, sob fundamento de que, se fosse o medicamento ou tratamento fornecido a todos os possíveis pleiteantes, não haveria recursos para todos. Embora entendamos que a decisão judicial que conceda prestações *in natura* não corresponde necessariamente a um juízo sobre políticas públicas, na medida em que, de regra, não haveria qualquer alteração na estrutura delas (fim, propósito, componentes e atividades) (vide item 3.3.1, abaixo), força é admitir que o princípio da igualdade incide da mesma forma também nesta situação. A subjetivação não pode ser negada em função de razões financeiras (a menos que se trate de situação de colapso, o que não é o caso na imensa maioria das situações), pois isto, sim, é que significaria uma atuação ilegítima do Poder Judiciário, que se despiria de suas atribuições (integrativas da ordem jurídica) para, em seu lugar, emitir juízo de ordem política (conveniência e oportunidade) próprio dos agentes políticos.

140 REGIME JURÍDICO DAS POLÍTICAS PÚBLICAS

2.2.2.1 Impessoalidade

A Constituição Federal, no *caput* do art. 37, inscreve entre os princípios da Administração Pública o princípio da *impessoalidade*. Embora se pudesse alocar este princípio naquele outro (igualdade),[22] deve-se ressaltar haver diferenças entre ambos, que justificam o seu tratamento em separado. Lúcia Valle Figueiredo caminha nesta direção, definindo o princípio da impessoalidade, na atividade administrativa, como a "valoração objetiva dos interesses públicos e privados envolvidos na relação jurídica a se formar, independentemente de qualquer interesse político".[23] Mais, portanto, do que a vedação à desigualação entre sujeitos de mesma categoria, este princípio abrange um mandamento que veda a própria desigualação entre categorias de indivíduos, beneficiadas ou prejudicadas por não serem o "público alvo" de determinado governante ou facção política no Poder.

Assim, deve-se entender que, mais do que a isonomia, que impõe um ônus objetivo de somente desigualar indivíduos com base em fator de *discrímen* constitucionalmente amparado, a impessoalidade determina um ônus subjetivo ao agente público, no sentido de que a este é vedado utilizar a sua atuação – em geral, mas aqui falamos especificamente das políticas públicas – de modo a realizar promoção pessoal ou política.

Como bem ressalta Cármen Lúcia Antunes Rocha, a "igualdade é direito e o seu titular é o indivíduo ou o cidadão", ao passo que a "impessoalidade é dever e quem o titulariza é a Administração Pública". Para a Autora,

> Ambas obrigam. Aquela obriga todas as pessoas públicas e privadas, físicas ou jurídicas. Esta obriga o Estado a ser neutro, objetivo e imparcial em todos os seus comportamentos. A impessoalidade garante que a Administração seja Pública não apenas no nome, mas principalmente em cometimentos, e que o bem politicamente buscado seja o de todos e não

22. É esta a posição de Celso Antônio Bandeira de Mello, em trecho que se transcreve: "Nele [*princípio da impessoalidade*] se traduz a ideia de que a Administração tem que tratar a todos os administrados sem discriminações, benéficas ou detrimentosas. Nem favoritismos nem perseguições são toleráveis. Simpatias ou animosidades pessoais, políticas ou ideológicas não podem interferir na atuação administrativa e muito menos interesses sectários, de facções ou grupos de qualquer espécie. O princípio em causa não é senão o próprio princípio da igualdade ou isonomia" (grifou-se) (Celso Antônio Bandeira de Mello, *Curso de Direito Administrativo*, cit., p. 117).

23. Lúcia Valle Figueiredo, *Curso de Direito Administrativo*, 9ª ed., São Paulo, Malheiros Editores, 2008, p. 63.

POSITIVAÇÃO DAS POLÍTICAS PÚBLICAS   141

aquele comum a um grupo de pessoas eventualmente ocupantes dos cargos do Poder".[24]

Porém, um outro aspecto deve ser posto em relevo, a saber, aquilo que Giannini chama "traço político" do princípio da impessoalidade, que tem a ver com o dever, decorrente da sua incidência, de ponderar todos os interesses juridicamente tutelados antes da tomada de decisão, de forma a amparar e dar consistência aos seus *critérios de decidir* e ao *conteúdo* mesmo de suas escolhas.[25]

São manifestações de inobservância do princípio da impessoalidade o nepotismo, o partidarismo e a promoção pessoal, bem assim a decisão ou ato que, sem incorrer nestes vícios, importe em desconsideração dos interesses juridicamente tutelados, ou, conforme descrito no item 3.2, abaixo, de situações de subjetivação consubstanciadas pela existência de normas ou fatos que permitam a invocação de comportamentos administrativos.

Todos os atos de pessoalidade na Administração Pública (e, portanto, os exemplos acima), em regra, ensejarão a responsabilização pessoal do agente público culpado pela sua prática. Porém, deve-se perquirir o que ocorre, objetivamente, no universo dos atos jurídicos e materiais que compõem uma política pública, em caso de vício de pessoalidade.

Para Cármen Lúcia Antunes Rocha, a consequência inevitável será a invalidade de tais atos, com a ressalva de que poderão ser mantidos atos de que decorram efeitos patrimoniais a terceiros e aqueles atos jurídicos assemelhados aos do "funcionário de fato" (no caso de atos jurídicos praticados por agente nomeado em cargo comissionado em situação de nepotismo).[26]

No tocante às políticas públicas, vige, de modo geral, como enunciado na Introdução ao presente trabalho, um princípio de conservação das fases lógicas da estrutura das políticas públicas. Isto, que será devidamente aprofundado no item 2.2.7, abaixo, reflete-se também no juízo de juridicidade decorrente da violação do princípio da impessoalidade.

De regra, na fase dos fins da política pública, que correspondem à sua fundamentação constitucional, descabe falar-se em violação do

24. Cármen Lúcia Antunes Rocha, *Princípios Constitucionais da Administração Pública*, Belo Horizonte, Del Rey, 1994, p. 154.
25. Massimo Severo Giannini, *Istituzioni di Diritto Amministrativo*, 2ª ed., Milão, Giuffrè Editore, 2000, pp. 263-264.
26. Cármen Lúcia Antunes Rocha, *Princípios Constitucionais...*, cit., p. 170.

142 REGIME JURÍDICO DAS POLÍTICAS PÚBLICAS

princípio da impessoalidade, pois o fim a ser eleito pelo administrador público deverá corresponder, sem exceção, a uma norma constitucional (explícita ou implicitamente extraída). Assim, o fim de uma política pública, desde que constitucional, não poderá jamais ofender ao princípio da impessoalidade (a menos que se considere que a Constituição contém normas com tal vício, o que é evidentemente absurdo).

Quanto à fase lógica do *propósito*, a análise demanda outra ordem de considerações. Em primeiro lugar porque o propósito de uma política pública, por caracterizar a concreção (ou seja, o resultado individualizado que se pretende operar na realidade) de um fim residente na Constituição, será um reflexo deste, porém de abrangência material necessariamente menor. Isto quer dizer que a definição do propósito de uma política pública constituirá, sempre, a eleição de possíveis comportamentos bastantes à satisfação do fim. Se se trata de uma escolha de um entre múltiplos comportamentos, então é possível que esta escolha se dê consonante partidarismos, para promoção pessoal ou com desconsideração das variadas situações de subjetivação eventualmente afetadas por tal decisão, apenas para ficarmos em tais exemplos de manifestações de violação do princípio. Neste caso, o princípio da impessoalidade toma lugar, incidindo de forma a promover a responsabilização do(s) agente(s). Mas a invalidade decorrente da incidência deste princípio, nesta fase, somente ocorrerá se (i) o resultado pretendido na realidade não tiver os destinatários exigidos pela Constituição (caso em que este elemento da estrutura da política pública deverá ser corrigido para contemplar os seus destinatários de direito); ou (ii) este mesmo resultado colida com outros interesses e posições de subjetivação já sedimentados, que deveriam ter sido considerados quando da própria eleição do propósito.

As mesmas considerações podem ser feitas no que diz respeito às fases lógicas dos *componentes* e das *atividades*. Os *componentes* são os marcos intermediários que contribuirão para o atendimento do propósito, sendo, tais marcos, resultados das múltiplas *atividades* executadas pela Administração no âmbito de dada política pública. Poder-se-ia, em verdade, afirmar que, quanto maior a concreção das fases lógicas de uma política pública, menor será a abrangência de cada medida considerada e, portanto, menor também será a força conservadora a ser imposta pelo ordenamento, em caso de violação ao princípio da impessoalidade. Assim, uma licitação (atividade) para ultimar a contratação do fornecimento de um insumo necessário para a consecução de um componente de dada política pública, se violadora do princípio da impessoalidade (o que ocorreria, p. ex., com a definição de um produto que privilegiasse

POSITIVAÇÃO DAS POLÍTICAS PÚBLICAS 143

determinado fornecedor), deverá ser invalidada. É claro que se poderá considerar, no caso concreto, a presença de elementos convalidadores ou estabilizadores; mas a presunção não será de conservação do ato, como ocorreria se se tratasse de fases lógicas mais abrangentes e, por isto mesmo, mais relevantes em termos coletivos.

2.2.3 Razoabilidade (adequabilidade das metas e satisfatividade)

A doutrina conceitua os princípios da razoabilidade e da proporcionalidade como mandamentos de verificação da adequação, necessidade e ponderação quanto à prevalência da situação proposta, que deve versar sobre um interesse público, em confronto com outros princípios eventualmente colidentes.

No âmbito do direito administrativo, importa trazer a lição de José Roberto Pimenta Oliveira, *in verbis*:

> O princípio da razoabilidade como *mandamento de ponderação* implica a investigação da legitimidade de todos os atos que disciplinam determinada atividade administrativa: da *razoabilidade in abstracto* dos mandamentos legais, regulamentares e demais normas administrativas delineadores da regra de competência, à *razoabilidade in concreto* da produção jurídico-administrativa, incluindo a avaliação dos fatos administrativos produzidos no cumprimento da função. *Em outros termos, o princípio incide na totalidade do processo de concretização do direito administrativo.* (...)
>
> Exigir o razoável da Administração, nesta vertente principal incorporada por esta pauta do regime administrativo, ultrapassa, desse modo, bastante a exigência de que o administrador atue com mero bom senso, com vista à realização da justiça, cujos parâmetros intersubjetivos não se conseguem estruturar.
>
> *Demandar razoabilidade é requerer de toda e qualquer decisão, editada por uma autoridade administrativa encartada nos lindes de um Estado de Direito, esteja **materialmente informada e pautada**, dentro do marco da positividade vigente, pela nota do grau ótimo de satisfação dos diversos **princípios, valores, bens, interesses** e **direitos** presentes na atividade administrativa.* Afastar-se desta interferência implica menosprezo ao estatuto atual da função administrativa, como desenhada a partir da Norma Fundamental (grifos aditados).[27]

27. José Roberto Pimenta Oliveira, *Os Princípios da Razoabilidade e Proporcionalidade no Direito Administrativo Brasileiro*, São Paulo, Malheiros Editores, 2006, pp. 184-186.

144 REGIME JURÍDICO DAS POLÍTICAS PÚBLICAS

O teste da proporcionalidade, segundo defende a doutrina, passa pelos seguintes passos: (i) *adequação*: nesta fase verifica-se se a medida analisada é apta para promover ou fomentar a promoção do resultado a que se destina; (ii) *necessidade*: nesta fase verifica-se se, dentre todas as possibilidades de medidas adequadas, aquela é a menos gravosa para os interesses públicos e individuais eventualmente colocados na situação; e (iii) *proporcionalidade em sentido estrito*: nesta fase, tendo a medida sido considerada adequada e necessária, parte-se para a ponderação propriamente dita, em que são sopesados todos os direitos e interesses colidentes.

Com relação a tal metodologia, esclarece Virgílio Afonso da Silva:

A subdivisão da regra da proporcionalidade em três sub-regras, adequação, necessidade e proporcionalidade em sentido estrito, conquanto praticamente ignorada pelo STF, é bem salientada pela doutrina pátria. Algumas vezes, contudo, a análise dessas sub-regras não tem sido feita de maneira a torná-las compreensíveis e aplicáveis na prática jurisprudencial. Muitas vezes é fornecido apenas um conceito sintético de cada uma delas, sem que se analise, no entanto, a relação entre elas, nem a forma de aplicá--las. Com isso, são ignoradas algumas regras importantes da aplicação da regra da proporcionalidade, impossibilitando sua correta aplicação pelos tribunais brasileiros. Uma dessas regras, trivial à primeira vista, mas com importantes consequências, é a ordem pré-definida em que as sub-regras se relacionam.

Se simplesmente as enumeramos, independentemente de qualquer ordem, pode-se ter a impressão de que tanto faz, por exemplo, se a necessidade do ato estatal é, no caso concreto, questionada antes ou depois da análise da adequação ou da proporcionalidade em sentido estrito. Não é o caso. A análise da adequação precede a da necessidade, que, por sua vez, precede a da proporcionalidade em sentido estrito.

A real importância dessa ordem fica patente quando se tem em mente que a aplicação da regra da proporcionalidade nem sempre implica a análise de todas as suas três sub-regras. Pode-se dizer que tais sub-regras relacionam-se de forma subsidiária entre si. Essa é uma importante característica, para a qual não se tem dado a devida atenção. A impressão que muitas vezes se tem, quando se mencionam as três sub-regras da proporcionalidade, é que o juiz deve sempre proceder à análise de todas elas, quando do controle do ato considerado abusivo. Não é correto, contudo, esse pensamento. É justamente na relação de subsidiariedade acima mencionada que reside a razão de ser da divisão em sub-regras. Em termos claros e concretos, com subsidiariedade quer-se dizer que a análise da ne-

POSITIVAÇÃO DAS POLÍTICAS PÚBLICAS 145

cessidade só é exigível se, e somente se, o caso já não tiver sido resolvido com a análise da adequação; e a análise da proporcionalidade em sentido estrito só é imprescindível, se o problema já não tiver sido solucionado com as análises da adequação e da necessidade. Assim, a aplicação da regra da proporcionalidade pode esgotar-se, em alguns casos, com o simples exame da adequação do ato estatal para a promoço dos objetivos pretendidos. Em outros casos, pode ser indispensável a análise acerca de sua necessidade. Por fim, nos casos mais complexos, e somente nesses casos, deve-se proceder à análise da proporcionalidade em sentido estrito.[28]

Embora se deva ter todas as reservas quanto à adoção da ponderação como técnica "quase divina" de solução de conflitos normativos – especialmente nas suas vertentes estrangeiras, que se baseiam em teorias construídas a partir de ordenamentos positivos diversos do nosso e que, além disto, padecem, muitas delas, de graves equívocos lógicos[29] – a

28. Virgílio Afonso da Silva, "O proporcional e o razoável", *RT* 798/8, 2002.
29. Basta notar, por exemplo, na teoria de Robert Alexy (cf. *Teoria dos Direitos Fundamentais*, tradução de Virgílio Afonso da Silva, 2ª ed., 4ª tir., São Paulo, Malheiros Editores, 2015), duas afirmações angulares: (i) a de que enquanto as regras se aplicam com base no esquema tudo-ou-nada, ao passo que os princípios seriam aplicados gradativamente (ou seja, admitindo graus de eficácia); e (ii) a afirmação, famosíssima e repetida aos quatro ventos, de que os princípios seriam *mandamentos de otimização*. Começando pela última, não há diferença ontológica – e nem mesmo lógica – entre uma regra e um princípio: a diferença que existe é de ordem semântica. A qualificação de um princípio como um mandamento de otimização tem a ver, como salienta o próprio Alexy, com uma discussão sobre direitos fundamentais. Estes – por serem conaturalmente "bons" – deveriam ser desenvolvidos tanto quanto possível pelo Estado. O grande problema de se transpor uma teoria de direitos fundamentais para o plano de uma teoria geral do direito reside em que nem sempre os princípios serão "bons". Imagine-se a situação de um princípio, p. ex., que confira ao Estado uma competência genérica para a "defesa da sociedade". O princípio assim construído poderia ser utilizado para a intervenção do Estado nos preços empresariais, para a invasão de propriedades, para a censura, para a prisão de pessoas, para a expulsão de estrangeiros etc. Se se admite um princípio como mandamento de otimização, então os princípios "maus" também teriam de ser levados às últimas consequências pelo Estado, o que é um absurdo do ponto de vista do Estado democrático de direito. A teoria que quisesse superar esta falha teria de separar os princípios "maus" dos "bons", fornecendo um critério cientificamente sólido para diferenciá-los, além de apontar as diferenças, admitindo que elas existam, de regime jurídico entre ambos. A outra afirmativa (aplicação tudo ou nada *versus* aplicação por ponderação) pressupõe que a lei da não contradição, tal como construída na lógica alética, vigora também nos sistemas jurídicos. A lógica deôntica – e esta foi uma preocupação obsessiva de Kelsen no final de sua vida, conforme ilustrado na sua teoria das normas e nas correspondências com Ulrich Klug – não comporta o princípio da não contradição (terceiro excluído). Kelsen afirma categoricamente a possibilidade de existência (e para ele existir é valer) no sistema de normas conflitantes

146 REGIME JURÍDICO DAS POLÍTICAS PÚBLICAS

aferição do atendimento ao princípio da razoabilidade a partir do teste acima mencionado é sem dúvida útil para a análise de políticas públicas, na medida em que os elementos constituintes da estrutura (fim, propósito, componentes e atividades) se colocam, uns em relação aos outros, como meios para fins. O propósito, como meio idôneo à consecução do fim de uma dada política pública, deverá passar, conforme a complexidade do caso, pelos testes de adequação (isto é, deverá ser eficiente para a sua realização), da necessidade (deverá ser necessária, isto é, a menos gravosa para o seu atingimento, considerados os interesses públicos e privados juridicamente tutelados envolvidos na questão) e, por fim, da proporcionalidade em sentido estrito (quando, sendo a medida adequada e necessária, seja necessário realizar a efetiva ponderação entre os interesses colidentes). O mesmo exercício deverá ser realizado na relação entre componentes e propósitos, e entre atividades e componentes.

2.2.4 Subsidiariedade

O princípio da subsidiariedade é, apesar de pouco valorizado pela doutrina especializada, um dos mais relevantes para a construção e manutenção de um Estado Democrático de Direito. Como *primeiridade*, o princípio da subsidiariedade evoca a ideia daquele que não é o protagonista. No Estado Democrático de Direito, o indivíduo – livre e capaz – é ator principal, cabendo, ao Estado, somente na falha deste, agir, em seu socorro, *subsidiando* o primeiro em suas necessidades. O Estado é criação social para servir ao grupo de pessoas que o constitui; nunca o inverso, o que seria próprio das sociedades totalitárias. Como *terceiridade*, e é essa a nota distintiva dos princípios, significa um modelo normativo de ação estatal, que não pode ser concebido de forma diversa, sob pena de descaracterização do fenômeno (estatal) que serve para designar.

A subsidiariedade deita raízes profundas na tradição e na moral judaico-cristãs.[30] Todavia, foi somente com o advento da doutrina

---

entre si, no que está absolutamente certo. Toda aplicação normativa é binária (lícito/ ilícito), porém isto não significa a invalidação das normas que foram desconsideradas no ato de produção normativa. Estas apenas não serviram de fundamento para a expedição da nova norma, o que não quer dizer, em absoluto, que esta não se funde em uma norma igualmente válida (cf. Hans Kelsen e Ulrich Klug, *Normas Jurídicas e Análise Lógica (Correspondência 1959-1965)*, tradução de Paulo Bonavides, Rio de Janeiro, Forense, 1984).

30. Nas *Escrituras*, veem-se variadas referências à ideia de solidariedade entre indivíduos, desde o Antigo Testamento. Com efeito, no livro do Eclesiastes (4,9), consigna-se: "Mais valem dois que um só, porque terão proveito do seu trabalho."

POSITIVAÇÃO DAS POLÍTICAS PÚBLICAS   147

social da Igreja Católica que o princípio foi delineado em toda a sua extensão. Na célebre encíclica *Rerum Novarum*, de 1891, o Papa Leão XIII defende:

> Querer, pois, que o poder civil invada arbitrariamente o santuário da família é um erro grave e funesto. Certamente, se existe algures uma família que se encontre numa situação desesperada, e que faça esforços vãos para sair dela, é justo que, em tais extremos, o poder público venha em seu auxílio, porque cada família é um membro da sociedade. Da mesma forma, se existe um lar doméstico que seja teatro de graves violações dos direitos mútuos, que o poder público intervenha para restituir a cada um os seus direitos. Não é isto usurpar as atribuições dos cidadãos, mas fortalecer os seus direitos, protegê-los e defendê-los como convém. Todavia, a acção daqueles que presidem ao governo público não deve ir mais além; a natureza proíbe-lhes ultrapassar esses limites.[31]

Em comemoração ao quadragésimo aniversário da encíclica *Rerum Novarum*, o Papa Pio XI editou a (por isto) chamada encíclica *Quadragesimo Anno*. Nela, colhem-se as seguintes lições:

> Efectivamente, que deva o homem atender não só ao próprio interesse, mas também ao bem comum, deduz-se da própria índole, a um tempo individual e social, do domínio, a que nos referimos. Definir porém estes deveres nos seus pormenores e segundo as circunstâncias, compete, já que a lei natural de ordinário o não faz, aos que estão à frente do Estado. E assim a autoridade pública, iluminada sempre pela luz natural e divina, e pondo os olhos só no que exige o bem comum, pode decretar mais minuciosamente o que aos proprietários seja lícito ou ilícito no uso de seus bens. Já Leão XIII ensinou sabiamente que "Deus confiou à indústria dos homens e às instituições dos povos a demarcação da propriedade individual". (...) É evidente porém que a autoridade pública não tem direito de desempenhar-se arbitrariamente desta função; devem sempre permanecer intactos o direito natural de propriedade e o que tem o proprietário de legar dos seus bens. São direitos estes, que ela não pode abolir, porque

---

Porque se caem, um levanta o outro; quem está sozinho, se cai, não tem ninguém para levantá-lo. Se eles se deitam juntos, podem se aquecer; mas alguém sozinho como vai se aquecer?" (*Bíblia de Jerusalém*, tradução em língua portuguesa diretamente dos originais, 8ª reimp., São Paulo, Paulus, 2012, p. 1.076). No livro dos Provérbios (18, 19), tem-se: "Um irmão ajudado pelo irmão é cidade fortificada e alta, ele é forte como muralha régia" (*Bíblia de Jerusalém*, cit., p. 1.048).

31. Papa Leão XIII, Encíclica *Rerum Novarum*. Disponível em: www.vatican.va/holy_father/leo_xiii/encyclicals/documents/hf_l-xiii_enc_15051891_rerum--novarum_po.html. Último acesso em 10.9.2013.

148 REGIME JURÍDICO DAS POLÍTICAS PÚBLICAS

"o homem é anterior ao Estado", e "a sociedade doméstica tem sobre a sociedade civil uma prioridade lógica e uma prioridade real". Eis porque o sábio Pontífice declarava também, que o Estado não tem direito de esgotar a propriedade particular com excessivas contribuições: "Não é das leis humanas, mas da natureza, que dimana o direito da propriedade individual; a autoridade pública não a pode portanto abolir: o mais que pode é moderar-lhe o uso e harmonizá-lo com o bem comum". Quando ela assim concilia o direito de propriedade com as exigências do bem comum, longe de mostrar-se inimiga dos proprietários presta-lhes benévolo apoio; de facto, fazendo isto, impede eficazmente que a posse particular dos bens, estatuída com tanta sabedoria pelo Criador em vantagem da vida humana, gere desvantagens intoleráveis e venha assim a arruinar-se: não oprime a propriedade, mas defende-a; não a enfraquece, mas reforça-a.[32]

Na esteira das lições acima referidas é que foi editada a Encíclica *Mater et magistra*, em 1961, pelo Papa João XXIII:

> Esta ação previdente do Estado, que protege, estimula, coordena, supre e completa a atividade dos particulares, há de inspirar-se no princípio da subsidiariedade, assim formulado por Pio XI na Encíclica Quadragesimo Anno: "Permanece, contudo, firme e imutável em filosofia social aquele importantíssimo princípio, que não se pode alterar nem mudar: assim como não é lícito tirar aos indivíduos, para atribuir à comunidade, o que eles podem realizar com o seu próprio esforço e atividade, assim, também, é uma injustiça e, ao mesmo tempo, constitui um grave dano e perturbação da reta ordem transferir para uma sociedade maior e mais elevada o que as comunidades menores e inferiores podem fazer e proporcionar; pois, toda intervenção social, por sua força e natureza, deve trazer ajuda aos membros do corpo social, nunca, porém, destruí-los ou absorvê-los".[33]

E prossegue este Sumo Pontífice na já citada encíclica:

> Assim, para o equilíbrio econômico de um país, requer-se também a ativa contribuição dos que se apoiam em seus próprios recursos e iniciativas. Mais ainda, os poderes públicos, em virtude do princípio de subsidiariedade, devem favorecer e auxiliar as iniciativas dos particulares, a ponto

---

32. Papa Pio XI, Encíclica *Quadragesimo Anno*. Disponível em: www.vatican.va/holy_father/pius_xi/encyclicals/documents/hf_p-xi_enc_19310515_quadragesimo-anno_po.html. Último acesso em: 10.9.2013.

33. Papa João XXIII, Encíclica *Mater et Magistra*, in *As Encíclicas Sociais de João XXIII*, tradução e comentários de Luís José de Mesquita, Rio de Janeiro, José Olympio, 1963, vol. 1, pp. 154-155.

POSITIVAÇÃO DAS POLÍTICAS PÚBLICAS

de, na medida do possível, permitir a eles mesmos levar a bom termo suas realizações.[34]

Tais considerações foram, naturalmente, incorporadas à tradição jurídica ocidental, de modo geral, e à brasileira, em particular. Sílvia Faber Torres destaca as dimensões de tal princípio, no discurso jurídico:

O princípio da subsidiariedade destaca-se inicialmente, de acordo, em especial, com os autores católicos, como um princípio de direito natural, enquanto montado sobre bases jusnaturalistas e suprapositivas. Sua vinculação, de feito, com a doutrina jusnaturalista se extrai quer de seu fundamento, a liberdade e a própria justiça, quer de seu pressuposto, a dita *ordem natural* ou *natureza das coisas*. (...)

O princípio da subsidiariedade é definido, outrossim, como *princípio de ética política*. Procura-se, por meio dele, orientar-se a organização da sociedade, de modo a que sejam satisfeitas as exigências da "ética geral". O princípio indica, em suma, os caminhos pelos quais aquela instituição deve ser governada para que, governo e sociedade, sejam morais.

É, ainda, um *princípio de estrutura e gradação da sociedade*, na medida em que institui uma ordem de subsidiariedade, reconhecendo aos entes maiores, de um lado, uma posição subordinada e conferindo, de outro, primazia à responsabilidade, competência e direitos dos membros da sociedade.

Outros exacerbam-lhe o caráter de *princípio diretivo da ordem econômica*, que informa a relação entre o Estado e o particular no âmbito econômico, visando harmonizar a coexistência da propriedade pública e privada dos bens instrumentais.

O princípio da subsidiariedade, finalmente, tem na *divisão de competência* a sua essência e, assim, a sua natureza precípua. Como lei fundamental de uma sociedade pluralista, consiste, sob uma perspectiva horizontal, em atribuir a cada grupo social sua própria missão e responsabilidade e, ao Estado, tantas outras quanto necessárias. Sob um ponto de vista vertical, de outra parte, consiste na divisão de competências entre os entes políticos superpostos, conferindo-se prioridade aos menores para a satisfação dos interesses locais, aos intermediários para realização dos interesses regionais e, por fim, ao ente central para cumprimento de tarefas que não possam ser satisfatoriamente cumpridas pelos demais, o que supõe mesmo a estrutura de uma organização federal[35] (grifos da autora).

---

34. Idem, ibidem, vol. 2, pp. 405-406.

35. Sílvia Faber Torres, *O Princípio da Subsidiariedade no Direito Público Contemporâneo*, Rio de Janeiro, Renovar, 2001, pp. 95-98.

150 REGIME JURÍDICO DAS POLÍTICAS PÚBLICAS

Apesar das pertinentes observações da autora, quanto às várias acepções do princípio da subsidiariedade, importa destacar em que sentido se defende necessário compreendê-lo, tanto do ponto de vista de uma teoria geral do direito público quanto para os fins menos abrangentes da análise jurídica de políticas públicas.

Com efeito, como um princípio de direito natural, ou seja, extrajurídico, é inconcebível a aceitação do princípio da subsidiariedade como um elemento idôneo de fundamentação jurídica. Sem o recurso ao direito positivo, inviabiliza-se qualquer comunicação pretensamente jurídica. Assim, entendemos que este aspecto não é o mais adequado para uma abordagem científica do princípio da subsidiariedade.

Os mesmos argumentos acima se aplicam à dimensão do princípio da subsidiariedade como um princípio de ética política. A imposição ética pode estar refletida numa norma de direito positivo, mas será obrigatória, juridicamente, pelo fato de pertencer ao ordenamento, e não por consubstanciar um mandamento ético.

No entanto, *como princípio determinante de estrutura da sociedade, de direção da ordem econômica e delimitador de competências, o princípio da subsidiariedade encontra ressonância no direito positivo e nessa qualidade pode ser invocado.*

Começando desse último sentido (delimitação de competências), é verificável, no texto constitucional, mandamento expresso de descentralização de políticas públicas, plasmado na própria inclusão do Município como um dos entes federativos, na divisão de competências entre tais entes (arts. 23, 24 e 30), bem como na determinação de descentralização de planos e programas governamentais (arts. 198, I, 204, I). Complementarmente a tal distribuição de competências, impende mencionar que, no chamado "federalismo fiscal", os Estados, Municípios e o Distrito Federal possuem participação, quer por meio do repasse direto, quer por meio de fundos, no montante arrecadado pela União.[36]

---

36. Cf. Art. 159 da CF, *verbis*: "Art. 159. A União entregará: I – do produto da arrecadação dos impostos sobre renda e proventos de qualquer natureza e sobre produtos industrializados, 49%, na seguinte forma: a) vinte e um inteiros e cinco décimos por cento ao Fundo de Participação dos Estados e do Distrito Federal; b) vinte e dois inteiros e cinco décimos por cento ao Fundo de Participação dos Municípios; c) três por cento, para aplicação em programas de financiamento ao setor produtivo das Regiões Norte, Nordeste e Centro-Oeste, através de suas instituições financeiras de caráter regional, de acordo com os planos regionais de desenvolvimento, ficando assegurada ao semiárido do Nordeste a metade dos recursos destinados à Região, na forma que a lei estabelecer; d) um por cento ao Fundo de Participação dos Mu-

POSITIVAÇÃO DAS POLÍTICAS PÚBLICAS 151

Como princípio diretivo da ordem econômica, é clara a consagração do princípio da subsidiariedade na Constituição Federal. Uma leitura conjunta dos arts. 173 e 174 do texto constitucional possibilita compreender: (i) os limites entre os campos de atuação do setor privado e do Estado, ficando consignado que este somente pode explorar atividade econômica quando necessário à segurança nacional ou ao atendimento de relevante interesse coletivo; (ii) ainda quando decida atuar *no* mercado (conforme distinção já aludida, da lavra de Eros Grau), é vedado às empresas estatais se beneficiarem de quaisquer vantagens não extensíveis às demais empresas privadas, sendo certo que elas deverão se submeter rigorosamente ao mesmo regime jurídico destas (incluindo direitos e obrigações civis, comerciais, trabalhistas e tributários etc.); (iii) o Estado, na qualidade de agente normativo e regulador da atividade econômica, poderá exercer as funções de fiscalização, incentivo e planejamento, sendo este apenas *indicativo* para o setor privado; e (iv) o Estado deverá apoiar o cooperativismo e o associativismo. Além destas regras, o Constituinte de 1988 adotou o monopólio estatal de atividades econômicas em rol taxativo, sendo vedado ao Estado instituir novas modalidades, ao contrário da disciplina relativamente mais flexível, vigente sob a Constituição anterior,[37] em que a sua instituição poderia se dar

nicípios, que será entregue no primeiro decêndio do mês de dezembro de cada ano; II – do produto da arrecadação do imposto sobre produtos industrializados, dez por cento aos Estados e ao Distrito Federal, proporcionalmente ao valor das respectivas exportações de produtos industrializados. III – do produto da arrecadação da contribuição de intervenção no domínio econômico prevista no art. 177, § 4º, 29% para os Estados e o Distrito Federal, distribuídos na forma da lei, observada a destinação a que se refere o inciso II, *c*, do referido parágrafo. § 1º. Para efeito de cálculo da entrega a ser efetuada de acordo com o previsto no inciso I, excluir-se-á a parcela da arrecadação do imposto de renda e proventos de qualquer natureza pertencente aos Estados, ao Distrito Federal e aos Municípios, nos termos do disposto nos arts. 157, I, e 158, I. § 2º. A nenhuma unidade federada poderá ser destinada parcela superior a 20% do montante a que se refere o inciso II, devendo o eventual excedente ser distribuído entre os demais participantes, mantido, em relação a esses, o critério de partilha nele estabelecido. § 3º. Os Estados entregarão aos respectivos Municípios 25% dos recursos que receberem nos termos do inciso II, observados os critérios estabelecidos no art. 158, parágrafo único, I e II. § 4º. Do montante de recursos de que trata o inciso III que cabe a cada Estado, 25% serão destinados aos seus Municípios, na forma da lei a que se refere o mencionado inciso".

37. Cf. o art. 163 da Constituição de 1967 (alterada pela Emenda Constitucional n.1, de 1969): "Art. 163. São facultados a intervenção no domínio econômico e o monopólio de determinada indústria ou atividade, mediante lei federal, quando indispensável por motivo de segurança nacional ou para organizar setor que não possa ser desenvolvido com eficácia no regime de competição e de liberdade de iniciativa, assegurados os direitos e garantias individuais. Parágrafo único. Para atender a inter-

152 REGIME JURÍDICO DAS POLÍTICAS PÚBLICAS

por lei ordinária (embora seja certo que, ainda neste caso, o princípio da subsidiariedade também se anunciava naquele regime).

Excluídas as atividades em regime de monopólio, a ordem constitucional enumera expressamente os serviços públicos titularizados pelo Estado (educação, saúde, energia, telecomunicações e, sob a fórmula de serviços de interesse local, os serviços de transporte, saneamento etc.).

Mas é sob o prisma da liberdade individual que se delineia o papel fundamental do princípio da subsidiariedade: somente a partir da compreensão da subsidiariedade como um fator de limitação da atuação estatal é que ganham sentido e vida as menções constitucionais ao direito fundamental da liberdade, que, projetado sobre a atuação do Estado, conforma os seus limites, resguardando o campo legítimo da esfera individual. Uma nação cujo aparelho estatal amputa dos particulares, ainda que de forma bem-sucedida (isto é, com uma certa eficiência no atendimento dos fins a que se propõe), a possibilidade de agirem conscientemente para a solução dos próprios problemas, e mesmo da identificação de quais são os seus problemas, não pode se pretender respeitadora da liberdade. Um Estado subsidiário não é um Estado paternalista, que se arroga a função de eleger as melhores alternativas de vida para os seus filhos, nem o Estado-procurador, intrometido nos assuntos privados; é, sim, o Estado que auxilia o cidadão, quando este, individualmente ou por suas instituições associativas, falha na consecução de seus objetivos. Como bem ressalta Roberto Dromi, a essência da subsidiariedade enquanto *valor* implica: (i) iniciativa privada intransferível; (ii) impulso particular na raiz do conjunto social; (iii) demarcação de competências públicas e privadas; (iv) concorrência estatal e não estatal na gestão pública; (v) abstenção do Estado quando se atinge a gestão social autossuficiente; (vi) previsão estatal de velar pelas necessidades insatisfeitas; e (vii) ordem de distribuição descentralizada das competências públicas.[38]

venção de que trata este artigo, a União poderá instituir contribuições destinadas ao custeio dos respectivos serviços e encargos, na forma que a lei estabelecer".

38. Roberto Dromi, *Sistema Jurídico e Valores Administrativos*, Porto Alegre, Sergio Antônio Fabris Editor, 2007, p. 223. Cabe transcrever trecho de inegável valor para a compreensão deste princípio, tal como o propomos: "Assim, não pode existir verdadeira subsidiariedade administrativa se em primeiro lugar não se verifica a *intransferibilidade* da *iniciativa privada*, que implica a correlativa restrição à intervenção estatal, inclusive em certos e determinados serviços públicos. Isso obedece ao fato que o desenvolvimento econômico e social, para o acesso ao bem comum ou ao bem-estar geral, não é uma tarefa excludente ou exclusiva do Estado. A subsidiariedade se aplica a todas as atividades, funções e organizações de interesse

POSITIVAÇÃO DAS POLÍTICAS PÚBLICAS   153

A Constituição Federal, já no seu preâmbulo, menciona a liberdade como um dos valores a serem assegurados pela ordem jurídica inaugurada pela Carta de 1988. No *caput* do art. 5º enumera-se a liberdade como um direito fundamental, refletindo-se, ao longo de seus incisos esta diretriz: é livre a manifestação do pensamento, sendo vedado o anonimato (IV); é inviolável a liberdade de consciência e de crença, sendo assegurado o livre exercício dos cultos religiosos (VI); é livre a expressão da atividade intelectual, artística, científica e de comunicação, independentemente de censura ou licença (IX); é livre o exercício de qualquer trabalho, ofício ou profissão, atendidas as qualificações profissionais que a lei estabelecer (XIII); é livre a locomoção no território nacional em tempo de paz, podendo qualquer pessoa, nos termos da lei, nele entrar, permanecer ou dele sair com seus bens (XV); é plena a liberdade de associação para fins lícitos, vedada a de caráter paramilitar (XVII); a criação de associações e, na forma da lei, a de cooperativas independem de autorização, sendo vedada a interferência estatal em seu funcionamento (XVIII); ninguém poderá ser compelido a associar-se ou a permanecer associado (XX); ninguém será privado da liberdade ou de seus bens sem o devido processo legal (LIV). O art. 206 determina que o ensino será ministrado obedecendo-se a liberdade de aprender, ensinar, pesquisar e divulgar o pensamento, a arte e o saber (inc. II) e o pluralismo de ideias e de concepções pedagógicas, e coexistência de instituições públicas e privadas de ensino (inc. III).

De se lembrar, outrossim, que o art. 1º da CF elege como um dos fundamentos da república o princípio da livre iniciativa (inc. IV), e que o art. 3º consagra como um dos objetivos do Estado brasileiro a construção de uma sociedade solidária e livre. Isto sem mencionar a redação rebarbativa do art. 170, que, ao dispor sobre as bases da ordem econômica, menciona ser esta fundada "na valorização do trabalho humano e da livre

público, com a exclusão dos casos em que por razões de bem comum a atividade deva ser monopolizada pelo Estado, que trabalha como o 'eu comum' de todos. A intervenção excessiva por parte do Estado provoca o declínio da iniciativa privada e suprime a responsabilidade individual. Além disso, a subsidiariedade requer o *impulso particular* que se provoca na raiz do *conjunto social*, e sem o qual o princípio não é mais que um pronunciamento estéril. Deste modo, o homem como ser responsável de si mesmo requer a livre iniciativa ou o impulso particular para cuidar de suas necessidades e interesses legítimos. Este é um direito essencial e inseparável da dignidade da pessoa humana, e por isso o Estado tem que reconhecê-lo e oferecer a ele proteção, possibilitando a manifestação de uma maior liberdade nas possibilidades de ação de cada indivíduo no conjunto social" (Roberto Dromi, *Sistema Jurídico...*, cit., pp. 223-224).

154 REGIME JURÍDICO DAS POLÍTICAS PÚBLICAS

iniciativa" e submetida, entre outros, ao princípio da livre concorrência (inc. IV).

É esta a ordem positiva que fundamenta o princípio da subsidiariedade. Este se reflete, no caso das políticas públicas, já na sua fase formativa, com a definição do fim, propósitos, componentes e atividades, que não poderão suplantar a liberdade essencial de autoconformação do indivíduo, devendo, ao revés, assumir a forma de *subsídio*, *ajuda*, quando as forças individuais falharem em seus propósitos. Por isto é que salienta, com acerto, Sílvia Faber Torres "que a função subsidiária do Estado deve se manifestar, uma vez caracterizada a ineficácia dos grupos sociais, primeiro como *ajuda*, mediante a criação de condições necessárias que possibilitem a ação das comunidades intermediárias, e, depois, excepcionalmente, como suplência, suprindo a insuficiência dos grupos sociais, quanto estes não puderem realizar adequadamente suas funções".[39] Discorda-se, neste passo, de autores que sustentam que o Estado subsidiário seria um meio termo entre o Estado liberal e o Estado social: na verdade, compreendidos ambos como tipos-ideais, é clara a afinidade do princípio da subsidiariedade com o que se chama Estado social. Somente em uma organização estatal que se coloca como preocupada com a intervenção econômica e social como *meio* para o bem-estar individual e coletivo (caso do Estado social) é que se pode colocar o problema da subsidiariedade (que é um conceito de superposição – no caso brasileiro, positivado).[40]

A par de tais considerações, é imperativo consignar que o princípio da *interdefinibilidade* (ou *fungibilidade*), sustentado no item acima como uma das características estruturais das políticas públicas, e que significa que as políticas públicas podem ser constituídas por qualquer arranjo normativo (critério formal) e por qualquer modalidade de intervenção estatal (critério material), deve ser compreendido a partir do princípio da subsidiariedade. Assim, embora do ponto de vista fático se possa

---

39. Sílvia Faber Torres, *O Princípio da Subsidiariedade no Direito Público Contemporâneo*, cit., p. 19.

40. Cf. José Alfredo de Oliveira Baracho, *O Princípio da Subsidiariedade. Conceito e Evolução*, 1ª ed., 3ª tir., Rio de Janeiro, Forense, 2000, p. 88, *verbis*: "O *Estado subsidiário*, perseguindo seus fins, harmoniza a liberdade autonômica com a ordem social justa, com a finalidade de manter o desenvolvimento de uma sociedade formada de autoridades plurais e diversificadas, recusando o individualismo filosófico. A ideia de subsidiariedade aparece como solução intermediária entre o Estado-providência e o Estado liberal. O princípio da subsidiariedade, mesmo sendo aplicado concretamente nas estruturas modernas, como a federativa, apresenta várias características diferenciadas".

POSITIVAÇÃO DAS POLÍTICAS PÚBLICAS

alcançar, com quaisquer arranjos normativos e com quaisquer modalidades de intervenção estatal, os mesmos resultados em uma estrutura de política pública, tais arranjos normativos ou modalidades interventivas somente se legitimarão se observado o princípio da subsidiariedade. São preferíveis, *prima facie* (com todas as ressalvas que a casuística possa impor a tal afirmação), as modalidades interventivas "menos invasivas" e os arranjos normativos "participativos". A *indução* e a *negociação* são termos que devem presidir a fase formativa e a execução de políticas públicas, mais do que *ingerência* e *compulsoriedade*.[41]

2.2.5 Transparência

O princípio da transparência, ao contrário do que intuitivamente se possa cogitar, não é idêntico ao princípio tradicional da *publicidade*, inscrito no art. 37 da CF como um dos princípios da Administração Pública. Transcende, conforme se defende no presente trabalho, a mera publicidade, compreendendo, além desta, a motivação dos atos estatais e a participação da população na sua formulação como funções instrumentais de sua concretização.[42] Conforme defende Wallace Paiva Martins Júnior:

> O princípio da transparência administrativa colima, em apertada síntese, a preservação da visibilidade e do caráter público da gestão dos negócios públicos e a atribuição de legitimidade material à Administração Pública (além da juridicização, ética, conhecimento público, crítica, validade ou eficácia jurídica, defesa dos administrados e respeito aos seus direitos fundamentais, controle e fiscalização, convencimento, consenso, adesão, bom funcionamento, segurança jurídica), sendo instrumental de suas finalidades os subprincípios da publicidade, motivação e participação popular. Seu reconhecimento proporciona a reformulação das relações entre Administração Pública e administrados e é sinal de ruptura com o seu tradicional modelo autoritário, hermético, isolado, unilateral, reservado e sigiloso.[43]

Transparente é o Estado que disponibiliza todas as informações – de forma acessível e didática – de sua atuação, motiva suficiente e congruentemente os seus atos (de qualquer natureza) e, além disso,

41. Cf. Gunther Teubner, "Global Bukowina: legal pluralism in the world society", in Gunther Teubner (org.), *Global Law without a State*, Dartmouth, Aldershot, 1997, pp. 3-28.
42. Wallace Paiva Martins Júnior, *Transparência Administrativa. Publicidade, Motivação e Participação Popular*, 2ª ed., São Paulo, Saraiva, 2010.
43. Idem, ibidem, p. 53.

156 REGIME JURÍDICO DAS POLÍTICAS PÚBLICAS

permite ao indivíduo (incluídas as entidades associativas, de classe e congêneres) não somente estar informado dos negócios públicos como também deles participar, produzindo razões e fazendo-se ouvir. Afinal, "se os interesses públicos são indisponíveis, se são interesses de toda a coletividade, os atos emitidos a título de implementá-los hão de ser exibidos em público".[44]

O princípio da transparência consubstancia, em verdade, uma manifestação clara e inequívoca de *relação jurídica administrativa*, no sentido que lhe deu Luís Solano Cabral de Moncada, significando um vínculo essencialmente *paritário* que une Estado e cidadão, titular este último de prerrogativas que podem ser juridicamente impostas ao primeiro. Impregnada desse caráter paritário, isto é, não autoritário, a atuação administrativa passa a ser concebida como "o produto possível da *participação* dos interessados e não o resultado de uma evidência apodictica ou de uma maioria infalível". Isto se transmite à própria noção de interesse público, que deve ser compreendida como um resultado encontrado *a partir* da participação de todos os interessados e não *apesar* dela. Por isto a síntese feliz do autor, quando pontua que o "interesse público é o resultado da publicidade crítica".[45]

O acesso às informações estatais é um *direito público subjetivo*, que se fundamenta no art. 5º, XXXIII, da CF, segundo o qual "todos têm direito a receber dos órgãos públicos informações de seu interesse particular, ou de interesse coletivo ou geral, que serão prestadas no prazo da lei, sob pena de responsabilidade, ressalvadas aquelas cujo sigilo seja imprescindível à segurança da sociedade e do Estado"; bem como no art. 37, que expressamente declara a *publicidade* um dos princípios da Administração Pública (*caput*) e consigna ao legislador o dever de disciplinar mediante lei "o acesso dos usuários a registros administrativos

---

44. Celso Antônio Bandeira de Mello, *Curso de Direito Administrativo*, cit., pp. 87-88.

45. Luís Solano Cabral de Moncada, *A Relação Jurídica Administrativa. Para um novo paradigma de compreensão da actividade, da organização e do contencioso administrativos,* Coimbra, Coimbra, 2009, p. 53. Para o autor: "Ancilares da referida *participação* procedimental dos particulares são obviamente os princípios da colaboração da Administração com os mesmos e do pleno acesso destes à informação disponível, como todo o cortejo de obrigações administrativas que tudo isso implica e que serão, mais em concreto, tratadas a propósito de certos procedimentos em especial. O procedimento insere-se assim no centro de uma relação jurídica administrativa alargada contando com inúmeras vinculações da Administração relativamente aos particulares e fazendo-os aceder, enquanto tais e imediatamente ao âmago da decisão administrativa" (*A Relação Jurídica Administrativa...*, cit., p. 53).

POSITIVAÇÃO DAS POLÍTICAS PÚBLICAS 157

e a informações sobre atos de governo" (§ 3º, II); e no art. 216, § 2º, que atribui à Administração Pública, na forma da lei, a competência para "a gestão da documentação governamental e as providências para franquear sua consulta a quantos dela necessitem".

O direito de informação – assim delineado constitucionalmente e considerada a própria estrutura do Estado Democrático de Direito, em que a *res publica* é propriedade de todos, descabendo, portanto, a gestão oculta dos negócios públicos –, deve ser interpretado com a máxima amplitude. Excepcional é o sigilo, a reserva; a regra é a publicidade ampla dos atos estatais (máxima positivada em lei, conforme ver-se-á em seguida). O Estado Democrático de Direito é conduzido às claras, sob as vistas dos únicos titulares do poder: os cidadãos. Repudia, portanto, as decisões tomadas no apagar de luzes, os atos formulados em gabinetes, as conversas de pé d'ouvido, numa palavra, o segredo. Estado Democrático de Direito é justamente o oposto do segredo, é o Estado do partilhamento de informações, da participação de todos no que a todos pertence.

A Lei 12.527, de 18.11.2011, a chamada "Lei de Acesso à Informação", editada para regular os mencionados dispositivos constitucionais, completa – de modo absolutamente consentâneo com a essência democrática da Carta vigente – os contornos do direito subjetivo ao acesso de informações detidas pelo Estado. Com efeito, este diploma estabelece importantes diretrizes para a gestão de informações pela Administração Pública, a saber: (i) a publicidade como preceito geral e o sigilo como exceção; (ii) a divulgação de informações de interesse público, independentemente de solicitações; a (iii) a utilização de meios de comunicação viabilizados pela tecnologia da informação; (iv) o fomento ao desenvolvimento da cultura de transparência na Administração Pública; e (v) o desenvolvimento do controle social da Administração Pública (art. 3º, incs. I a IV).

Determina, ainda, este diploma, ser "dever do Estado garantir o direito de acesso à informação, que será franqueada, mediante procedimentos objetivos e ágeis, de forma transparente, clara e em linguagem de fácil compreensão" (art. 5º), sendo qualquer interessado, devidamente identificado, parte legítima para requerer o acesso a informações detidas pelo Estado, resultando "vedadas quaisquer exigências relativas aos motivos determinantes da solicitação de informações de interesse público" (art. 10, § 3º).

Esta disposição afasta qualquer pretensão de vincular o acesso às informações estatais a um suposto "interesse de agir" do administrado, equívoco em que incorre a Lei 9.784/1999, no seu art. 3º, II, a nosso

158 REGIME JURÍDICO DAS POLÍTICAS PÚBLICAS

ver revogado pela nova lei.[46] No atual regime, toda pessoa (física ou jurídica, independentemente, conforme o caso, de sua qualificação como *cidadão*, nacionalidade ou *status* perante a lei brasileira), por efeito direto do princípio do amplo acesso aos negócios estatais, possui o direito subjetivo público ao seu conhecimento. Em nada importa, reitere-se, a motivação subjetiva do pedido de informações submetido ao Poder Público, nem tampouco os interesses, jurídicos ou não, que o inspirem: existe verdadeira *legitimação extraordinária*[47] de toda e qualquer pessoa para a sua obtenção, mediante processo administrativo ou judicial.

Assim é que o art. 7º da Lei 12.527/2011 declara, entre outros, os direitos públicos subjetivos à obtenção: (i) de orientação sobre os procedimentos para a consecução de acesso, bem como sobre o local onde poderá ser encontrada ou obtida a informação almejada; (ii) de informação contida em registros ou documentos, produzidos ou acumulados por seus órgãos ou entidades, recolhidos ou não a arquivos públicos; (iii) de informação produzida ou custodiada por pessoa física ou entidade privada decorrente de qualquer vínculo com seus órgãos ou entidades, mesmo que esse vínculo já tenha cessado; (iv) de informação primária, íntegra, autêntica e atualizada; (v) de informação sobre atividades exercidas pelos órgãos e entidades, inclusive as relativas à sua política, organização e serviços; (vi) de informação pertinente à administração do patrimônio público, utilização de recursos públicos, licitação, contratos administrativos; e, de modo intensamente relevante para os fins do presente trabalho, (vii) de informação relativa "à implementação, acompanhamento e resultados dos programas, projetos e ações dos órgãos e entidades públicas, bem como metas e indicadores propostos" e "ao resultado de inspeções, auditorias, prestações e tomadas de contas realizadas pelos órgãos de controle interno e externo, incluindo prestações de contas relativas a exercícios anteriores".

Não oferece qualquer dificuldade hermenêutica o dispositivo em análise: é direito subjetivo do administrado (*qualquer* administrado, *imotivadamente*, e *a qualquer tempo*) pleitear – e, naturalmente, obter – acesso às informações relacionadas a políticas públicas executadas

---

46. "Art. 3º. O administrado tem os seguintes direitos perante a Administração, sem prejuízo de outros que lhe sejam assegurados: (...) II – ter ciência da tramitação dos processos administrativos *em que tenha a condição de interessado*, ter vista dos autos, obter cópias de documentos neles contidos e conhecer as decisões proferidas; (...)" (grifos aditados).

47. Cassio Scarpinella Bueno, *Curso Sistematizado de Direito Processual Civil*, vol. 2, t. III, São Paulo, Saraiva, 2010, pp. 197-199.

POSITIVAÇÃO DAS POLÍTICAS PÚBLICAS 159

pelo Estado ou por pessoas privadas com recursos públicos, salvo os excepcionalíssimos casos de sigilo (cujo mérito pode ser contrastado jurisdicionalmente). Políticas públicas devem, por imposição constitucional e legal, ter todos – e nada menos que todos – os seus elementos constitutivos amplamente divulgados ao público.

2.2.5.1 Importância do acesso às informações estatais para a análise e controle de políticas públicas

O princípio da transparência administrativa tem importância capital na análise e no controle das políticas públicas. Como visto nos itens 1.5 e 2.1, acima, as políticas públicas envolvem uma série de atos que são, muitas vezes, de difícil localização no aparato estatal. Mormente se considerarmos que, em um sem-número de casos, o que há, do ponto de vista normativo, é apenas uma lei instituidora de competências e recursos alocados no orçamento. A execução da política pública fica assim dependente de uma série de atos administrativos ou atos materiais, dificilmente rastreáveis. O conhecimento dos atos praticados ou a praticar, das metas, dos resultados já alcançados, em resumo: dos fins, propósitos, componentes e atividades de uma política pública se torna impossível sem que haja uma completa abertura, por parte da Administração Pública, quanto às informações disponíveis.

Esta abertura, como visto no tópico anterior, configura um dever do administrador público e um correlato direito público subjetivo universal. O particular, pessoa física ou jurídica, tem à sua disposição variados instrumentos para exigir da Administração o fornecimento de informações relacionadas às políticas públicas: desde o direito constitucional de petição (art. 5º, XXXIV, "a"), que conta agora com o reforço processual--administrativo estabelecido pela Lei 12.527/2011, que assinala o prazo máximo de 20 dias para o atendimento do pedido de informações realizado pelo particular (art. 11, § 1º), até o ajuizamento de ação popular ou mandado de segurança (neste último caso, o direito líquido e certo violado é o direito constitucional à informação, já referido).

O exercício do direito de acesso às informações estatais é instrumental para o controle de políticas públicas, pois é somente por meio dele que se poderá, nos casos em que as informações não são normalmente divulgadas pelas autoridades competentes, contrastar tanto a formulação quanto a execução de políticas públicas. Os dados oficiais – fornecidos segundo o dever de veracidade – são relevantíssimos para a aferição da razoabilidade das políticas públicas, que se manifesta por

160   REGIME JURÍDICO DAS POLÍTICAS PÚBLICAS

meio da relação entre os seus elementos estruturais (fins, propósitos, componentes e atividades).

A importância da obtenção de informações desborda, assim, da concepção, que normalmente lhe é dada, de prestação de contas por parte dos poderes públicos: mais do que isto, o acesso às informações estatais adquire uma importância processual, na medida em que são essas informações que viabilizarão o controle jurisdicional, quer da execução ilícita das políticas (ocorrente quando houver incompatibilidade entre fins, propósitos, componentes e atividades, dentro da relação estrutural que rege tais elementos), quer, ainda, quando se tratar de omissão relativa à política pública como um todo ou a qualquer de seus elementos estruturais (normalmente os componentes e atividades, por serem os menos rastreáveis, são aqueles em que a omissão se dá).

Caso a autoridade se negue a fornecer as informações, é legitimado qualquer indivíduo para exigir judicialmente tal fornecimento. Os instrumentos processuais mais adequados são as ações ordinárias ou mandado de segurança, não havendo impedimento para que o autor ajuíze medida cautelar de exibição de documentos, a fim de obter as informações não disponibilizadas pela Administração Pública e necessárias à própria propositura da ação principal. O *habeas data*, reitere-se, serve à obtenção de informações pessoais (ou sua retificação) constante de banco de dados estatais, o que, de regra, impede seja manejado para a finalidade de obter informações, de interesse geral, sobre políticas públicas,[48] a menos que a controvérsia diga respeito à inclusão do indivíduo ou seu atendimento por tal ou qual política.

2.2.5.2 Vinculatividade das informações prestadas

Refere Hartmut Maurer que na doutrina administrativista alemã, desde a década de 1980 pelo menos, se vem discutindo o que o autor denomina "atuação administrativa informal", que consiste, basicamente, "de ajustes ou outros contatos entre a administração e o cidadão antes da promulgação ou no lugar de uma decisão da autoridade".[49]

---

48. Cf. art. 5º, LXXII, da CF: "Art. 5º. (...) LXXII – conceder-se-á *habeas data*: a) para assegurar o conhecimento de informações relativas à pessoa do impetrante, constantes de registros ou bancos de dados de entidades governamentais ou de caráter público; b) para a retificação de dados, quando não se prefira fazê-lo por processo sigiloso, judicial ou administrativo".

49. Hartmut Maurer, *Direito Administrativo Geral*, tradução de Luís Afonso Heck da 14ª ed. alemã, Barueri, SP, Manole, 2006, cit., pp. 469 e ss.

POSITIVAÇÃO DAS POLÍTICAS PÚBLICAS 161

Esta *atuação administrativa informal* significa a realização de atos preparatórios à edição dos atos jurídicos administrativos. Não se confunde com os atos materiais, cuja definição é, justamente, aqueles que põem em execução atos jurídicos precedentes, eis que a sua finalidade é antecipar-se a estes. No caso das políticas públicas, a atividade administrativa informal adquire grande importância quando se considera a divulgação, pela Administração Pública, em cumprimento ao seu dever de transparência, de informações sobre determinada política pública que dizem respeito ao momento pré-jurídico de sua formulação. Dito de outro modo: a atividade administrativa informal se coloca toda vez que, instada pelo particular ou de ofício, a Administração divulga a sua vontade sobre determinada política pública, mencionando o detalhamento de fins, propósitos, componentes ou atividades, bem como os respectivos indicadores, meios de verificação e riscos.

É muito comum o anúncio de políticas públicas consistente na menção aos referidos aspectos, sem contudo se praticarem os atos jurídicos posteriores, que consubstanciariam as características enunciadas.

O que se deve investigar, neste ponto, é a força vinculante de tais manifestações da vontade administrativa. Considerando exemplificativamente que, no momento em que a Administração anuncia que pretende fazer no Bairro X tais ou quais melhorias na rede de saneamento básico por meio da construção de uma estação de tratamento de esgoto a ser objeto de uma parceria público-privada, de forma que em cinco anos o problema esteja resolvido naquela região, ela a rigor não praticou qualquer ato jurídico que consubstancie a política pública anunciada, a pergunta que fica é se ela, ainda assim, pode ser constrangida judicialmente à consecução de tal política pública. Para Maurer, a resposta seria negativa, e tais atos se enquadrariam na categoria dos atos reais (que, pelas dificuldades da tradução, presume-se correspondam aproximadamente à nossa categoria de atos materiais).[50]

Segundo entendemos, a resposta não é assim tão fácil. É fato que a Administração Pública (em sentido amplíssimo) tem nos atos jurídicos (lei, ato administrativo, contratos etc.) o seu meio *normal* de atuação. Todavia, não se pode negar – inclusive por uma questão de moralidade administrativa – que a Administração Pública se responsabiliza pelo que divulga, sendo tais informações reputadas sérias, verdadeiras e legítimas. A Administração Pública não mente nem engana. Não pode (ainda que assim o deseje o agente público) ser maliciosa ou omissa. Portanto,

50. Idem, ibidem, p. 470.

162   REGIME JURÍDICO DAS POLÍTICAS PÚBLICAS

algum efeito jurídico – que muitas vezes só pode ser o efeito pleno de uma dada política pública – se deve reconhecer em suas manifestações, quaisquer que sejam.

Antes, todavia, de descrevermos tais efeitos, cumpre enunciar o *fundamento jurídico* da vinculatividade da Administração Pública às informações por ela prestadas. Tal fundamento, a todas as luzes, radica-se no princípio da boa-fé administrativa, especificamente na sua vertente que proíbe à Administração atuar contra seus próprios atos (correspondente à máxima tradicional do "nemo potest venire contra factum proprium"). Este princípio interdita comportamentos contraditórios da Administração Pública, quando deles se originarem situações jurídica ou materialmente vantajosa aos particulares, individual ou coletivamente, e cuja legalidade e permanência sejam pressupostas como indutoras dos comportamentos e expectativas daqueles sujeitos. Considerando que tal princípio incide não apenas sobre atos legislativos ou administrativos, mas sobretudo, como bem assinala García de Enterría, para apanhar condutas da Administração Pública,[51] fica afastada a possível objeção de que os atos *informais* da Administração (ou, por outra, *atos materiais*) seriam incapazes de produzir efeitos jurídicos e situações de subjetivação.

Assim, o primeiro efeito a ser reconhecido relaciona-se com a densificação de direitos subjetivos. A partir do momento em que o Estado reconhece ser sujeito passivo de tal ou qual prestação em benefício do particular ou da coletividade, mitiga-se a dificuldade de concretização jurídica, inerente a muitos direitos que, consagrados na Constituição Federal de forma genérica (direito à moradia, dignidade da pessoa humana etc.), não permitem uma identificação imediata quanto às condutas exigíveis ao seu cumprimento. Se o Estado reconhece um conteúdo a tais direitos, não pode recusar-se a cumpri-lo, sem razão bastante para tanto. Isto quer dizer que, chamado a concretizar sua promessa, só pode o Estado deixar de fazê-lo se comprovar que já a cumpre (ainda que por outros meios), ou se não dispuser de recursos para fazê-lo (todas as ressalvas devem ser feitas à chamada reserva do possível, conforme ver-se-á no item 3.4.1, abaixo).

O segundo efeito relaciona-se com o contraste entre as informações prestadas e a solução adotada. Aqui, trata-se de verificar se o elemento da política pública (propósito, componentes e atividades) executado na realidade é menos eficiente ou desproporcional ao atendimento às finalidades da política pública em comparação com os dados fornecidos pela

---

51. Eduardo García de Enterría, "La doctrina de los actos propios y el sistema de la lesividad", *Revista de Administración Pública*, n. 20, maio/ago. 1956, p. 72.

POSITIVAÇÃO DAS POLÍTICAS PÚBLICAS 163

Administração Pública. Se isto realmente se verificar, então poderá ser arguida em juízo a adoção das medidas que sejam mais adequadas à implementação da política pública. Lembre-se que o controle de políticas públicas é, por definição, um controle corretivo, sendo devida, sempre que cabível, a correção de rumos.

A alteração de políticas públicas a partir da constatação de que, entre aquilo que existe normativa e faticamente e aquilo que a própria Administração admitiu como devido ou apropriado – esta última solução mostrando-se mais eficiente à realização do fim da política pública –, dependerá de estarem presentes as condições permissivas de sua alteração – e por isto é tão importante a análise do caso concreto. Caso, com a execução da política pública, já se tenham criado direitos patrimoniais a terceiros, que seriam violados com a modificação pretendida; caso os custos que adviriam da nova solução proposta e da extinção da anterior sejam maiores que aqueles advindos da manutenção da política pública tal como originalmente concebida, então deve-se considerar como devida a sua conservação, impossibilitando-se neste ponto o seu contraste. Em verdade, o que se deve considerar é que as informações prestadas espontânea ou compulsoriamente – via medida jurisdicional – prestam-se à identificação das condutas que seriam exigíveis para a realização de políticas públicas, relativamente a qualquer de seus elementos estruturais (*fim, propósito, componentes* e *atividades*). A Administração Pública é obrigada a prestar informações sobre os assuntos de sua competência: tais informações servem não apenas para informar à população do andamento dos assuntos de interesse desta, mas também para contrastar as ações comissivas e omissivas da máquina estatal. O Estado não é um monstro sem cabeça, que se movimenta a esmo: deve possuir uma direção, racionalmente orientada. Esta direção é que deve ser divulgada, no nível de detalhamento que seria razoável supor de agentes públicos diligentes e atentos à função pública.[52] São estes os dados que, embora não formalizados em atos administrativos ou legislação, servirão como

---

52. Vanice Lírio do Vale parece defender este caminho, quando afirma, fundada num dever administrativo de "boa administração", "a imperatividade da enunciação de políticas públicas como determinação constitucional", pois é "a tradução imperativa do agir da administração através de políticas públicas corretamente formuladas a partir de diagnose responsável do problema, exploração de alternativas de conduta, com a enunciação expressa da trajetória eleita de implementação e avaliação, que permitirá o desenvolvimento, em maior profundidade, do controle do poder" ("Dever constitucional de enunciação de políticas públicas e autovinculação: caminhos possíveis de controle jurisdicional", *Fórum Administrativo – Direito Público – FA*, n. 82, edição eletrônica, Belo Horizonte, dez. 2007, ano 7, pp. 7-8).

164 REGIME JURÍDICO DAS POLÍTICAS PÚBLICAS

suporte material para a análise de políticas públicas, seja na modalidade corretiva, seja no exame das omissões parciais ou totais.

O Superior Tribunal de Justiça, no Recurso Especial 493.811-SP, decidiu pela vinculatividade de ato administrativo de conselho municipal, que definia os contornos de política pública relativa a serviços de assistência social e saúde, nos termos da ementa abaixo transcrita:

> Administrativo e processo civil – Ação civil pública – Ato administrativo discricionário: nova visão. 1. Na atualidade, o império da lei e o seu controle, a cargo do Judiciário, autoriza que se examinem, inclusive, as razões de conveniência e oportunidade do administrador. 2. Legitimidade do Ministério Público para exigir do Município a execução de política específica, *a qual se tornou obrigatória por meio de resolução do Conselho Municipal dos Direitos da Criança e do Adolescente*. 3. Tutela específica para que seja incluída verba no próximo orçamento, a fim de atender a propostas políticas certas e determinadas. 4. Recurso especial provido.[53]

De se ressaltar que a relatora do caso, Min. Eliana Calmon, consignou em seu voto que:

> As transformações no modo de atuar do Estado alteraram a estrutura da sociedade, acarretando a diluição dos limites entre o Estado e sociedade, vinculados por um número crescente de inter-relações. No dizer de Bobbio, "o Estado e a sociedade atuam como dois momentos necessários, separados, mas contíguos, distintos, mas interdependentes do sistema social em sua complexidade e articulação interna".
>
> O novo modelo ensejou a multiplicação de modos de solução de problemas, mediante negociações, acordos, protocolos de intenções. Esse intrincamento de vínculos torna impossível a previsão, em normas legais, de todas as diretrizes de conduta a serem observadas e de soluções a serem adotadas.
>
> Essa digressão sociológica é importante para direcionar o raciocínio de que não é mais possível dizer, como no passado foi dito, inclusive por mim mesma, que o Judiciário não pode imiscuir-se na conveniência e oportunidade do ato administrativo, adentrando-se na discricionariedade do administrador. E as atividades estatais, impostas por lei, passam a ser fiscalizadas pela sociedade, através do Ministério Público, que, no desempenho de suas atividades precípuas, a representa.
>
> Dentre as numerosas funções, estão as constantes do Estatuto da Criança e do Adolescente, Lei 8.069/90, especificamente, de interesse

53. STJ, 2ª Turma, REsp 493.811-SP, rel. Min. Eliana Calmon, v.u., j. 11.11.2003.

POSITIVAÇÃO DAS POLÍTICAS PÚBLICAS 165

nestes autos a de zelar pelo efetivo respeito aos direitos e garantias legais assegurados às crianças e adolescentes. Daí a legitimidade do Ministério Público e a irrecusável competência do Poder Judiciário, porquanto estabelecida a responsabilidade estatal na Resolução Normativa 4/97, baixada pelo Conselho Municipal de Direitos da Criança e do Adolescente, seguimento social em destaque para agir em parceria com o Estado, nos termos do art. 88, II, do ECA.

Consequentemente, tenha-se presente que o pleiteado pelo Ministério Público não foi fruto de sua ingerência. *O pedido foi a implementação de um programa adredemente estabelecido por um órgão do próprio município, o Conselho Municipal dos Direitos da Criança e do Adolescente, com função normativa fixada em conjugação com o Estado (Município) e a sociedade civil.*

O descumprimento à Resolução 4/97 foi apurado pelo Ministério Público, via inquérito civil, no qual ficou concluída a insuficiência no atendimento às crianças e adolescentes com problemas de uso de drogas. Diante da omissão governamental pleiteou: a) inserção em plano plurianual e na lei orçamentária anual, com destinação privilegiada de recursos públicos para o programa; b) observância da Resolução 4/97 e das Constituições, Federal e Estadual e da Lei Orgânica do Município; e c) inclusão no orçamento de previsão de recursos à implementação do programa de atendimento aos viciados, *nos termos do projeto.*

Consequentemente, até aqui, conclui-se que não se pode alegar ilegitimidade do Ministério Público, ou inserção do Judiciário na esfera administrativa, como tradicionalmente acontecia, consoante os arestos seguintes: (...)

A posição do TJSP deixa a reboque do Executivo Municipal fazer ou não fazer o determinado pelos seus órgãos, pela Lei Orgânica e pela Constituição, bastando, para o *non facere*, escudar-se na falta de verba. *Se não havia verba, porque traçou ele um programa específico? Para efeitos eleitoreiros e populares ou pela necessidade da sociedade local?*

O moderno Direito Administrativo tem respaldo constitucional suficiente para assumir postura de parceria e, dessa forma, ser compelido, ou compelir os seus parceiros a cumprir os programas traçados conjuntamente.

Com essas considerações, dou provimento ao recurso especial para julgar procedente em parte a ação ministerial, determinando seja reativado em sessenta dias o programa constante da Resolução 4/97, devendo ser incluído no próximo orçamento Municipal verba própria e suficiente para atender ao programa.

É o voto. (Grifos não coincidentes com os do original.)

166 REGIME JURÍDICO DAS POLÍTICAS PÚBLICAS

O julgado acima deve ser lido não pelo que expressamente diz (no sentido de que a discricionariedade pode ser sindicada, o que é tecnicamente equivocado, pois ou a discricionariedade existe, e o Judiciário não pode se imiscuir, ou então ela não passa de vinculação, ainda que em decorrência das circunstâncias do caso concreto), mas pelo seu fundamento essencial: a Administração vincula-se por aquilo que divulga perante os destinatários de políticas públicas, mesmo naqueles casos em que a sua conduta consubstancia-se em ato aparentemente desprovido de força cogente. Mais ainda, verifica-se que, no caso concreto, a enunciação, via ato administrativo, de *propósito* específico (programa para tratamento de viciados em drogas) de uma política pública cujo *fim* é a proteção à criança e ao adolescente, foi reconhecida como elemento suficiente para que fossem adotadas todas as medidas (componentes e atividades) daquela política pública, inclusive com determinação para inclusão do programa a ser instituído na lei orçamentária do exercício seguinte.

A presença, no caso julgado, de dois elementos da estrutura (fim e propósito) da política pública em questão, bem como a existência de normas imunizantes quanto à necessidade da política pública (Estatuto da Criança e do Adolescente), foi suficiente para que um contexto amplamente discricionário quanto aos meios a serem empregados para a promoção do fim da política pública, e também inerentemente complexo, se tornasse mais claro quanto aos comportamentos exigíveis da Administração Pública, justamente pelo fato de ela já ter se pronunciado sobre o assunto, enunciando um plano de atuação para o seu atendimento.

A ordem escalonada das fontes normativas, em que a norma hierarquicamente superior condiciona a edição da inferior, cede lugar – o que constitui um aspecto teórico não desprezível, praticamente ignorado pela doutrina, que ainda hoje se mantém impregnada pelo dogma positivista da pirâmide – a uma nova dinâmica de validade: a identificação de elementos, ainda que parciais, da estrutura da política pública permite a inferência da parcela normativa inexistente ou objeto de omissão pelas autoridades a quem competia a sua edição. *O fundamento imediato de validade das normas construídas pela decisão judicial não é a norma superior na hierarquia, mas a inferior.* Melhor dizendo: o fundamento de validade das normas gerais e individuais faltantes é a ideia de política pública como estrutura, um "circuito fechado" e não uma cadeia infinita e incontrolável.

2.2.6 Eficiência

O princípio da eficiência é um princípio jurídico. É insustentável a posição de parcela da doutrina que afirma que a positivação do princípio

POSITIVAÇÃO DAS POLÍTICAS PÚBLICAS 167

da eficiência, no art. 37, *caput*, da CF, por meio da Emenda Constitucional 19/1998, não significou a instituição de uma norma jurídica cogente para os Poderes Públicos e, portanto, capaz de invalidar os atos com ele contrários. Mesmo doutrinadores que, sob o influxo da referida emenda constitucional, reagiram à época energicamente contra a utilidade jurídica de tal princípio, acabaram tendo de se curvar ao reconhecimento de sua positividade.[54]

Ainda sobre os questionamentos feitos sobre a positividade deste princípio, de se ressaltar que alguns autores, conquanto afirmando a natureza da eficiência como um princípio jurídico da Administração Pública, acabam por rechaçar qualquer operatividade a ele, sob o argumento de que "somente a administração pública tem competência e aptidão para, preventivamente, retirar do regime jurídico-administrativo um ato que passou a se mostrar ineficiente para a satisfação do interesse público".[55] Assim, a eficiência seria um princípio jurídico peculiar,

54. Celso Antônio Bandeira de Mello assim se pronunciava inicialmente sobre o princípio: "Quanto ao princípio da eficiência, não há nada a dizer sobre ele. Trata--se, evidentemente, de algo mais que desejável. Contudo, é juridicamente tão fluído e de tão difícil controle ao lume do Direito, que mais parece um simples adorno agregado ao art. 37 ou o extravasamento de uma aspiração dos que buliram no texto" (*Curso de Direito Administrativo*, 20ª ed., São Paulo, Malheiros Editores, 2006, pp. 109-110). Nas últimas edições de seu *Curso*, o autor adotou a identificação do princípio da eficiência com o princípio da boa administração. Veja-se: "A Constituição se refere, no art. 37, ao princípio da eficiência. Advirta-se que tal princípio não pode ser concebido (entre nós nunca é demais fazer ressalvas óbvias) senão na intimidade do princípio da legalidade, pois jamais uma suposta busca de eficiência justificaria postergação daquele que é o dever administrativo por excelência. O fato é que o princípio da eficiência não parece ser mais do que uma faceta de um princípio mais amplo já superiormente tratado, de há muito, no Direito italiano: o princípio da 'boa administração'. Este último significa, como resulta das lições de Guido Falzone, em desenvolver a atividade administrativa 'do modo mais congruente, mais oportuno e mais adequado aos fins a serem alcançados, graças à escolha dos meios e da ocasião de utilizá-los, concebíveis como os mais idôneos para tanto'. Tal dever, como assinala Falzone, 'não se põe simplesmente como um dever ético ou como mera aspiração deontológica, senão como um dever atual e estritamente jurídico'. Em obra monográfica, invocando lições do citado autor, assinalamos este caráter e averbamos que, nas hipóteses em que há discrição administrativa, 'a norma só quer a solução excelente'. Juarez de Freitas, em oportuno e atraente estudo – no qual pela primeira vez entre nós é dedicada toda uma monografia ao exame da discricionariedade em face do direito à boa administração –, com precisão irretocável, afirmou o caráter vinculante do direito fundamental à boa administração" (Celso Antônio Bandeira de Mello, *Curso de Direito Administrativo*, 32ª ed., 2015, cit., p. 126).
55. Vladimir da Rocha França, "Eficiência administrativa na Constituição Federal", *Revista Eletrônica sobre a Reforma do Estado*, n. 10, Salvador, jun./jul./

168   REGIME JURÍDICO DAS POLÍTICAS PÚBLICAS

porque circunscrito a uma "reserva de administração", donde descaberia quer o controle judicial preventivo, quer a possibilidade de discussão abstrata (isto é, desvinculada da ofensa a um direito subjetivo individual). Defendendo tais premissas, afirma-se que "o que o juiz não pode fazer é, empregando exclusivamente o princípio da eficiência, invalidar o ato administrativo", sob o fundamento de que, em assim fazendo, estaria invadindo um campo situado na competência discricionária da Administração. Afinal, "imagine-se o tumulto que os juízes provocariam se começassem a invalidar atos administrativos que ferissem seus padrões ideológicos particulares".[56]

Esta última vertente resulta igualmente inconsistente. A uma, porque não pode elidir a garantia inscrita no art. 5º, XXXV, da CF, de plena revisibilidade dos atos estatais, não havendo qualquer ressalva quanto à sindicabilidade dos atos administrativos em face dos princípios instituídos pelo art. 37, *caput*, da CF. A duas, porque não há, igualmente, qualquer ligação entre o contraste dos atos estatais à luz do princípio da eficiência e uma suposta tendência do juiz de adotar posições mais ou menos "ideológicas". Independentemente do que se pretenda significar pela menção a "padrões ideológicos particulares", é no mínimo questionável que tal fenômeno se apresente apenas na verificação da eficiência da ação administrativa. A decisão jurisdicional será sempre adotada segundo certas *concepções particulares* do juiz, segundo certo *posicionamento subjetivo perante o mundo*, numa palavra, segundo certa *ideologia*, e o próprio sistema trata de remediar esta situação, ao prever o duplo grau de jurisdição e a revisão necessária de decisões contrárias ao Estado. Neste sentido, é um sem sentido pretender afastar o controle dos atos estatais em face do princípio constitucional da eficiência, como se apenas este princípio ensejasse uma decisão mais ou menos ideológica. Quando porém se relaciona com o princípio da eficiência o temor de imprevisibilidade das decisões judiciais sobre o tema, então, não se pode negar, existe a probabilidade de perda de previsibilidade decisória, mas este *deficit* se impõe de forma inerente ao controle jurisdicional dos atos estatais de modo geral, e das políticas públicas, em particular. A sua resolução é intraprocessual, cabendo às partes e ao juiz produzirem a argumentação que ampare, de modo racional e consistente, cada pretensão posta em juízo. Veja-se: trata-se mais de um problema *sistêmico* que de *aplicação* do referido princípio.

---

ago. 2007, p. 11. Disponível na internet: www.direitodoestado.com.br. Acesso em 31.6.2011.

56. Idem, ibidem.

POSITIVAÇÃO DAS POLÍTICAS PÚBLICAS 169

Portanto, descabe negar a juridicidade deste apenas sob o fundamento de que isto elevaria o grau de previsibilidade e incrementaria a segurança jurídica das decisões judiciais. Este sim é um erro que pode colocar em risco a estrutura do Estado Democrático de Direito inaugurado pela vigente ordem constitucional.

De outro lado, é necessário combater um segundo equívoco doutrinário, de intensa relevância. Trata-se da oposição – e do suposto conflito – entre o princípio da eficiência e o princípio da legalidade. Esta discussão (que hodiernamente se pode dizer ter passado a um estado de saturação) pressupunha que a liberdade do administrador na busca dos objetivos e meios para o atingimento de uma ação eficiente poderia esbarrar em mandamentos legais específicos, donde resultariam duas possibilidades de conduta: (a) adotar a conduta "menos eficiente", mas que obedecesse à lei; ou (b) passar por cima da legalidade, contradizendo mandamentos legais, em benefício do dito princípio da eficiência. A formação legalista de nosso direito administrativo geralmente pendia para a primeira opção, proscrevendo fortemente, *propter peccata sua*, a segunda possibilidade.[57] Na verdade, quando se considera o princípio da eficiência a partir da noção de função administrativa, defendida no presente trabalho (vide item 1.6, acima), compreendendo as atividades legislativa e executiva do Estado-Poder, torna-se mais fácil compreender que o princípio da eficiência tem por destinatário não apenas o administrador público, mas também o legislador. Assim, nunca será possível, sobretudo em matéria de políticas públicas, um conflito entre legalidade e eficiência, pois a própria atividade legiferante subordinar-se-á à eficiência como mandamento constitucional primacial. A legalidade (em sentido estrito) marca a linha divisória entre a atividade executiva e a atividade administrativa (é esta a sua função formal-garantística, pois os atos administrativos, de regra, segundo esta fórmula, encontram seu fundamento de validade em atos de hierarquia superior), porém a eficiência não possui esta função formal, aplicando-se indistintamente tanto ao legislador quanto ao administrador público.[58]

57. Cf., por todos: Celso Antônio Bandeira de Mello, *Curso de Direito Administrativo*, cit., p. 126.

58. Por aí percebe-se que as opções teóricas, no que tange à própria concepção do Direito Administrativo, não podem ser aleatórias e não constituem mera opção do analista. Em verdade, deve-se buscar a classificação das funções estatais que mais se amoldem ao texto constitucional. A concepção bipartite das funções estatais (divididas em função administrativa e função jurisdicional), genialmente defendida por Oswaldo Aranha Bandeira de Mello, novamente mostra sua utilidade científica, justamente em razão da sua afinidade não apenas com a ideia de Estado Democrático

170 REGIME JURÍDICO DAS POLÍTICAS PÚBLICAS

Para Antônio Carlos Cintra do Amaral, o princípio da eficiência administrativa corresponde à escolha dos meios de atuação estatal. Diz o autor que a eficiência do agente público deve ser correspondente à ideia do *bonus pater famílias*, e conclui questionando da utilidade da positivação constitucional de tal princípio, se o seu significado objetivo é este.[59]

A incidência do princípio da eficiência administrativa, conforme leciona Paulo Modesto, não diz respeito apenas às obrigações de meio, mas também à "qualidade do agir final". Para o autor, portanto, o princípio comporta a remissão a duas dimensões da atividade administrativa, indissociáveis entre si: (i) a dimensão da racionalidade e otimização no uso dos meios; e (ii) a dimensão da satisfatoriedade dos resultados da ação administrativa.[60] Para o autor:

> Percebido em suas duas dimensões básicas, o princípio da eficiência, como referia Hely Lopes Meirelles, pode ser equiparado ao princípio tradicional da *boa administração*. Na administração prestadora, constitutiva, não basta ao administrador atuar de forma legal e neutra, é fundamental que atue com eficiência, com rendimento, maximizando recursos e produzindo resultados satisfatórios. Compras de material hospitalar para 30 anos sem sentido útil, em razão da perda de validade; construções de obras faraônicas, sem a correspondente reserva de recursos; contratações em excesso, etc. são provas de que o princípio é útil e poderá ser invocado em diversas situações para responsabilizar autoridades irresponsáveis e levianas na gestão da coisa pública.

de Direito, mas sobretudo com o conteúdo normativo da Constituição Federal. E não se diga que isto apenas aplica-se acidentalmente, sendo o princípio da eficiência uma exceção dentro do rol do art. 37, *caput*, e demais princípios extraíveis da CF: na verdade, sempre que o sentido de um princípio constitucional puder referir-se à atividade (de qualquer natureza e portanto englobando legislação e atos infralegais) de criação de utilidade pública, poder-se-á afirmar a submissão do Legislativo e do Executivo, em conjunto, às suas prescrições. Adotando esta posição, embora sem filiar-se à concepção bipartite de funções estatais, ver Cármen Lúcia Antunes Rocha, *Princípios Constitucionais da Administração Pública*, cit.

59. Antônio Carlos Cintra do Amaral, "O princípio da eficiência no direito administrativo", *Revista Eletrônica sobre a Reforma do Estado*, n. 5, Salvador, mar./abr./maio 2006, p. 5. Disponível na internet: www.direitodoestado.com.br. Acesso em 31.7.2011.

60. Paulo Modesto, "Notas para um debate sobre o princípio constitucional da eficiência", *Revista Eletrônica de Direito Administrativo Econômico (REDAE)*, n. 10, Salvador, Instituto Brasileiro de Direito Público, maio/jun./jul. 2007, p. 9. Disponível na internet: www.direitodoestado.com.br. Acesso em 30.6.2011.

POSITIVAÇÃO DAS POLÍTICAS PÚBLICAS   171

A obrigação de atuação eficiente, portanto, em termos simplificados, impõe: a) ação idônea; b) ação econômica (otimizada); e c) ação satisfatória (dotada de qualidade).[61]

Assinala Humberto Ávila que o princípio da eficiência não se restringe à questão meramente econômica. Para o autor "não há o dever absoluto de escolher o meio que cause menos custo administrativo (*Verwaltungsaufwand*). A medida adotada pela Administração pode ser a menos dispendiosa e, apesar disso, ser a menos eficiente".[62] O teste da eficiência, na linha do que defende Ávila, tem a ver com a consideração global de todas as circunstâncias da atuação sob análise, envolvendo a restrição dos direitos dos administrados e o grau de realização dos fins da Administração Pública.

Decorrente desta posição, é que o dever de eficiência envolve todas as circunstâncias e possíveis efeitos da atuação administrativa. Transcreve-se, neste passo a lição de Humberto Ávila:

> Eficiente é a atuação administrativa que promove de forma satisfatória os fins em termos quantitativos, qualitativos e probabilísticos. Para que a administração esteja de acordo com o dever de eficiência, não basta escolher os meios adequados para promover seus fins. A eficiência exige mais do que a mera adequação. Ela exige satisfatoriedade na promoção dos fins atribuídos à administração. Escolher um meio adequado para promover um fim, mas que promove o fim de modo insignificante, com muitos efeitos negativos paralelos ou com pouca certeza, é violar o dever de eficiência administrativa. O dever de eficiência traduz-se, pois, na exigência de promoção satisfatória dos fins atribuídos à administração pública, considerando promoção satisfatória, para esse propósito, a promoção minimamente intensa e certa do fim.[63]

A eficiência das políticas públicas corresponde à escolha, por parte da Administração Pública, dos meios necessários à sua execução. Impõe-se na avaliação da escolha de propósitos, componentes e atividades. De se notar que o princípio da eficiência, conforme assinala com acerto Humberto Ávila, incide tanto sob o aspecto quantitativo, quanto sob os aspectos qualitativos e probabilísticos. Isto quer dizer que os propósitos,

61. Idem, ibidem, p. 9.
62. Humberto Ávila, "Moralidade, razoabilidade e eficiência na atividade administrativa", *Revista Eletrônica de Direito Administrativo Econômico (REDAE)*, n. 4, Salvador, Instituto Brasileiro de Direito Público, out./nov./dez. 2005, p. 23. Disponível na internet: www.direitodoestado.com.br. Acesso em 30.6.2011.
63. Idem, ibidem, pp. 23-24.

172 REGIME JURÍDICO DAS POLÍTICAS PÚBLICAS

componentes e atividades deverão ser adotados na quantidade exata para o atingimento do fim da política, e a sua própria natureza ontológica (aspecto qualitativo) deverá ser de tal forma ótima (não apenas em termos financeiros, quanto também sociais) que a política possa se realizar do melhor modo possível. Deverão também ser *provavelmente* os melhores, afirmação altamente relevante quando considerado o controle *ex ante* (ou abstrato) das políticas públicas, invalidando-se, quando for o caso, *integral* ou *parcialmente* determinada política pública, quando esta for (no todo o em algum componente) potencialmente (isto é, com grande probabilidade) ineficiente.

2.2.7 Conservação

Mencionou-se variadas vezes, no presente trabalho, que o controle de políticas públicas na maioria das situações não comportará um juízo *desconstitutivo* – ainda que em caso de inconstitucionalidade ou ilegalidade – mas, ao invés, um juízo *corretivo*.

Os fundamentos jurídicos para tal solução são vários. Em primeiro lugar, cite-se o princípio da segurança jurídica. Este princípio, como é intuitivo, impõe que sejam mantidas, tanto quanto (isto é, na máxima medida) possível, as relações constituídas pelas leis e demais atos jurídicos (atos administrativos, sobretudo) e materiais. Já de há muito a doutrina modificou o prisma da avaliação das ilicitudes em direito administrativo, substituindo, como foco precípuo de investigação, a invalidação pura e simples pelas figuras da *convalidação* e *estabilização*;[64] mesmo a figura da *revogação*, antes enxergada como uma faculdade da Administração que, por ter fundamento direto na cura do interesse público, não geraria qualquer direito subjetivo, passa a ser, de modo correto, compreendida como um instituto de uso muitíssimo mais restrito, gerando, quando inevitável a sua prática, indenização ao particular pelos danos que, em decorrência da sua adoção, eventualmente suporte.[65]

64. Cf., por todos: Weida Zancaner, *Da Convalidação e da Invalidação dos Atos Administrativos*, 3ª ed., São Paulo, Malheiros Editores, 2008; Carlos Ari Sundfeld, *Ato Administrativo Inválido*, São Paulo, Ed. RT, 1990; Miguel Reale, *Revogação e Anulamento do Ato Administrativo*, Rio de Janeiro, Forense, 1968.

65. Para Daniele Coutinho Talamini, "(a) deve-se entender como irrevogável ato que tenha gerado direito adquirido (inclusive sem possibilidade de conversão patrimonial); (b) em caso de 'conflito insolúvel' entre o interesse particular e o coletivo a solução é a expropriação do direito, cujo regime será o previsto na Constituição, no art. 5º, XXIV. A supressão de um direito já incorporado ao patrimônio de alguém só se justifica se a reparação do prejuízo for integral e justa e se observar o regime

POSITIVAÇÃO DAS POLÍTICAS PÚBLICAS 173

No direito brasileiro, encontra-se positivado de modo amplo o princípio da segurança jurídica não apenas no inciso XXXVI do art. 5º da CF ("a lei não prejudicará o direito adquirido, o ato jurídico perfeito e a coisa julgada"), mas também no art. 2º da Lei 9.784/1999, abaixo transcrito:

Art. 2º. A Administração Pública obedecerá, dentre outros, aos princípios da legalidade, finalidade, motivação, razoabilidade, proporcionalidade, moralidade, ampla defesa, contraditório, *segurança jurídica*, interesse público e eficiência. Parágrafo único. Nos processos administrativos serão observados, entre outros, os critérios de: I – atuação conforme a lei e o Direito; II – atendimento a fins de interesse geral, vedada a renúncia total ou parcial de poderes ou competências, salvo autorização em lei; III – objetividade no atendimento do interesse público, vedada a promoção pessoal de agentes ou autoridades; IV – *atuação segundo padrões éticos de probidade, decoro e boa-fé;* V – divulgação oficial dos atos administrativos, ressalvadas as hipóteses de sigilo previstas na Constituição; VI – adequação entre meios e fins, vedada a imposição de obrigações, restrições e sanções em medida superior àquelas estritamente necessárias ao atendimento do interesse público; VII – indicação dos pressupostos de fato e de direito que determinarem a decisão; VIII – observância das formalidades essenciais à garantia dos direitos dos administrados; IX – adoção de formas simples, suficientes para propiciar adequado grau de certeza, segurança e respeito aos direitos dos administrados; X – garantia dos direitos à comunicação, à apresentação de alegações finais, à produção de provas e à interposição de recursos, nos processos de que possam resultar sanções e nas situações de litígio; XI – proibição de cobrança de despesas processuais, ressalvadas as previstas em lei; XII – impulsão, de ofício, do processo administrativo, sem prejuízo da atuação dos interessados; XIII – interpretação da norma administrativa da forma que melhor garanta o atendimento do fim público a que se dirige, vedada aplicação retroativa de nova interpretação (os destaques são da transcrição).

O princípio da boa-fé objetiva (proteção à confiança), para além do dispositivo acima transcrito – que possui aplicação nacional por força do art. 22, I, da CF – encontra-se positivado na previsão de moralidade do *caput* do art. 37 da CF, e também no art. 422 do Código Civil, ao dispor que "os contratantes são obrigados a guardar, assim na conclusão do contrato, como em sua execução, os princípios de probidade e boa-fé", traduzindo verdadeiro princípio geral de direito, não restrito apenas aos atos negociais.

diferenciado [*de pagamento*], mais vantajoso ao particular" (*Revogação do ato administrativo*, São Paulo, Malheiros Editores, 2002, p. 245).

174 REGIME JURÍDICO DAS POLÍTICAS PÚBLICAS

A incidência de tais princípios é imposta, a seu turno, por uma questão de fato: as políticas públicas são estruturas normativas de amplo espectro, com impacto social altamente abrangente. Sendo assim, do mesmo modo pelo qual a sua criação deve ser precedida de amplos cuidados no tocante ao planejamento, análise de riscos e compatibilidade lógica de seus componentes (no item 3.1, *infra*, este aspecto será abordado com o devido aprofundamento), a extinção de atos que componham a estrutura de políticas públicas, mesmo na hipótese de ilegalidade, deverá cercar-se de iguais cautelas.

Assim como na presente obra sustenta-se que a generalidade ascendente dos componentes estruturais das políticas públicas (fim, propósito, componentes e atividades) torna mais difícil, nos planos mais genéricos, a invalidação da política pública, fato é que, paradoxalmente, o espaço para alteração do ordenamento jurídico (revendo-se escolhas já feitas, quer por razões de interesse público, quer por razões de legalidade) se reduz sensivelmente à medida em que se passa da esfera mais geral (fim) para a esfera mais específica (atividades).

Se, por um lado, por sua abrangência, os componentes estruturais mais genéricos das políticas públicas exigem razões jurídicas mais fortes para sua modificação, de outro lado, pela redução das possibilidades materiais de conduta, nas fases mais específicas das políticas públicas, o mesmo acaba por ocorrer. Todavia, se os efeitos são os mesmos em ambos os extremos (neles, o princípio da conservação atua como elemento exigente de razões fortes para modificação ou extinção dos atos), a causa não é idêntica. No caso dos mais genéricos, é o seu largo espectro (ou seja, o seu potencial para atingir um número grande ou indefinido de sujeitos) a causa para a incidência do princípio da conservação. No caso dos mais específicos, é a limitação das possibilidades de ação que vai demandar uma compreensão de sua juridicidade balizada pelo já referido princípio da conservação.

2.2.8 Instrumentalidade

A estrutura de políticas públicas defendida no presente trabalho pressupõe um vínculo lógico entre os seus componentes. Esta relação, como se disse,[66] é de necessidade: para que o fim constitucional seja atingido, é necessária a execução do propósito; para que o propósito seja satisfeito, necessário que sejam realizados os seus componentes; para que os componentes se concretizem, necessária a prática de todas

---

66. Ver, a propósito, a Introdução ao presente trabalho.

POSITIVAÇÃO DAS POLÍTICAS PÚBLICAS 175

as atividades (atos jurídicos e materiais) relacionadas aos primeiros.

Dito de outro modo: as atividades constituem fase lógica instrumental para realização dos componentes; estes, a seu turno, são instrumentais à realização dos propósitos; o mesmo ocorrendo na relação destes últimos com a realização do fim constitucional que preside cada política pública. A ideia de instrumentalidade corresponde, pois, no plano pragmático, ao conceito lógico de *necessidade* na avaliação abstrata da estrutura das políticas públicas.

Mais ainda, a relação de instrumentalidade entre as fases lógicas das políticas públicas instaura, em sede de controle jurisdicional, um tipo de *derivação normativa* que, sem derrogar a ordem escalonada do sistema jurídico (fundado na pirâmide constituição-leis-atos infra-legais), produz efeitos jurídicos inimagináveis à luz da teoria jurídica tradicional: pode ocorrer de qualquer dos elementos da estrutura de uma política pública (fim, propósito, componentes e atividades) ser definido por ato administrativo; em isto ocorrendo, se houver omissão do Estado na prática de qualquer dos elementos restantes, poderá se dar o seguinte fato: a existência de um (ou mais de um) elemento da estrutura da política pública veiculado por ato administrativo, que acarretará o dever de praticar ato que, na ordem escalonada do sistema, seja enquadrado formalmente como de superior hierarquia (*v.g.* lei). Assim, a existência de determinados elementos – consubstanciados, no presente exemplo, por ato administrativo –, poderá constituir o fundamento de validade de todos os demais atos (legais e infralegais) necessários à completude da política pública em questão. Isto é muito comum no caso de divulgação de planos ou programas governamentais, muitas vezes relacionados à satisfação de direitos subjetivos a prestações estatais;[67] nestes casos, divulgado o plano, e dependendo do grau de densificação normativa (ou subjetivação) da mencionada política pública, a própria estrutura ditará, por meio dos elementos já positivados (propósitos, componentes ou ati-vidades, consubstanciados em atos jurídicos infralegais ou mesmo atos materiais), o conteúdo do ato ou conjunto de atos faltantes (que poderá, já se disse, ser veiculado exemplificativamente por lei).

Um exemplo claríssimo pode ser dado no campo da saúde: cogite--se que uma determinada relação de medicamentos gratuitamente forne-cidos pelo Estado seja estabelecida por lei ou decreto. O governo elabora estudos e divulga plano em que assegura, dentro de um certo prazo, a inclusão de outros medicamentos à lista. Nesse caso, o particular deten-

---

67. Ver o item 2.2.5.2, acima.

176 REGIME JURÍDICO DAS POLÍTICAS PÚBLICAS

tor do direito subjetivo a tais medicamentos, ou ainda entidades de classe ou o Ministério Público, constatada a inegável densificação normativa da política pública, poderão pleitear em juízo (e obter) provimento para que os demais atos necessários à realização da política pública sejam praticados (edição de lei ou decreto com a lista atualizada, consignação de recursos orçamentários para a sua aquisição, realização de licitação ou contratação emergencial para a sua aquisição e distribuição gratuita, quebra de patentes, indenizações etc.). O campo da discricionariedade administrativa – muitas vezes amplo na escolha dos *propósitos*, *componentes* e *atividades* de certas políticas públicas – reduz-se até ao ponto de desaparecer, em face da conclusão lógica de que somente uma categoria de atos, com um conteúdo específico, pode ser adotada no caso sob exame. Considerando que as políticas públicas constituem, como se defende na presente obra, uma categoria jurídica independente e bem delineada, o controle jurisdicional sobre elas será não apenas possível, mas decisivo para a sua positivação, nas hipóteses em que a sua natureza estrutural não deixar dúvidas quanto aos atos jurídicos ou materiais comportados no seu bojo. O que permite este grande avanço é o reconhecimento, que ora se faz, não apenas dos elementos que a integram (fins, propósitos, componentes e atividades), mas da relação de instrumentalidade-necessidade que os une. É isto o que nominamos princípio da instrumentalidade.

2.2.9 Responsabilidade

Há já muito tempo se consignou, no exame dos ilícitos de improbidade administrativa, a máxima de que "se deve punir o administrador desonesto, não o mau administrador".[68] Esta afirmação tem se estendido, de forma transcendente, a todos os âmbitos da função pública, quando se discute a responsabilização pessoal de agentes públicos por atos praticados no seu exercício. Isto equivale a dizer que a responsabilidade pessoal dos agentes públicos somente comportaria a modalidade dolosa, invertendo-se, pelo menos neste campo particular, todo o sistema de responsabilização civil que, mais do que um fenômeno de direito privado, constitui verdadeira categoria de teoria geral do direito.

Por isto cabe ressaltar que a culpa não pode ser excluída como um dos elementos ensejadores de responsabilização civil dos agentes públicos. Como defende Carlos Roberto Gonçalves:

---

68. Cf. Marcelo Figueiredo, *Probidade Administrativa. Comentários à Lei 8.429/92 e legislação complementar*, 6ª ed., 2009, pp. 49-51.

POSITIVAÇÃO DAS POLÍTICAS PÚBLICAS 177

Agir com culpa significa atuar o agente em termos de, pessoalmente, merecer a censura ou reprovação do direito. E o agente só pode ser pessoalmente censurado, ou reprovado na sua conduta, quando, em face das circunstâncias concretas da situação, caiba a afirmação de que ele podia e devia ter agido de outro modo.[69]

Isto posto, no que se refere especificamente à formulação e execução de políticas públicas, é importante ressaltar que o agente público deve ser responsabilizado por suas condutas contrárias ao direito. Grande parte dos problemas derivados da má formulação ou execução de políticas públicas poderia ser evitada a partir de um eficiente manejo dos instrumentos de responsabilização dos agentes públicos. O mau administrador deve ser responsabilizado não apenas por uma questão de causa e efeito (o exercício da função administrativa seria rodeado de maiores cuidados em face da iminência da punição), mas por uma questão jurídico-positiva: nosso sistema jurídico impõe penalidades aos agentes cujo desempenho seja inferior àquele definido normativamente como adequado à satisfação do interesse público. O desleixado, o ineficiente e o negligente, que não têm lugar há muito tempo em qualquer atividade privada, não sobrevivem, também, na Administração Pública.

No plano teórico-dogmático, é corrente a divisão entre os planos de responsabilização *penal*, *civil* e *administrativa* dos agentes públicos. José Roberto Pimenta Oliveira aponta a insuficiência de tal classificação tripartite, em face da complexidade instaurada pelo texto da Constituição Federal. Defende o Autor, a partir da perspectiva jurídico--positiva centrada na análise do ilícito, das sanções, dos bens jurídicos defendidos e do seu processo de aplicação, a existência: (i) quanto ao âmbito pessoal de validade da norma sancionatória, de *sistemas gerais de responsabilidade* e *sistemas especiais de responsabilidade*; (ii) quanto ao âmbito material da norma sancionatória, de *sistemas autônomos de responsabilidade* (cuja incidência independe da inculcação prevista nos demais sistemas de responsabilização) e de *sistemas não autônomos de responsabilidade*; e (iii) no tocante à natureza das sanções, de sanções de cunho *reparatório* e sanções de cunho *repressivo*. No que se refere a esta última modalidade, o Autor identifica esferas de responsabilidade com exclusiva finalidade reparatória, esferas de *responsabilidade com exclusiva finalidade sancionatória em sentido*

---

69. Carlos Roberto Gonçalves, *Direito Civil Brasileiro*, vol. 4, 6ª ed., São Paulo, Saraiva, 2011, p. 314.

178 REGIME JURÍDICO DAS POLÍTICAS PÚBLICAS

estrito e esferas de *responsabilidade com finalidades reparatórias e sancionatórias em sentido estrito.*[70] A par de tais distinções, o Autor aponta a existência de nove modalidades de responsabilização dos agentes públicos extraíveis do texto constitucional, *verbis*:

> Utilizando-se os critérios propostos, dando concreção máxima ao sistema constitucional republicano e democrático de responsabilidade dos agentes públicos, a Constituição de 1988 impõe ao intérprete constitucional o dever de reconhecimento das seguintes esferas autônomas, aplicáveis a quaisquer agentes públicos, donde o rótulo de *esferas gerais autônomas de responsabilidade dos agentes públicos:* (1) *a responsabilidade por ilícito civil* (art. 37, § 6º); (2) *a responsabilidade por ilícito penal comum* (art. 22, I); (3) *a responsabilidade por ilícito eleitoral* (art. 14 e 22, I); (4) *a responsabilidade por irregularidade de contas* (art. 71, VIII); (5) *a responsabilidade por ato de improbidade administrativa* (art. 37, § 4º).

Por outro lado, por ter sido constitucionalmente restringida a determinados agentes ou categorias de agentes públicos, cumpre ao intérprete da Constituição reconhecer a existência das seguintes *esferas especiais autônomas de responsabilidade dos agentes públicos*, quais sejam: (6) *a responsabilidade político-constitucional*, consubstanciada na previsão de *crimes de responsabilidade* passíveis de cometimento por determinados agentes políticos ou servidores estatais, nos termos dos artigos 29-A, §§2º e 3º; 50; 52, I, II; 85; 96, III; 102, I, "c"; 105, I, "a" e 108, I, "a"; (7) *a responsabilidade político-legislativa*, consistente na decretação da *perda do mandato* parlamentar, pelas infrações previstas no art. 55; (8) *a responsabilidade administrativa*, incidente, excluídos os cargos políticos, sobre todos os titulares de cargo, função e emprego público (art. 40, § 1º, II) no âmbito da Administração Direta e Autárquica de todos os Poderes da União, dos Estados, do Distrito Federal e dos Municípios, sobre os contratados para atender a necessidade excepcional de excepcional interesse público (art. 37, IX), e sobre ocupantes de empregos governamentais em pessoas jurídicas de direito privado integrantes da Administração Indireta (art. 173, § 1º, II).

Por fim, em função da inexistência de autonomia do regime sancionatório previsto no Texto Maior, cumpre ao intérprete o reconhecimento da *esfera geral de responsabilidade dos agentes públicos, não autônoma*, derivada da: (9) *responsabilidade pela prática de discriminação atentató-*

---

70. José Roberto Pimenta Oliveira, *Improbidade Administrativa e sua Autonomia Constitucional*, Belo Horizonte, Forum, 2009, pp. 85-86.

POSITIVAÇÃO DAS POLÍTICAS PÚBLICAS 179

ria dos direitos e liberdades fundamentais (art. 5º, XLI), tipificada sob o rótulo de *abuso de autoridade* (cf. art. 103-B).[71]

No tocante à responsabilização dos agentes públicos em decorrência da execução faltosa ou omissão na execução de políticas públicas, cabe assentar algumas observações relevantes: (a) a execução de políticas públicas envolve sempre, ainda que nela se incluam pessoas privadas, o exercício de função pública; (b) em decorrência disto, todos os agentes envolvidos poderão ser responsabilizados, obedecida a abrangência de cada categoria de responsabilização, conforme estabelecido acima; e (c) a aplicação das sanções aos agentes públicos deve servir como um meio de garantir a eficácia das políticas públicas: considerando que os fins consagrados na Constituição Federal (e que afinal serão os fins que integrarão a estrutura das políticas públicas) constituem a razão de ser de um aparato estatal e, por decorrência, da atuação dos agentes públicos, estes devem ser especialmente ciosos de seu cumprimento, vinculando--se *pessoalmente* aos resultados alcançados.

Os deveres dos agentes públicos, relativamente às políticas públicas, podem ensejar a incidência de algumas das modalidades de responsabilização geral autônoma. Com efeito, pode-se cogitar a aplicação de sanções pessoais aos agentes públicos tanto em razão de prática de ilícito civil, quanto penal (exceto os agentes políticos que, em decorrência de imunidade parlamentar consagrada no art. 53 da CF, não podem ser penalizados em razão da atividade parlamentar).

Do mesmo modo, deverão ser responsabilizados os agentes públicos por ato de improbidade administrativa, que se pode verificar tanto na fase formativa quanto na fase de execução da política pública. Ao lado das modalidades de atos de improbidade administrativa que importam em enriquecimento ilícito e prejuízo ao Erário (Lei 8.429, de 2.6.1992, arts. 9 e 10), deve ser dada especial ênfase às condutas enquadráveis no art. 11 do referido diploma, que estabelece como enquadráveis na figura da improbidade "qualquer ação ou omissão que viole os deveres de honestidade, imparcialidade, legalidade, e lealdade às instituições", observando-se, em especial, as condutas exemplificadas de "retardar ou deixar de praticar, indevidamente, ato de ofício" e "negar publicidade aos atos oficiais" (incisos II e IV, respectivamente).

No tocante à esfera de responsabilidade especial autônoma, importa mencionar a responsabilidade político-constitucional, consubstanciada

71. Idem, ibidem, p. 86.

180 REGIME JURÍDICO DAS POLÍTICAS PÚBLICAS

nos crimes de responsabilidade. Embora o art. 85 da CF institua um mandato de criminalização bastante amplo, compreendendo as condutas do Presidente da República atentatórias contra a Constituição Federal, e especialmente, contra, entre outros, "o exercício dos direitos políticos, individuais e sociais", "a probidade na administração", "a lei orçamentária" e "o cumprimento das leis e das decisões judiciais", deve-se convir que a Lei 1.079, de 10.4.1950, que tipifica tais crimes e foi recepcionada pela Constituição Federal, institui tipos bem mais estritos do que aqueles determinados pelo constituinte de 1988. Sendo assim, a sua aplicabilidade acaba abrangendo parcela menor das condutas possíveis vislumbradas na Lei Maior.

Dois casos peculiares – muito comuns quando se trata de políticas públicas – devem, neste ponto, ser examinados, em face das modalidades de responsabilização dos agentes públicos acima abordadas.

O primeiro caso tem a ver com a elaboração ou execução de políticas públicas em desconformidade com o seu regime jurídico. Assim, desconforme a definição de propósito, componentes ou atividades com os princípios democrático, da isonomia, subsidiariedade, razoabilidade, transparência e eficiência, o agente público estará descumprido um dever substancial de legalidade, sendo possível, em razão disto, responsabilizá-lo pelo seu desrespeito, tanto sob a modalidade de improbidade administrativa (constatada a culpa ou dolo) quanto sob a modalidade de crime de responsabilidade (a depender do cargo exercido pelo agente).

O segundo caso relaciona-se com as omissões dos agentes públicos na formulação e execução de políticas públicas. No caso do administrador público, a omissão dolosa ou, no mínimo, culposa, é pressuposto para a aplicação das penalidades decorrentes do enquadramento no referido art. 11 da Lei 8.429/1992 (sem prejuízo da eventual aplicação dos demais dispositivos da lei). No caso do legislador, como já mencionado acima, incide a imunidade parlamentar prevista na Constituição Federal, donde se extrai que é vedado a qualquer Poder ou pessoa impor aos parlamentares o dever de votar uma proposição legislativa. Muito menos se pode pretender impor o dever de votar numa direção ou noutra.

Assim, o Poder Executivo pode ser compelido judicialmente a editar as normas necessárias à implementação de uma política pública, mas o mesmo tipo de determinação não alcança o Poder Legislativo. Este é um dado do sistema, uma limitação que lhe é própria (a "irresponsabilidade" pessoal dos parlamentares derivada de sua imunidade é uma técnica organizacional que permite a tomada de decisões em cenários de alta complexidade, conforme esclarece a teoria dos sistemas luhmanniana,

POSITIVAÇÃO DAS POLÍTICAS PÚBLICAS 181

razão por que, se a sua adoção impede certas medidas para controle das omissões legislativas, é, no entanto, necessária para o funcionamento de um Estado Democrático de Direito).

Entretanto, a simples constatação de que os agentes públicos não--parlamentares podem ser responsabilizados em caso de recusa da edição dos atos normativos permite a formulação de pretensões dirigidas ao Poder Executivo para que (i) elabore projeto de lei, inclusive em regime de urgência, para o tratamento dos assuntos atinentes a uma dada política pública; (ii) edite medida provisória, caso a providência seja ainda mais imediata e se enquadre nas hipóteses de edição deste veículo normativo; (iii) edite os atos regulamentares ou concretos necessários para a adoção das soluções necessárias ao caso concreto posto em juízo. A omissão no cumprimento de tais deveres configurará, conforme o caso, crime de responsabilidade ou ato de improbidade administrativa, ou ambos, considerando que se trata, conforme a posição de José Roberto Pimenta Oliveira, a que ora se adere, de instâncias autônomas de responsabilização.

Capítulo III
ESTRUTURA DIACRÔNICA
DAS POLÍTICAS PÚBLICAS

3.1 A metodologia do marco lógico e a análise jurídica de políticas públicas: 3.1.1 Fins – 3.1.2 Propósitos – 3.1.3 Componentes – 3.1.4 Atividades – 3.1.5 A matriz do marco lógico: 3.1.5.1 Sentido jurídico da matriz do marco lógico. 3.2 Políticas públicas como fontes de "direitos subjetivos": 3.2.1 Função "estenográfica" da locução "direito subjetivo" – 3.2.2 Subjetivação e eficácia – 3.2.3 A subjetivação e seu modelo pragmático. 3.3 Políticas públicas e direitos fundamentais: 3.3.1 Estrutura jurídica dos direitos fundamentais – 3.3.2 A questão da aplicabilidade imediata dos direitos fundamentais e as políticas públicas – 3.3.3 Da irrelevância da natureza dos direitos para a avaliação jurídica de políticas públicas. 3.4 Os "topoi" do neopositivismo/neoconstitucionalismo e sua dispensabilidade no discurso sobre as políticas públicas: 3.4.1 A questão da reserva do possível – 3.4.2 A vedação ao retrocesso – 3.4.3 Separação de poderes – 3.4.4 O ativismo doutrinário.

3.1 A metodologia do marco lógico e a análise jurídica de políticas públicas

O objeto, para a investigação científica, dita o seu método: nunca o contrário. Sendo assim, importa destacar que encontrar o método correto para a análise jurídica de políticas públicas é o maior desafio do jurista. Defendemos, nos tópicos precedentes, que as concepções atomísticas, oriundas da análise tradicional da validade de atos administrativos e das leis, são impróprias para a compreensão das políticas públicas enquanto fenômeno submetido a um determinado regime jurídico. Se estas concepções não são adequadas – e efetivamente não o são – é dever do analista investigar e propor a metodologia que considere eficiente para a descrição do seu objeto. A metodologia que propomos, neste trabalho, é a oriunda da tecnologia do *logical framework* ou, conforme difundida no mundo de línguas espanhola e portuguesa, da matriz do *marco lógico*.

184 REGIME JURÍDICO DAS POLÍTICAS PÚBLICAS

A metodologia do marco lógico foi elaborada em 1969 pela Agência Norte-Americana para o Desenvolvimento Internacional (USAID) e logo em seguida difundiu-se a vários países e organizações, que passaram a adotá-la como ferramenta de desenvolvimento e avaliação de projetos (principalmente ligados ao desenvolvimento e áreas sociais). O método do marco lógico, conforme salientam Edgar Ortegón, Juan Francisco Pacheco e Adriana Prieto,[1] foi elaborado inicialmente como resposta aos seguintes problemas: (i) o planejamento de projetos era carente de precisão, com objetivos múltiplos que não estavam claramente relacionados com as atividades do projeto; (ii) muitos projetos não obtinham êxito, e a responsabilidade de seus executores não era definida; e (iii) não existia uma imagem clara de como seriam os resultados do projeto, caso este fosse bem-sucedido, e os analistas não possuíam uma base objetiva para comparar o que era planejado com o que acontecia na realidade.

Assim, foi desenvolvido o método do marco lógico, cujas vantagens foram logo percebidas, conforme ressaltam os autores acima referidos, pois ele: (a) introduz uma terminologia uniforme que facilita a comunicação e serve para reduzir ambiguidades; (b) fornece um formato para chegar-se a acordos precisos acerca dos objetivos, metas e riscos do projeto que compartilham os diversos atores relacionados com o projeto; (c) fornece um temário analítico comum de que se podem utilizar os envolvidos (consultores, analistas, cidadãos), tanto para desenvolver o projeto quanto para interpretá-lo; (d) enfoca os pontos críticos do projeto, evitando discussões desnecessárias; (e) fornece informação para organizar e preparar, de forma racional, o plano de execução do projeto; (f) fornece a informação necessária para a execução, monitoramento e avaliação do projeto; e (g) proporciona uma estrutura capaz de expressar, por meio da matriz de marco lógico, as principais informações sobre o projeto.[2]

A metodologia da matriz de marco lógico, projetada e aplicada nas áreas da Administração Pública e das ciências sociais aplicadas (não jurídicas), é um instrumental que oferece justamente aquilo que o direito não logrou fazer: fixa uma estrutura formal, composta de elementos constantes, passível de contrastar toda e qualquer política pública. Antes de entrarmos nos detalhes desta metodologia, deve-se estabelecer uma diferença fundamental entre a leitura jurídica da matriz de marco lógico e a compreensão a que esta metodologia originalmente se refere. Toda a

---

1. Edgar Ortegón, Juan Francisco Pacheco e Adriana Prieto, *Metodología del Marco Lógico para la Planificación, el Seguimiento y la Evaluación de Proyectos y Programas*, Santiago, ILPES-CEPAL, 2005, p. 14.

2. Idem, ibidem, pp. 14-15.

ESTRUTURA DIACRÔNICA DAS POLÍTICAS PÚBLICAS   185

tecnologia da análise de políticas públicas por meio da matriz de marco lógico tem o propósito de orientar o administrador público e o político em suas escolhas: tem portanto um caráter descritivo para a mudança da realidade. Para o direito, a matriz de marco lógico aplicada às políticas públicas reveste-se de um caráter prescritivo, identificando-se com o regime jurídico-administrativo. Assim, quando se fala em *fim* de uma política pública, segundo a ideia tradicional da metodologia do marco lógico, está-se a falar do objetivo mais amplo a que a referida política pública se presta, ao ser executada. Para o direito, o *fim* mais amplo de uma política pública só pode residir na Constituição. Donde se extrai, para ficar apenas neste exemplo, um primeiro critério jurídico-material para a análise de políticas públicas: *o propósito de toda e qualquer política pública não pode deixar de ligar-se ao conteúdo da norma fundamental.*

Quando se fala no nível dos *componentes* de uma dada política pública, que, segundo a matriz do marco lógico, consiste nos resultados imediatos parciais que contribuirão para o atingimento do *propósito* (que difere do *fim*, pois este é o bem último a cuja realização se presta a política pública, ao passo que o propósito é o objetivo imediato a ser atingido por meio da mesma política pública), este passa a ter significação diversa se a análise for jurídica. Considere-se a criação de uma política pública para a melhoria do atendimento à população com câncer. O *propósito* de tal política é a criação de um hospital que sirva como centro de referência para o tratamento e cura da doença, envolvendo inclusive a pesquisa. Assim delimitada, essa política pública terá como *fim* a realização do direito à saúde (que possui assento na Constituição Federal). O nível dos *componentes* desta política pública pressupõe a construção de instalações compatíveis com um centro de referência, profissionais contratados e equipamentos adquiridos. Os componentes dependem da realização das atividades correspondentes (separação de recursos orçamentários para a licitação da construção do hospital, alocação de profissionais ou realização de concurso público para novas contratações, compra dos equipamentos e remédios etc.). Nesse cenário, se a Administração realizasse, *v.g.*, licitação para a compra de equipamentos obsoletos ou incompatíveis com o propósito da política pública (criação de um centro de referência para o tratamento do câncer), tal licitação, que poderia ser absolutamente legal segundo a concepção tradicional do direito administrativo, passa a uma situação de invalidade: considerando que o seu fundamento ou causa é justamente a concretização de um dado propósito identificável na política pública, a licitação poderá ser invalidada e a aquisição pretendida deixará de realizar-se. O mesmo ocorre com a

186 REGIME JURÍDICO DAS POLÍTICAS PÚBLICAS

omissão governamental: existindo a política pública para a construção do centro de referência no tratamento do câncer, impor-se-á (inclusive com recurso ao Poder Judiciário) a realização de todas as atividades necessárias à sua consecução (no caso, a compra de equipamentos condizentes com o propósito da política pública). Quando a política pública é deixada pelo caminho, omitindo-se as esferas governamentais em sua implementação no nível dos componentes, o grande problema que se coloca tradicionalmente ao se questionar em juízo a omissão governamental, a saber, a questão da discricionariedade administrativa na eleição dos meios para a execução das tarefas de competência dos agentes públicos envolvidos, se mitiga brutalmente: a distinção nítida entre fins, propósitos e componentes, com a relação meio-fim que se estabelece entre tais níveis, oferece, de um lado, ao julgador, maior segurança para ter certeza quanto à probabilidade de correção de sua atuação (permitindo portanto que esta ocorra), e, de outro, ao cidadão, a compreensão de que o campo de cognição dos agentes públicos competentes, conquanto amplo, não é insindicável, podendo-se fazer prova, quer da incorreção da solução proposta, quer do comportamento a ser adotado quando se trata de omissão.

A seguir são abordados os elementos estruturais do modelo do marco lógico.

3.1.1 Fins

O fim de uma política pública é uma descrição da solução de problemas de nível superior e importância nacional, regional ou setorial que tenha sido diagnosticado. Conforme exemplo de Ortegón, Juan Francisco Pacheco e Adriana Prieto, se o problema principal no setor de saúde é uma alta taxa de mortalidade materna e infantil em populações de baixa renda, então o fim consistiria na redução da taxa de mortalidade materna e infantil nessa população.[3]

O fim representa um objetivo de desenvolvimento que geralmente obedece a um nível estratégico, encaixando-se nas "políticas de desenvolvimento" e nos impactos de longo prazo que se espera realizar. Isto põe em relevo um princípio estrutural das políticas públicas, que vem a ser a sua *continenciabilidade*.[4] Pelo neologismo – necessário quando há novos conceitos a serem manejados – quer-se significar a tendência ou

---

3. Idem, ibidem, p. 23.

4. Empregou-se, para a formação do vocábulo, a união, ao radical "continência", dos sufixos "-vel" (modificado, em razão da bi-sufixação, para "bi") e "-dade', expressando, respectivamente, *potencialidade ou probabilidade* e *estado*. *Continen-*

ESTRUTURA DIACRÔNICA DAS POLÍTICAS PÚBLICAS 187

possibilidade, inerente às políticas públicas, de combinarem-se entre si. Assim, uma política pública pode inserir-se em outra política pública de maior abrangência funcionando, exemplificativamente, como componente ou propósito desta última. Transpondo o que se propõe por *continenciabilidade* ao campo das operações semióticas, uma política pública pode constituir um *interpretante* e, nessa qualidade, funcionar como *objeto* de outro *signo* (política pública mais abrangente ou conexa), que vai gerar, nesta hipótese, outro *interpretante*.

A relação entre o fim e o propósito não necessariamente será satisfativa. Isto quer dizer que o propósito de uma dada política pública não será necessariamente suficiente para resolver *totalmente* o problema cuja solução é representada pelo fim. Há fins que somente podem ser realizados por uma multiplicidade de propósitos (e, por conseguinte, de políticas). Do mesmo modo, há fins que, pela própria natureza e pela impostergável historicidade dos homens, nunca serão atingidos em plenitude. Fins como "justiça social", "desenvolvimento humano", "desenvolvimento social", "bem-estar coletivo", entre outros, são ideais a serem atingidos, que existem precipuamente como potencialidade. Os propósitos, assim, somente poderão contribuir à sua realização, que nunca será plena.

Outro aspecto essencial da relação entre o fim e o propósito de dada política pública consiste na temporalidade. Nem sempre o fim será atingido num curto lapso de tempo, apenas realizados as atividades, componentes e propósitos a ele estruturalmente ligados. O fim, mais do que um acontecimento da realidade, deve ser encarado funcionalmente como um elemento aglutinador, capaz de conferir coerência à estrutura. Tem, por isto, o fim, uma função lógica, porque dele, na multiplicidade de ações possíveis, serão selecionadas aquelas – e apenas aquelas – capazes de funcionar como propósitos, componentes e atividades daquela política pública individualmente considerada.

Do ponto de vista jurídico, conforme já referido, o fim liga-se semanticamente direta ou indiretamente a um mandamento constitucional. Conquanto esta afirmação se afigure trivial a alguns, ela é necessária para colocar a temática das políticas públicas em seu devido lugar. Dizer que as políticas públicas devem ter como fundamento de validade direto ou indireto a Constituição é coisa muito diversa do que afirmar serem elas instrumentos destinados à "concretização dos direitos fun-

ciabilidade, portanto, é o substantivo que designa a qualidade daquilo que pode ou tende a estar contido em outra coisa.

188 REGIME JURÍDICO DAS POLÍTICAS PÚBLICAS

damentais" (ou "direito sociais", ou "direitos humanos" ou quejandos).

No primeiro caso, a afirmação é *prescritiva* (a política pública *deve* ser constitucional, não pode ser inconstitucional); no último, a afirmação pretende ser *descritiva* (as políticas públicas somente se prestam à realização de direitos – qualquer que seja a sua natureza; ou, ainda, os direitos somente podem ser realizados mediante políticas públicas). O acerto da primeira assertiva é obvio e inegável: não há ação estatal válida que não possua assento, direto ou indireto, no texto constitucional; o Estado é a criatura constitucional em movimento. A segunda afirmação é, a seu turno, equivocada, porquanto nem as políticas públicas veiculam (ou podem veicular) somente conteúdos ligados à *concretização* de direitos, nem tampouco os direitos (fundamentais, humanos, sociais etc.) somente podem ser realizados mediante políticas públicas.

3.1.2 Propósitos

O propósito descreve o efeito direto da política pública, tão logo esta termine de ser executada. Consiste no resultado esperado ao fim do processo de execução. Relaciona-se à alteração, no mundo dos fatos, que se produzirá com a política pública. O propósito, além de ser suficiente à realização do fim, é, ele próprio, consequência da realização conjugada dos componentes da política pública.

Do ponto de vista analítico, os estudiosos da metodologia do marco lógico recomendam que cada política pública tenha somente um propósito, ainda que dela possam ser geradas externalidades positivas para outras políticas públicas. Como ressaltam Ortegón, Pacheco e Prieto, a razão para que haja um único propósito em uma dada política pública é a clareza. Assinalam, a propósito, os referidos autores:

> Se houver mais de um propósito, pode surgir situação limite na qual o projeto se aproxima mais de um objetivo em detrimento do outro. Nessa situação, o executor pode escolher perseguir o propósito que considere como o de maior importância, ou o mais fácil de atingir, ou o menos custoso. Este, no entanto, pode não ser o que os outros envolvidos considerem como o mais importante.[5]

A identificação do propósito de uma política possui uma finalidade essencial: justificar por que aquela política é importante. Qualquer plano

---

5. Edgar Ortegón, Juan Francisco Pacheco e Adriana Prieto, *Metodologia del Marco Lógico...*, cit., p. 23.

ESTRUTURA DIACRÔNICA DAS POLÍTICAS PÚBLICAS   189

de ação – e quando mencionamos "plano" nos referimos a um operar estrategicamente orientado, excluindo, portanto, o agir irracional, próprio dos animais não humanos – não pode prescindir, no plano lógico, de um *telos*. Se o fim da política pública é o *telos* abstrato, haurido de um contexto constitucional-democrático, o propósito é o *telos* corporificado. É o *telos em secundidade*.

O analista de políticas públicas dificilmente terá à sua disposição o esquema do marco lógico delineado de forma clara e inequívoca. A Administração Pública, mal preparada e, de regra, sem um sistema profissional de gestão, muitas vezes também executará políticas públicas ou com variados propósitos, a serem atendidos simultaneamente, ou mesmo sem um propósito explícito, guiando todas as demais ações. Este é um revés que a realidade fática impõe à construção teórica.

Mas, deve-se ponderar, para o Direito, trata-se de um revés apenas aparente, se considerarmos que, pelo menos do ponto de vista do analista jurídico, a estrutura das políticas públicas, contendo os elementos ora sob análise, reveste-se de um caráter prescritivo (à mingua de qualquer outro fundamento, tem-se os princípios enumerados no capítulo precedente). O "defeito" de formação de políticas públicas – que para o administrador público constitui um problema fático, analisado descritivamente – para o jurista é examinado prescritivamente (à luz dos já retrocitados princípios). As ciências veritativas, entre as quais se incluem a sociologia, teoria da organização e ciência da administração, afins ao tema do presente trabalho, não suportam a contrafactualidade. Para as ciências prescritivas (como o Direito), o contrafactual é um dado de operação do próprio sistema, que com ele pode conviver. Dito de outro modo: a falha de uma política pública, para o administrador, não passa de uma constatação, cuja correção futura pode ou não ocorrer. Para o Direito, a falha de uma política pública resolve-se normativamente, com a imposição de condutas (sanções, normas secundárias) capazes de: extirpar normas inválidas do sistema, convalidá-las ou promover a sua correção, por meio da emanação dos atos normativos ou materiais capazes de tornar a política pública juridicamente válida.

3.1.3   Componentes

Os componentes são as obras, serviços, prestações, insumos, estudos, atividades de capacitação etc., necessários à consecução do propósito. Na matriz do marco lógico (ver-se-á em seguida), tais elementos devem ser descritos como metas alcançadas: um hospital concluído, um

190 REGIME JURÍDICO DAS POLÍTICAS PÚBLICAS

número tal de pessoas atendidas, tantos profissionais formados ou capacitados, tantos profissionais contratados, estudos concluídos etc.

Os componentes correspondem a marcos necessários à própria consecução do propósito. São eles que corresponderão ao modelo jurídico de cada política pública – observado o princípio estrutural da *interdefinibilidade*, já referido. Com efeito, os componentes, na maioria dos casos, referir-se-ão a obras públicas, licitações executadas para a aquisição de insumos, concursos públicos, etapas legislativas vencidas (aprovação de orçamento, edição de leis autorizativas ou de fomento etc.).

3.1.4 Atividades

As atividades compreendem todos os atos jurídicos e materiais necessários à consecução dos componentes. Tais atos deverão estar analiticamente separados por componente e em ordem cronológica de execução. Se o componente for um prédio público construído, são atividades, p. ex., a seleção do local, os atos de desapropriação para a aquisição do terreno (se não for imóvel já público), a elaboração do edital para a contratação de empreiteira para a sua construção e a correspondente execução da licitação, a assinatura do contrato, a fiscalização da obra, as medições e pagamentos, a definição de dotações orçamentárias e a elaboração dos atos contábeis que possibilitem os pagamentos, o aceite da obra, a licitação para a aquisição de equipamentos etc.

Veja-se que muitos dos problemas relacionados à execução de políticas públicas concentram-se no plano das atividades. Isto se explica pelo fato de que as ações que compõem o plano das atividades são praticadas, na estrutura administrativa, pelos órgãos e agentes que ocupam posições mais distantes na cadeia hierárquica. Esta distância pode ser uma das causas principais para a ineficiência na execução da política pública, quer porque a linha de comando – dos estratos superiores para os inferiores –, em algum momento do processo de elaboração ou execução da política, tinha sido perdida, quer, ainda, porque a multiplicidade de agentes envolvidos pode dar lugar a visões diferentes sobre como agir em determinada situação. Isto sem falar nos vícios ofensivos ao regime jurídico-administrativo, que podem acometer cada um dos atos caracterizados como *atividades*, colocando em risco, assim, a própria concretização da política pública. Pense-se, apenas, a hipótese de uma política de saúde que tenha como uma das atividades a realização de licitação para a construção de um hospital: neste caso, se na licitação se produziu alguma ilegalidade ou fraude, a atividade não se realizará (pela invali-

ESTRUTURA DIACRÔNICA DAS POLÍTICAS PÚBLICAS 191

dação da licitação ilegalmente conduzida), colocando em risco a própria execução da política (sem o hospital, o componente não se verificará, os atendimentos não ocorrerão, e o seu propósito – e, consequentemente, o fim – não será cumprido).

3.1.5 A matriz do marco lógico

Embora, para os fins do presente trabalho, se tenha elegido como elementos estruturais das políticas públicas, enquanto categoria jurídico--analítica, os elementos, acima mencionados, que denominamos *fim*, *propósito*, *componente* e *atividades*, cumpre destacar que a análise de políticas públicas não se limita à identificação destes elementos. Estes, pode-se afirmar, são a estrutura. Porém, é a partir da matriz do marco lógico que se pode compreender as relações entre tais elementos.

A metodologia do marco lógico impõe uma compreensão matricial, a partir dos elementos acima descritos. Assim, a matriz do marco lógico é composta por quatro colunas: a primeira, com o resumo narrativo dos objetivos da política pública (isto é, os elementos: *fim*, *propósito*, *componente* e *atividades*); a segunda, com a descrição dos indicadores relacionados a cada um dos elementos; a terceira, contendo os meios de verificação; e, por fim, a quarta, que relaciona os riscos associados a cada elemento.

Abaixo uma ilustração da matriz do marco lógico:

Matriz do marco lógico				
	Descrição / narrativa	Indicadores	Meios de Verificação	Riscos
Fim				
Propósito				
Componentes				
Atividades				

Tabela 1

A partir da matriz do marco lógico, duas linhas de análise são realizadas. A primeira, chamada "vertical" (de baixo para cima na matriz), consiste na análise de cada elemento em termos de *necessidade* e *suficiência*: as atividades deverão ser necessárias e suficientes para que os componentes se realizem; os componentes deverão ser necessários e suficientes para que o propósito se realize; o propósito deverá ser

192 REGIME JURÍDICO DAS POLÍTICAS PÚBLICAS

necessário e suficiente para a concretização do fim. A segunda linha de análise, dita "horizontal", relaciona-se com a compreensão racional da totalidade das ações e resultados relativos à política pública, bem como dos meios de aferição e indicadores de sua realização, incluindo-se, em tal compreensão, igualmente, a análise das contingências (riscos) inerentes a cada etapa.

As descrições dos elementos (coluna 1 da matriz) deverão ser claras e precisas.

Os indicadores (coluna 2) devem identificar os resultados a serem obtidos, de forma objetiva, em três dimensões: quantidade, qualidade e tempo. Assim, a partir do exemplo de uma política pública educacional que tenha como problema a ser resolvido a evasão escolar, a descrição do seu fim será: melhorar o nível educacional da população do Município X (o valor constitucional privilegiado pelo fim é o direito fundamental à educação). O seu propósito será extinguir a evasão escolar no Município X no período de 10 anos. Neste caso, o fim está corretamente designado e descrito, haja vista que contém a indicação da qualidade (extinção), da quantidade (o território e a população do Município X) e do tempo (10 anos).

O mesmo raciocínio vale para os indicadores relacionados aos outros elementos (componentes e atividades). Ainda sob a hipótese referida no parágrafo precedente, os componentes (construção de escolas onde a falta de vagas estimula a evasão; instituição de transporte escolar eficiente; melhoria da alimentação na escola; adaptação da abordagem pedagógica para estimular o estudo de alunos mais velhos, fora do padrão etário para cada classe; instituição de cursos supletivos; ações para responsabilização civil e penal dos pais e responsáveis que permitam a evasão de crianças em idade escolar; instituição de auxílios pecuniários para as famílias com crianças regularmente matriculadas etc.) devem ser quantificados objetivamente, com a indicação qualitativa e cronológica de seu atendimento. Para as atividades, repete-se o esmiuçamento quantitativo, qualitativo e temporal, porém em grau de especificidade maior.

De grande importância é a lição de Ortegón, Pacheco e Prieto, para quem a revisão da coluna de indicadores deve verificar: (i) que os indicadores de propósito não sejam um resumo dos componentes, mas uma medida do resultado de se ter os componentes em atividade; (ii) que os indicadores de propósito meçam o que seja realmente importante; (iii) que todos os indicadores estejam especificados em termos de quantidade, qualidade e tempo; (iv) que os indicadores para cada nível de objeti-

ESTRUTURA DIACRÔNICA DAS POLÍTICAS PÚBLICAS   193

vo sejam diferentes dos indicadores dos demais níveis, considerando a diferença funcional e lógica entre eles; (v) que as contingências (riscos) não sejam impeditivas para a consecução das atividades pretendidas.[6] A coluna 3, relativa aos meios de verificação, pressupõe a indicação do local onde o analista poderá obter informação acerca dos indicadores. Os meios de verificação devem preferencialmente ser obtidos a partir de registros estatísticos oficiais, mas poderão ser também de outras modalidades, como informações visuais, vistorias, pesquisas, entre outros. No tocante à análise jurídica das políticas públicas, o uso dos indicadores é crucial para o controle jurisdicional: por meio deles, poder-se-á verificar se efetivamente os elementos estruturais projetados para a política pública estão sendo executados. Isto permite contrastar, de um lado, a compatibilidade dos resultados alcançados com as estimativas iniciais. Saber-se-á se a estrutura da política pública, abstratamente considerada no momento da sua formulação, produz no mundo concreto os resultados pretendidos. De outro lado, será possível – no âmbito da argumentação perante a Administração Pública ou no processo jurisdicional – fazer prova contra os indicadores utilizados pela Administração, quer por manipulação ou falsidade destes, quer por sua inadequação. A estruturação e análise minuciosa dos indicadores relativos à execução de uma política pública permitirão, na maioria das vezes, a adoção consensual ou compulsória (via decisão judicial) das ações (atividades e componentes) corretivas para a execução satisfatória da política pública.

A ênfase feita, no capítulo precedente, ao princípio da transparência administrativa se justifica quando se constata que as políticas públicas dificilmente seriam rastreáveis sem a disponibilidade dos indicadores e dos meios de verificação correspondentes. Qualquer indivíduo possui direito público subjetivo ao acesso aos indicadores e meios de verificação relacionados a todas as políticas públicas. Não há, fora das estritas hipóteses em que o sigilo seja *"imprescindível à segurança da sociedade e do Estado"* (Lei 11.111, de 5.5.2005), qualquer restrição à divulgação de tais informações para a sociedade.

A coluna 4, relativa aos riscos, visa a detalhar todas as contingências, por condição da estrutura (fim, propósito, componentes e atividades), que podem impedir a execução de cada um desses níveis. Trata-se, portanto, do detalhamento dos riscos ambientais, financeiros, institucionais, sociais, políticos, climáticos e outros. O objetivo "não é o de

---

6. Edgar Ortegón, Juan Francisco Pacheco e Adriana Prieto, *Metodologia del Marco Lógico...*, cit., p. 26.

194   REGIME JURÍDICO DAS POLÍTICAS PÚBLICAS

consignar cada eventualidade que se possa conceber, mas o de identificar possibilidades com um grau razoável de probabilidade".[7]

	Matriz do marco lógico			
	Descrição / narrativa	Indicadores	Meios de Verificação	Riscos
Fim				
Propósito				
Componentes				
Atividades				

Tabela 2

A ilustração acima dá ideia da importância da análise de contingência, na matriz do marco lógico, atividade que produz impactos inclusive sobre a própria composição da política pública. Por exemplo, tome-se a política pública para redução da criminalidade em áreas de fronteiras com países estrangeiros em determinada região remota do País. Um dos riscos associados às atividades necessárias à sua execução certamente será a indisposição de pessoas em candidatar-se para prestar serviços de segurança em tais áreas remotas. A constatação deste risco associado ao plano das atividades levará, dependendo do peso que tenha no caso concreto, à adoção de um componente adicional na política, consistente em estímulos às carreiras de servidores (policiais federais e outros agentes) a fim de tornar atrativa a atuação nas áreas desejadas. O mesmo fenômeno pode ocorrer com os demais elementos, daí o sentido ascendente das setas na tabela acima.

Ao longo da execução da política, a identificação dos riscos se mostra igualmente relevante, considerando-se que ela permite a adoção de planos alternativos para contornar tais contingências, caso ocorram. Permite igualmente às autoridades responsáveis, tendo clareza sobre os riscos envolvidos, circular essas informações entre si e com as demais instâncias de poder, o que admite não apenas a acomodação institucional do fracasso, como também proporciona a possibilidade de adoção de caminhos corretivos ou de substituição da própria política pública.

7. Idem, ibidem, p. 27.

ESTRUTURA DIACRÔNICA DAS POLÍTICAS PÚBLICAS 195

3.1.5.1 Sentido jurídico da matriz do marco lógico

O emprego da matriz do marco lógico para a formulação, execução e análise de políticas públicas impõe uma série de providências ao administrador público, nos limites de sua competência: tomar a decisão sobre qual fim deve ser privilegiado; definir a mudança efetiva na realidade que servirá para atender àquele fim (propósito); identificar os componentes (isto é, os resultados parciais que deverão ser atingidos a fim de viabilizar o propósito); bem como as atividades que deverão permitir a consecução dos componentes. Além de tais atividades, deverá adotar indicadores claros e precisos sobre cada uma das referidas atividades e os meios de verificação de sua realização. Por último, igualmente relevante é a minuciosa identificação dos riscos associados a cada um dos níveis (atividades, componentes, propósito e fim) da política pública, decorrendo desta atividade o remanejamento de aspectos da política com vistas à superação dos riscos e a projeção de soluções alternativas ou corretivas, casos os riscos previstos se verifiquem na realidade.

Considerando que muitas vezes as políticas públicas são realizadas sem esses cuidados, é de se questionar se se trata de um dever do administrador público ou se, pelo contrário, se trata de uma faculdade a este conferida.

Primeiramente, importa destacar que a matriz do marco lógico é uma técnica de racionalização que não esgota todas as possibilidades de ação racional. Assim, pode o administrador formular e executar políticas públicas sem empregar a metodologia de marco lógico, ou utilizando qualquer outra metodologia.

A utilização da metodologia do marco lógico no presente trabalho se deve ao fato de ser esta uma metodologia que obriga à tomada de decisão racional, sendo, neste aspecto, altamente eficaz – conforme atestam os organismos internacionais (ONU, BID, Banco Mundial etc.) que preconizam a sua utilização como parâmetro de avaliação de programas financiados com seus recursos.

Para o universo jurídico – e estamos considerando o ordenamento jurídico de nosso País, que, conforme mencionado no Capítulo II, precedente, impõe um regime jurídico específico para a realização de políticas públicas –, a metodologia do marco lógico permite identificar, também de maneira eficaz, o atendimento deste regime jurídico. Sendo um método analítico que por si só não veicula qualquer conteúdo, pode ser empregado na análise jurídica de políticas públicas mesmo que o administrador público não a tenha, no caso concreto, adotado.

196 REGIME JURÍDICO DAS POLÍTICAS PÚBLICAS

O grande avanço de se possuir um instrumental de análise como o da matriz do marco lógico decorre do fato de que as informações requeridas para o seu atendimento estarão disponíveis em qualquer caso. Se o administrador público não é obrigado a utilizar a matriz do marco lógico na formulação da política pública, ele é obrigado pelo menos a enunciar o fim constitucional que preside a sua atuação, a meta principal da política pública formulada, os resultados parciais a serem alcançados e as atividades que entende necessárias para tanto. Se não dispuser de qualquer destas informações, a política pública será viciada e ele, conforme o caso, deverá ser responsabilizado. Se se recusar a fornecer estas informações, será obrigado, inclusive por ordem jurisdicional, a fazê-lo, em razão da incidência do princípio da transparência administrativa. Se, por outro lado, as informações disponibilizadas derem conta de que o regime jurídico das políticas públicas não foi atendido, então se imporá, conforme o caso, a invalidação total ou parcial da política pública, ou a adoção de medidas para a sua correção.

3.2 Políticas públicas como fontes de "direitos subjetivos"

No presente item analisar-se-á a função das políticas públicas como elementos de subjetivação de direitos. Considerando que no presente trabalho se rejeita – para fins de análise de políticas públicas – a tese que considera, a partir do mandamento de aplicabilidade imediata dos direitos fundamentais (CF, art. 5º, § 1º), que todos os direitos e garantias fundamentais-sociais inscritos na Constituição Federal têm densidade suficiente para que se identifiquem as posições jurídicas do indivíduo titular do direito ou garantia e do Estado, seu sujeito passivo ou garantidor, é natural que se investigue de que maneira a própria estrutura das políticas públicas serve à densificação de tais direitos ou garantias.

Isto marca uma diferença com relação às concepções substancialistas, que partem de um conteúdo suposto de um direito subjetivo, para tentar justificar a sua realização por meio das políticas públicas. A partir do momento em que se analisam as políticas públicas sob a matriz do marco lógico, que disponibiliza de modo didático e objetivo todas as informações essenciais acerca da política pública, consegue-se identificar, igualmente, os comportamentos estatais, fáticos ou prescritos juridicamente, que podem ensejar a constituição de relações cuja vinculatividade é não apenas política, mas também e sobretudo jurídica. Veja-se: não é apenas a perspectiva que enfatiza as políticas públicas como meio de concretização de direitos que deve ser privilegiada; igualmente impor-

ESTRUTURA DIACRÔNICA DAS POLÍTICAS PÚBLICAS   197

tante é a perspectiva que, conhecendo a estrutura das políticas públicas, identifica nesta a possibilidade de afirmar ou colaborar para densificação do discurso sobre a subjetivação de direitos. Uma advertência deve ser realizada neste ponto da exposição. Para os fins do presente trabalho – em que interessa mais a noção de *subjetivação* que a de *direito subjetivo* – não se adotará, ou pelo menos não com a ênfase que é normalmente atribuída à matéria, a distinção entre direito subjetivo e direito público subjetivo. Quando se fala em direito público subjetivo apenas se refere que no polo passivo de uma determinada relação jurídica se encontra pessoa estatal (ou congênere). Nada mais. Portanto, quando se fizer referência a direito subjetivo ou direito público subjetivo, não haverá um peso teórico ou uma intenção subliminar na distinção. Podem as expressões, desta forma, ser tidas por sinônimas para os fins do presente trabalho.

Para a doutrina tradicional, a noção de direito subjetivo pode ser identificada como uma permissão para agir. O direito subjetivo "não é a famosa *facultas agendi*, não é a faculdade de agir, mas é a permissão, dada por meio de norma jurídica, para usar a faculdade de agir".[8] Para Goffredo Telles Júnior:

> O papel do Direito Objetivo é declarar os Direitos Subjetivos e, concomitantemente, servir de fundamento para as exigências relativas ao cumprimento das obrigações correlatas a esses mesmos Direitos Subjetivos. Em síntese, o papel do Direito Objetivo é declarar os Direitos Subjetivos do primeiro e do segundo grau.[9]

O pano de fundo de tal conceituação eram (combinadas em vários graus) as formulações clássicas de Windscheid, que via no direito subjetivo sempre a expressão de uma vontade individual, de Jhering, que via no direito subjetivo a expressão de um interesse juridicamente protegido, e de Del Vecchio, que, em posição eclética entre os dois primeiros, sustentava a natureza do direito subjetivo como uma "possibilidade lógica de querer no âmbito normativo".[10]

Em contraposição a tais formulações teóricas, citem-se outras, também clássicas, que, ao invés de afirmarem um conceito próprio de direito

---

8. Goffredo Telles Junior, *O Direito Quântico*, 6ª ed., São Paulo, Max Limonad, 1985, p. 398.

9. Idem, ibidem, p. 411.

10. Miguel Reale, *Lições Preliminares de Direito*, 26ª ed., São Paulo, Saraiva, 2002, pp. 251-266.

198 REGIME JURÍDICO DAS POLÍTICAS PÚBLICAS

subjetivo, acabam por negar a utilidade de um conceito. Kelsen talvez seja o mais famoso dos teóricos que adotam este tipo de posição. Afirma, este estudioso, ser o direito subjetivo nada mais do que o efeito da norma objetiva cujo conteúdo imputa a um sujeito A o dever de conduzir-se de certa forma para com o sujeito B, bem como a norma que possibilita a este sujeito B acionar normas que sancionem A caso este não execute as condutas prescritas.[11] O foco da teoria pura passa, assim, da ideia de sujeito para a ideia de ordenamento jurídico-positivo, o que levou um administrativista famoso, kelseniano de primeira hora, Adolf Merkel, a afirmar que a "ideia de direito público subjetivo, se é concebível, o é unicamente como conteúdo do direito público objetivo".[12]

Leon Duguit, outro autor clássico que nega a utilidade científica da noção de direito subjetivo, defende que a noção teria uma essência "metafísica", prejudicial à compreensão do ordenamento jurídico. Para o autor francês, a noção de direito subjetivo poderia ser bem substituída pelos conceitos de *situação jurídica objetiva* e *situação jurídica subjetiva*, entendida a primeira como aquela resultante das normas do direito positivo, correspondentes a mandamentos gerais e "permanentes" (abstratos), e a segunda como aquelas situações individuais, específicas, transitórias, que tendem a desaparecer tão logo o seu objeto (obrigação, de regra) se perfaça.[13]

Não é o caso de aprofundar a discussão, pelo menos não nos termos tradicionalmente planteados. Saber se um direito subjetivo é expressão de vontade, ou interesse juridicamente protegido, ou reflexo da imputação normativa objetiva, ou, ainda, um conceito metafísico substituível por outros, perde utilidade quando se desconsidera a função pragmática de um conceito como o de direito subjetivo. Inquirir quando se pode falar em direito subjetivo, invocando o seu conteúdo como algo devido (inclusive judicialmente), é, com efeito, mais relevante do que obter uma definição de direito subjetivo. Dito de outro modo, a tarefa de maior utilidade – e sem utilidade não se justifica qualquer pesquisa científica – é definir em que condições normativas se pode invocar a subjetivação de um direito, em benefício próprio ou de outrem, numa situação de

---

11. Cf. Hans Kelsen, *Teoria Geral do Direito e do Estado*, tradução de Luis Carlos Borges, São Paulo, Martins Fontes, 2000, pp. 110-120 e *Teoria Pura do Direito*, cit., pp. 88-102.

12. Adolf Merkel, *Teoria General del Derecho Administrativo*, Cidade do México, México, Editora Nacional, 1980, p. 182.

13. Léon Duguit, *Leçons de Droit Public Général*, Paris, E. de Boccard Editeur, 1926, pp. 38-54 e 66-72.

ESTRUTURA DIACRÔNICA DAS POLÍTICAS PÚBLICAS 199

interação. Importa saber, mais que qualquer outra coisa, qual é o arranjo normativo que permite a invocação e o reconhecimento de um direito subjetivo. Este é o objetivo das considerações que se seguem.

3.2.1 Função "estenográfica" da locução "direito subjetivo"

Antes de fazer referência ao fenômeno da subjetivação, importa destacar que o gênero relativo ao termo "direitos" apresenta vários tipos, conforme leciona Lourival Vilanova:

> Sem que mencionemos os critérios de divisão, basta referir os direitos subjetivos privados e os direitos subjetivos públicos, os direitos obrigacionais e os direitos reais, os direitos não-patrimoniais e os direitos patrimoniais, os direitos individuais, os direitos sociais e os direitos políticos, os direitos constitucionais, por seu assento imediatamente constitucional, e os direitos decorrentes de regras de menor nível que as constitucionais etc.[14]

Reconhecendo que todas essas espécies possuem proteção jurisdicional, assinala Vilanova que o ponto comum entre as várias teorias reside em que os direitos não existem sem a existência de norma objetiva, pertencente a um dado ordenamento positivo. Nas palavras deste autor:

> Admitir que *antes* ou *sobre* o direito positivo os haja, é preciso adotar um ponto de vista suprapositivo (supradogmático, filosófico), *fora* ou *acima* do ordenamento em vigor. E os direitos como facultamento, pretensão (*Berechtigung, Anspruch, pretesa*) de exigir ou omitir de outrem uma conduta, seriam não-jurídicos se o titular não dispusesse de um sistema de órgão para fazê-los valer quando o titular passivo da relação jurídica a isso se opusesse.[15]

A positividade como fundamento do que se chamam direitos subjetivos envolve todo o universo das condutas possíveis, contendo potencialmente todas as combinações entre os modais de *permissão*, *obrigação* e *vedação*, reciprocamente considerados. Essa multiplicidade de arranjos produz uma complexidade que tem de ser – para fins práticos e mesmo didáticos – reduzida. A figura do direito subjetivo, conforme assinala Giuseppe Lumia, responde, substancialmente, a uma exigência de "economia mental". Para ele, o direito subjetivo não é nada mais que

---

14. Lourival Vilanova, "Proteção jurisdicional dos direitos numa sociedade em desenvolvimento", in *Escritos Jurídicos e Filosóficos*, vol. 2, São Paulo, Axis Mundi – IBET, 2003, p. 466.

15. Idem, ibidem, pp. 466-467.

200 REGIME JURÍDICO DAS POLÍTICAS PÚBLICAS

uma fórmula abreviada, por assim dizer *estenográfica*, com a qual se denota uma vasta gama de situações jurídicas elementares que se apresentam geralmente ligadas. O direito subjetivo se identifica com a totalidade das situações jurídicas elementares que o constituem e nelas se resolve sem deixar sobras.[16]

O jurista dinamarquês Alf Ross percebeu bem esta função do termo. Para ele, a noção de direito subjetivo *é um signo empregado para representar uma série de fatos e consequências juridicamente conectados* (causalidade de dever-ser, imputabilidade). Trata-se de termo semanticamente neutro, porquanto expressa uma função (se A, então B –> A R B). A noção de direito subjetivo é mera técnica de representação. Simplifica a realidade porque transforma uma série de fatos e consequências jurídicas numa fórmula simplificada. Para Ross, isto seria importante a fim de manter um caráter de coerência do ordenamento jurídico:

> Podemos concluir, portanto, que em todos os contextos que consideramos, os enunciados referentes a direitos subjetivos cumprem a função de descrever o direito vigente ou sua aplicação a situações específicas concretas. Ao mesmo tempo, contudo, é preciso afirmar que o conceito de direito subjetivo não tem qualquer referência semântica; não designa fenômeno algum de nenhum tipo que esteja inserido entre os fatos condicionantes e as consequências condicionadas; é, unicamente, um meio que torna possível – de maneira mais ou menos precisa – representar o conteúdo de um conjunto de normas jurídicas, a saber, aquelas que ligam certa pluralidade disjuntiva de fatos condicionantes a certa pluralidade cumulativa de consequências jurídicas.[17]

Sendo assim, o conceito de direito subjetivo exerceria as seguintes funções: (i) simplificadora, explicando abstratamente o direito vigente; (ii) retórica, no discurso dos operadores do direito; e (iii) é empregado em enunciados que não parecem expor regras de direito, mas descrever fatos puros.[18]

A análise da aplicação da noção de direito subjetivo deve considerar primeiramente as situações típicas. O ponto de partida de qualquer aná-

---

16. Giuseppe Lumia, *Elementos de Teoria e Ideologia do Direito*, tradução de Denise Agostinetti, São Paulo, Martins Fontes, 2003, p. 108.

17. Alf Ross, *Direito e Justiça*, Bauru, Edipro, 2000, p. 208.

18. Um comentário, aqui, deve ser realizado: o item (iii) acima, em verdade, não constitui função alguma. Ross se equivoca. Este uso "descritivo" do conceito de direito subjetivo (A é proprietário) é acarretado justamente pela função representativa do conceito de direito subjetivo, que se sobrepõe às conexões deônticas.

ESTRUTURA DIACRÔNICA DAS POLÍTICAS PÚBLICAS 201

lise deve ser que o conceito de direito subjetivo é usado para designar aquele aspecto de uma situação jurídica que é vantajoso a uma pessoa. A mesma situação jurídica que é vantajosa para A pode ser desvantajosa para B ou C. O conceito de direito subjetivo significa assim que a situação jurídica é contemplada a partir da perspectiva da pessoa a quem favorece.

Ross considera que, quando dizemos que uma pessoa tem direito a algo, no sentido de que ela é livre para realizar determinado ato, estamos utilizando inadequadamente o termo.

Considerando que as liberdades não podem ser consideradas direito subjetivo, Alf Ross defende que as situações jurídicas em que há direito subjetivo são sempre derivadas de regra específica do ordenamento jurídico. "E dado ter o regramento jurídico sempre um caráter restritivo, o direito subjetivo será sempre o correlato de um dever, isto é, uma restrição ao próximo".[19]

Afirma, ainda, Ross, que a recíproca nem sempre é verdadeira. Por exemplo, no caso de estipulação em favor de terceiro em razão de contrato entre duas partes (que não este terceiro). Aqui, o direito subjetivo de exigir a obrigação será das partes, embora o beneficiado seja o terceiro.

Como característica inerente à noção de direito subjetivo está a faculdade de exigir o seu cumprimento por meio de processo judicial. Assim, "o titular de um direito tem um poder absoluto de conservar – ou abandonar – sua posição vantajosa de gozo passivo".[20] O conceito de direito subjetivo envolve, em situações típicas, portanto, um poder exclusivo de disposição sobre a vantagem em análise. Para Ross:

> Em resumo, podemos dizer que o conceito de direito subjetivo é usado unicamente para indicar uma situação na qual o ordenamento jurídico deseja assegurar a uma pessoa liberdade de poder se comportar – no âmbito de uma esfera específica – como lhe agrade, a fim de proteger seus próprios interesses. O conceito de direito subjetivo indica a autoafirmação autônoma do indivíduo.[21]

Ressalta Ross que não é indicado incluir no conceito as liberdades e poderes para proteção de interesses sociais. Embora a legitimação seja do indivíduo, não se pode dizer ser ele o titular do direito pleiteado.

19. Alf Ross, *Direito e Justiça*, cit., p. 210.
20. Idem, ibidem.
21. Idem, ibidem, p. 211.

REGIME JURÍDICO DAS POLÍTICAS PÚBLICAS

Quanto à aplicação do conceito de direito subjetivo a situações atípicas, deve-se considerar que o seu uso não pode, para o autor, dar lugar a concepções substanciais, que confiram ao direito uma existência autônoma, relativamente às hipóteses que lhe originam e às consequências que são – a tais fatos hipotéticos – juridicamente imputadas. É o que o autor chamou *hipóstase*.

Os casos que Ross chama atípicos dizem respeito às situações em que as posições (funções) contidas no conceito de direito subjetivo não se encontram todas concentradas num mesmo sujeito. Neste caso, o uso hipostático do conceito de direito subjetivo pode ser, para ele, mais nocivo que benéfico. O problema da sucessão, por exemplo, pode ser mal-entendido quando se tem um conceito metafísico de direito subjetivo.

A posição de Alf Ross, quando afirma que a defesa de interesses sociais não se enquadra na noção de direito subjetivo, somente pode ser tida como verdadeira se o ordenamento não conferir ao indivíduo a possibilidade processual de requerer em juízo a proteção a tais interesses. No caso brasileiro há várias regras do direito positivo que permitem a invocação de direitos subjetivos por indivíduo que transcendem o seu círculo subjetivo. Basta lembrar que a Lei 4.717, de 29.6.1965, que dispõe sobre a ação popular, legitima qualquer cidadão para propor ação visando a invalidar ato lesivo ao patrimônio público. Além disto, no caso das licitações públicas, a Lei 8.666, de 21.6.1993, estabelece (art. 41, § 1º) que todos os cidadãos possuem legitimidade para impugnar edital de licitação por questões de legalidade. Por fim, existe o instrumento da ação civil pública (Lei 7.347, de 24.7.1985), que legitima uma série de sujeitos (que não necessariamente serão os titulares do direito subjetivo em questão) para a defesa judicial de direitos subjetivos.

3.2.2 *Subjetivação e eficácia*

Alguns autores tratam do tema dos direitos subjetivos diferenciando estes de outras figuras afins, a partir de sua eficácia. Assim, surgem noções como *interesses jurídicos*, *interesses legítimos*, *interesses especiais*, *posições jurídicas*, *direitos reflexos*, *pretensão* etc. A correta compreensão da *subjetivação* – e este é um conceito que gravita principalmente no plano da eficácia – pressupõe, de um lado, a clareza quanto ao sentido de tais figuras, quando comparadas à noção de direito subjetivo, e, de outro, a identificação de sua função discursiva.

Ruy Cirne Lima aponta que os direitos subjetivos públicos, que ele caracteriza como a relação em que o Estado se coloca em obrigação pe-

ESTRUTURA DIACRÔNICA DAS POLÍTICAS PÚBLICAS 203

rante o particular, diferenciam-se do conceito de *posição jurídica* e dos chamados *direitos reflexos*.[22] A posição jurídica seria a situação em que, embora não esteja aperfeiçoado o direito subjetivo, *já há algo de jurídico incorporado ao patrimônio do sujeito, que pode influir na formação de um direito subjetivo*. Os direitos reflexos seriam aquelas situações em que, pelo reconhecimento de uma situação objetiva de dever (*v.g.*, o dever do Estado de construir uma estrada), sem uma correlação de direito, se cria, com a sua execução, algum benefício concreto ao sujeito (*v.g.*, a possibilidade de escoar rapidamente os produtos de uma determinada indústria por meio da estrada a ser construída), assemelhado ao que surgiria de um direito subjetivo (sem, contudo, formalmente, com ele se confundir).

Cirne Lima parece diferenciar uma situação de direitos reflexos daquela instituída por normas programáticas, que instituem finalidades, diretrizes, parâmetros de ação estatais benéficos ao indivíduo, reconhecendo, tanto neste caso quanto no dos direitos reflexos, a possibilidade de reivindicação judicial, pelo beneficiário, do cumprimento da obrigação pelo Estado. "Na dúvida, – quanto a disposições constitucionais – deverá decidir-se pelo caráter autoexecutável da prescrição e pelo cabimento da intervenção judiciária".[23]

Para Pontes de Miranda, a noção de direito subjetivo marca "toda aquela precisão, toda aquela individualização" que o sujeito pode extrair do direito objetivo. Vê-se que para o mestre alagoano, a noção de direito subjetivo passa a um patamar estritamente fático: subjetivado é o direito objetivo que pode ser apropriado pelo indivíduo.[24] Podendo atuar, por estar devidamente subjetivado, o direito subjetivo gera a *pretensão*. A *ação* configura fase independente, em que é conferido a alguém (o autor) o poder de reclamar a atuação da lei, por meio dos *remédios jurídico processuais*. Separados tais conceitos, as graduações de eficácia podem ser analisadas pela conferência, em cada caso concreto, da presença do direito subjetivo, da pretensão, da ação e dos remédios processuais, que podem combinar-se, resultando diferentes configurações, de maior ou menor eficácia (*v.g.* o direito subjetivo alcançado por prescrição, *i.e.*, sem ação).

---

22. Ruy Cirne Lima, *Princípios de Direito Administrativo*, 7ª ed., São Paulo, Malheiros Editores, 2007, pp. 122-123.

23. Ruy Cirne Lima, *Princípios de Direito Administrativo*, 7ª ed., cit., 2007, p. 123.

24. Francisco Cavalcanti Pontes de Miranda, *Comentários à Constituição de 1967 com a Emenda n. 1 de 1969*, vol. IV, 2ª ed., São Paulo, Ed. RT, 1974, pp. 650-661.

204 REGIME JURÍDICO DAS POLÍTICAS PÚBLICAS

Há, ainda, que referir a distinção, muito comum no direito administrativo continental europeu, entre os conceitos de *direito subjetivo*, *interesse legítimo* e *interesse simples*. A distinção basicamente reside no modo de sua reclamação, por parte do titular, o que traz no fundo também uma diferença eficacial. Conforme explica Roberto Dromi, o direito subjetivo seria aquele exigível tanto perante a Administração Pública quanto perante o Poder Judiciário, sendo o seu conteúdo específico e individual; o interesse legítimo, que pressupõe um dever de atuação administrativo geral (e não exclusivo) em benefício de seu titular, seria exercido de regra por meio do contencioso administrativo; e o interesse simples, por não pertencer à esfera particular do indivíduo, mas sim da coletividade, a prestação que constitui o seu conteúdo, poderia ser entendido como sinônimo de um "direito subjetivo à legalidade".[25] A eficácia de cada uma dessas modalidades seria decrescente.

É certo que a diferença direito subjetivo *versus* interesse legítimo (e demais modalidades) é originária de países com dualidade de jurisdição, servindo, assim, como marco divisório das competências entre os contenciosos administrativo e jurisdicional. Porém, como bem ressalta Irelli, a tendência atual vai no sentido de igualar as figuras,[26] dado que de ambas, é inegável, são produzidos efeitos jurídicos mínimos e muitas vezes equivalentes. São de todo pertinentes as posições que consideram a divisão ora sob análise como desnecessárias: o direito subjetivo é uno e único, servindo ao indivíduo para a defesa própria e de outrem. "Já não parece essencial", ressalta Dromi, "a distinção entre interesses legítimos e direitos subjetivos, haja vista que todos, a rigor, pertencem a este último grupo. Deve-se outorgar o importante título de direito subjetivo àqueles que tradicionalmente se vinham denominando interesses legítimos".[27]

Celso Antônio Bandeira de Mello caminha radicalmente na direção da unificação das situações jurídicas administrativas sob o rótulo de direito subjetivo (ou direito subjetivo público). Para o autor, configura-se a invocação de direito subjetivo quando (i) a ruptura com a legalidade cause ao indivíduo agravo ou prejuízo que inexistiria caso não houvesse a dita ilegalidade; ou (ii) quando, em razão da ilegalidade, o indivíduo deixe de fruir vantagem a que faria jus, nos termos do ordenamento jurídico,

---

25. Roberto Dromi, *Derecho Subjetivo y Responsabilidad Pública*, Bogotá, Têmis, 1980, pp. 37-41.

26. Vincenzo Cerulli Irelli, *Lineamenti del Diritto Amministrativo*, reimp. atual. em 31.12.2007, Torino, G. Giappichelli Editore, 2008, p. 259.

27. Roberto Dromi, *Derecho Subjetivo y Responsabilidad Pública,* cit., p. 61.

ESTRUTURA DIACRÔNICA DAS POLÍTICAS PÚBLICAS   205

nada importando que a ilegalidade arguida alcance a um ou a um conjunto de indivíduos conjuntamente afetados, por se encontrarem na mesma situação objetiva ou abstrata.[28]

Conforme observa Eduardo García de Enterría, comentando os recentes desenvolvimentos do direito alemão, a

ideia básica por detrás desta nova fundamentação do conceito de direito subjetivo é a de que, no atual Estado de Direito, todas as vantagens ou benefícios (*Begünstigen*) que possam derivar do ordenamento, para cada cidadão, se constituem em verdadeiros direitos subjetivos. Por isso, quando a Administração infringe a legalidade e, desta infração, decorra um prejuízo para um ou vários cidadãos, estes têm um verdadeiro direito subjetivo à eliminação deste prejuízo, à remoção do obstáculo que impede que esse direito seja realmente efetivo.[29]

Na verdade, conquanto seja preferível esta posição unificadora em comparação com aquela tripartida mencionada por Dromi (e que este também rechaça), ela não é satisfatória à compreensão do fenômeno da subjetivação, na medida em que ignora o problema da densidade normativa.

A rigor, a questão da subjetivação é, antes de tudo, um problema de positivação do direito, ligado essencialmente à sua dimensão pragmática. A abordagem lógico-positivista, que privilegia a dimensão semântica da positivação, isto é, o modo pelo qual os enunciados normativos *engendram* e *são engendrados* por outros enunciados normativos (planos do sentido e do sentido referido aos fatos), deixa ao largo muitos dos fatores determinantes da positivação. A mensagem-relato é apenas um aspecto parcial do fenômeno. Interessa à pragmática não apenas o conteúdo extraível dos enunciados normativos (isto é, aquilo que é proibido, permitido ou obrigatório), mas a relação dos atores, entre si e a partir dos conteúdos normativos invocados. Isto supõe tanto o modelo do exercício de posições jurídicas, em termos de exercício de papéis (perguntas e respostas), quanto os requisitos a que o discurso deve atender (no plano retórico) a fim de que um dos atores, na situação dialógica, faça prevalecer o seu ponto de vista sobre o do outro.

---

28. Celso Antônio Bandeira de Mello, *Eficácia das Normas Constitucionais e Direitos Sociais*, 1ª ed., 4ª tir., São Paulo, Malheiros Editores, 2015, pp. 43-44.

29. Eduardo García de Enterría, *As Transformações da Justiça Administrativa – Da sindicabilidade restrita à plenitude jurisdicional. Uma mudança de paradigma?*, tradução de Fábio Medina Osório, Belo Horizonte, Fórum, 2010, pp. 99-100.

206 REGIME JURÍDICO DAS POLÍTICAS PÚBLICAS

3.2.3 A subjetivação e seu modelo pragmático

A partir de uma visão pragmática, em primeiro lugar, a noção de direito subjetivo é uma função discursiva, cabendo bem a observação de Lumia, já referida acima, de que a figura cumpriria uma tarefa *estenográfica*, de simplificação da realidade. A preocupação em delimitar um sentido jurídico de máxima eficácia para os direitos subjetivos, contrapondo-o às demais figuras com níveis de eficácia menores conforme o caso, decorre de um esforço de depuração de duas posições retóricas essenciais ao discurso jurídico: a que afirma que A tem direito a B, podendo exigi-lo judicialmente de C, e a que nega tal relação. Quando alguém diz que existe um direito subjetivo de A, diz que a ordem jurídica protege (ou pode proteger) a pretensão que A possa ter de ver realizado faticamente o seu conteúdo (quer isto dependa diretamente de outrem ou não). Quando alguém diz que A tem um interesse legítimo sobre um determinado bem e não um direito subjetivo, diz-se coisa totalmente diversa: algo é titularizado por A (ou pode vir a sê-lo), mas a sua fruição encontra obstáculos, não é plena, pode ser negada.

Passando ao plano interacional, a ideia de subjetivação (ou de direito subjetivo) – em certa medida contraposta ao primeiro sentido, abordado no parágrafo precedente – deve ser compreendida como algo inerente e ao mesmo resultante de um processo intersubjetivo de concretização. O direito subjetivo não é uma "coisa pronta". Realiza-se somente pela interação humana. Isto equivale a afirmar que a arena de subjetivação de posições jurídicas em face do Estado (quer como juiz, quer como sujeito de sua realização) é o processo em seu sentido amplo (compreendendo tanto os processos administrativos quanto os jurisdicionais).

O modelo pragmático adotado por Tércio Sampaio Ferraz Jr. tem o mérito de pôr em relevância o que se vem de expor, ao ressaltar o sentido do que pode ser normativamente fundamentável:

> Este é elemento importante, para compreender-se o sentido, por assim dizer, técnico-jurídico das situações. Isto porque os discursos normativos não são apenas enunciados prescritivos, mas *procedimentos interativos fundamentantes*, regidos pela regra do dever de prova e pela abertura ao comportamento crítico do ouvinte. A expressão *situação* (subjetiva jurídica) não deve, pois, nos iludir no sentido de estar indicando qualidades ou propriedades do sujeito. Ao contrário, ela indica antes *posições* variáveis do sujeito, dentro da interação, que se modificam em função das forças argumentativas do seu discurso. Para que estas forças argumentativas se manifestem juridicamente, temos de pressupor uma instância de poder

ESTRUTURA DIACRÔNICA DAS POLÍTICAS PÚBLICAS 207

jurídico que acompanha as situações aventadas em cada caso; é preciso, assim, que o sujeito das diversas normas (...) tenham *ação*, isto é, que uma norma lhe permita (norma permissiva) formular uma pretensão em face dos órgãos jurisdicionais e outra norma obrigue (norma de obrigação) estes órgãos a um procedimento, caso a pretensão seja formulada. Isto significa que o sujeito normativo não é puramente o sujeito passivo de um monólogo, mas também um sujeito reativo do diálogo. Nestes termos, ao contrário do que ocorre para Kelsen, para quem as situações subjetivas são apenas relações entre normas, do ângulo pragmático elas são também comportamentos discursivos fundamentantes dos sujeitos, que podem ser mais ou menos persuasivos.[30]

O modelo pragmático do exercício de posições jurídicas (em que se desenvolve a subjetivação) parte da premissa de que a comunicação jurídica é, antes de tudo, comunicação mediada por linguagem. Um modelo comunicativo[31] pressupõe, antes de tudo, um emissor e um receptor. Além destes elementos, envolve uma *mensagem*, que nada mais é do que o conteúdo do que se comunica; um *canal*, que vem a ser o meio físico (a voz humana, o papel impresso, a tela de um computador) em que tal mensagem se propaga; o *sinal*, caracterizado como "estímulo físico que se utiliza para efetuar a comunicação";[32] o código, que vem a ser o sistema simbólico que garanta significado à mensagem; e o contexto, que vem a ser o complexo de circunstâncias de todas as ordens (psicológicas, físicas, institucionais, sociais, hierárquicas) inerentes à situação em que a mensagem é emitida.

Roman Jakobson assim esclarece este modelo:

> Para ser eficaz, a mensagem requer um *contexto* a que se refere (ou "referente", em outra nomenclatura algo ambígua), apreensível pelo destinatário, e que seja verbal ou suscetível de verbalização; um *código* total ou parcialmente comum ao remetente e ao destinatário (ou, em outras palavras, ao codificador e ao decodificador da mensagem); e, finalmente, um *contacto*, um canal físico e uma conexão psicológica entre o remetente

---

30. Tércio Sampaio Ferraz Jr., *Teoria da Norma Jurídica*, 4ª ed., Rio de Janeiro, Forense, 2006, pp. 80-81.

31. Cf. Roman Jakobson, *Linguística e Comunicação*, tradução de Izidoro Blikstein e José Paulo Paes, São Paulo, Cultrix, 1969, pp. 118-162; David K. Berlo, *O Processo da Comunicação*, tradução de Jorge Arnaldo Fortes, Lisboa, Fundo de Cultura, 1968, pp. 29-69; e Adair Bonini, "Veículo de comunicação e gênero textual: noções conflitantes", *D.E.L.T.A.*, n. 19:1 (2003), pp. 65-89.

32. Clarice von Oertzen de Araújo, *Semiótica do Direito*, São Paulo, Quartier Latin, 2005, p. 44.

e o destinatário, que os capacite a ambos a entrarem e permanecerem em comunicação.[33]

Deste modo, pode-se formalizar o modelo comunicacional básico de acordo com o esquema abaixo:

Tabela 3

O processo dialógico inicia-se sempre pela emissão de uma mensagem, por um sujeito a outro (modelo de perguntas e respostas). A situação que caracteriza o exercício de posições jurídicas parte, esquematicamente, de uma interrupção, entendida como a ocorrência "em que um dos comunicadores que, num dado momento, é emissor, recusa-se a emitir a mensagem pedida ou em que um deles, sendo receptor, recusa-se a receber a mensagem enviada".[34]

Quando a interrupção ocorre, aquele que solicita a resposta (quer na posição de emissor ou de destinatário), em esta sendo negada, exigirá da parte responsável pela recusa a apresentação de razões para tanto, instaurando-se uma discussão de segundo nível, não mais centrada no aspecto *relato* (conteúdo) da prestação normativa (entendida como o comportamento conforme a uma pretensão juridicamente fundada), mas também no seu aspecto *cometimento*, relacionado à discussão da própria posição das partes do discurso. "O relato é a informação transmitida. O cometimento é uma informação sobre a informação, que diz como a informação transmitida deve ser entendida".[35]

Assim, se num primeiro momento A envia mensagem a B para que este adote o comportamento Y, a discussão verte-se sobre o próprio con-

33. Roman Jakobson, *Linguística e Comunicação*, cit., p. 123.
34. Tércio Sampaio Ferraz Jr., *Teoria da Norma Jurídica*, cit., p. 39.
35. Idem, ibidem, p. 48.

ESTRUTURA DIACRÔNICA DAS POLÍTICAS PÚBLICAS 209

teúdo (relato) da mensagem, num segundo momento essa discussão se modifica, passando as partes (A e B) a questionar, também sob o modelo de perguntas e respostas, a possibilidade normativa da recusa feita. Distribui-se assim, para estruturar a discussão, o ônus da prova: enquanto na discussão dialógica comum (não normativa) aquele que alega tem a carga de provar a correção de sua posição, na discussão jurídica, o ônus da prova é de quem recusa a mensagem. Por isto é que Tércio Sampaio Ferraz Jr. afirma ser o processo comunicativo instável, na medida em que o ônus da prova pode passar de lado (de emissor para receptor e *vice-versa*) a qualquer tempo. Nas palavras do autor:

> Por outro lado, a força argumentativa do procedimento é responsável pela mobilidade das posições em termos de que *ter uma obrigação* ou um *poder jurídico* ou um *direito subjetivo* são posições que se assumem, que se mantêm, que se reduzem, que se perdem, que se recuperam.[36]

Além disto, na comunicação normativa, o conflito é *garantido*, ou seja, uma vez provocado o comunicador normativo (no caso, o Estado--juiz), uma decisão será posta (princípio da vedação ao *non liquet*). E, sendo posta a decisão, ela terá um caráter metacomplementar, isto é, a decisão assim provocada terá efeito cogente sobre seus destinatários, o que dá "às expectativas do comunicador normativo o seu caráter contrafático",[37] não sendo portanto *simétrica* (isto é, de cumprimento facultativo pelo receptor).

Isto posto, cumpre distinguir entre as possibilidades normativas que se colocam no discurso jurídico e a sua dimensão pragmática. Quando se fala em normas de obrigação ou proibição, uma determinada conduta é qualificada juridicamente como obrigatória ou proibida, resultando numa determinação entre emissor e receptor como relação *complementar imposta*. Quando se fala em normas permissivas que constituam exceção a uma norma geral permissiva ou proibitiva, está-se afirmando que, através do functor "é permitido, porém, que" determinada ação seja qualificada como permitida ou proibida, conforme se trate de uma proibição ou permissão geral, respectivamente; a sua qualificação será de simetria (isto é, facultatividade), desde que imposta a complementaridade geral. As normas permissivas independentes determinam – por meio do operador "é permitido" – um comportamento como facultativo ou permitido, sem que haja, sobre tal conduta, uma proibição ou obrigação da

36. Idem, ibidem, p. 81.
37. Idem, ibidem, p. 44.

210 REGIME JURÍDICO DAS POLÍTICAS PÚBLICAS

qual a permissão seja exceção; a relação que se estabelece entre destinatário e emissor é de simetria imposta (ou pseudossimetria). A ausência de norma por parte do editor, que silencia, não torna uma conduta quer obrigatória, quer proibida, quer facultada; a relação entre emissor e receptor será indiferente, sem imposição de simetria ou complementaridade.

As normas jurídicas, ao prescreverem comportamentos, trazem no aspecto do relato (conteúdo) a descrição de um comportamento normativamente desejável ou indesejável, cuja realização fática ou descumprimento ensejará consequências (sanção). Tanto o comportamento descrito na norma, quanto o seu cumprimento ou descumprimento, que ensejam a sanção, encontram-se detalhados no relato. Não são meras narrativas que descrevem fatos ou situações, mas, por seu caráter *perlocucionário*,[38] colocam-se como ato de vontade, cujo desrespeito é afastado com a ameaça da sanção, que possui aqui caráter nitidamente dissuasivo.

Em continuação da exposição do modelo de exercício de posições segundo a perspectiva pragmática, importa destacar que a análise levará em conta um duplo critério: aquele centrado no conteúdo normativo (aspecto relato) e aquele centrado nas posições dos sujeitos assumidas

---

38. "We first distinguished a group of things we do in saying something, which together we summed up by saying we perform a *locutionary act*, which is roughly equivalent to uttering a certain sentence with a certain sense and reference, which again is roughly equivalent to 'meaning' in the traditional sense. Second, we said that we also perform *illocutionary acts* such as informing, ordering, warning, undertaking, etc., i.e. utterances which have a certain (conventional) force. Thirdly, we may also perform *perlocutionary acts*: what we bring about or achieve by saying something, such as convincing, persuading, deterring, and even, say, surprising or misleading. Here we have three, if not more, different senses or dimensions of the 'use of a sentence' or of 'the use of language' (and, of course, there are others also). All these three kinds of 'actions' are, simply of course as actions, subject to the usual troubles and reservations about attempt as distinct from achievement, being intentional as distinct from being unintentional, and the like. We then said that we must consider these three kinds of act in greater detail" (cf. John Langshaw Austin, *How to do things with words*, Oxford, Clarendon Press, 1962, pp. 108-109). O sentido do pensamento de Austin relaciona-se com a premissa fundamental de que todo enunciado é performativo, haja vista que, ao ser enunciado, realiza algum tipo de ação. Essa ação pode ser locucionária, ilocucionária ou perlocucionária. Toda enunciação possuiria, para Austin, em alguma medida essas três dimensões. Assim, quando se enuncia a frase "Eu prometo que estarei em casa hoje à noite", há o ato de enunciar cada elemento linguístico que compõe a frase. É o ato locucionário. Paralelamente, no momento em que se enuncia essa frase, realiza-se o ato de promessa. É o ato ilocucionário: o ato que se realiza na linguagem. Quando se enuncia essa frase, o resultado pode ser de ameaça, de agrado ou de desagrado. Trata-se do ato perlocucionário: um ato que não se realiza na linguagem, mas pela linguagem.

ESTRUTURA DIACRÔNICA DAS POLÍTICAS PÚBLICAS   211

no diálogo (aspecto cometimento). A referência, portanto, à imputação do ônus da prova na discussão, constitui um problema do aspecto cometimento da norma. A referência à sanção que será aplicada em caso de descumprimento da conduta prescrita relaciona-se ao aspecto relato. Conforme ensina Tércio Sampaio Ferraz Jr.:

> Ambos [*aspecto cometimento e aspecto relato*] estão relacionados, pragmaticamente no sentido de que o editor normativo, ao imputar o ônus da prova ao endereçado, dá-lhe também uma indicação de qual será o seu comportamento em caso de determinadas respostas. A imputação do ônus da prova se dá através de normas de obrigação/proibição e de permissão. No caso das primeiras, a autoridade ao dizer, por exemplo, "é obrigatório pagar as dívidas", exige do endereçado, que recusa a sua posição pelo não cumprimento da ação prescrita, uma prova da sua recusa, no sentido de que a autoridade se exime de provar o que diz, mas o endereçado tem de provar porque impugna. Como o endereçado está numa relação metacomplementar, esta prova tem de estar referida ao próprio discurso normativo. Assim, se o endereçado não pode provar com fundamentos normativos a sua recusa, segue uma contrarresposta do editor, em termo de ameaça de sanção.[39]

O citado Autor refere a situação, muito específica, do direito subjetivo em face do Estado. Se, numa situação de direito subjetivo tendo como emissor e destinatário sujeitos privados, a norma impõe simetria entre ambos, sendo o Estado o editor normativo que fará valer o aspecto cometimento da relação, numa situação de direito subjetivo público, o Estado é ao mesmo tempo simétrico e se autoimpõe a complementaridade. Exercerá, na discussão com o particular, o papel de destinatário da pretensão (mensagem) daquele, ao mesmo tempo em que lhe caberá o papel de terceiro-ordenador de complementaridade, obrigando-se pela ameaça ou aplicação da sanção a si próprio. Para Tércio Sampaio Ferraz Jr., esta questão – aparentemente insolúvel – se resolve pela separação de poderes, sendo o papel simétrico exercido por um ou mais de um poder (de regra o Poder Executivo e o Poder Legislativo), ao passo que o papel de terceiro impositor da complementaridade é exercido pelo Poder Judiciário. Para o Autor, uma sociedade pré-moderna, em que não há a diferenciação dos sistemas sociais, não comporta a figura do direito subjetivo público. Somente quando se colocou um poder jurisdicional capaz de decidir *contra* os demais poderes é que a figura do direito subjetivo público ganhou relevo. Ou seja: somente por meio de um poder jurisdicional capaz de obrigar os demais poderes se pode invocar

---

39. Tércio Sampaio Ferraz Jr., *Teoria da Norma Jurídica*, cit., pp. 77-78.

212 REGIME JURÍDICO DAS POLÍTICAS PÚBLICAS

um direito subjetivo. Donde, correlatamente à noção de direito público subjetivo, reside a noção de cogência de um poder por outro (relação metacomplementar).

Descrita brevemente sob o modelo pragmático do exercício de posições jurídicas defendido por Tércio Sampaio Ferraz Jr., a dinâmica das posições assumidas pelos sujeitos cumpre, neste passo, identificar também brevemente as condições de fundamentação do discurso. As teorias do discurso, formuladas por autores como Chaïm Perelman, Klaus Günther, Jurgen Habermas, Robert Alexy, Manuel Atienza, Neil MacCormick,[40] entre outros, procuram investigar as condições de justificação e fundamentação da comunicação em geral, e da comunicação jurídica em particular. Isto se traduz, muito naturalmente, numa investigação sobre os limites e condições da argumentação, de um lado, e sobre a legitimidade e validade da ordem jurídica como processo de positivação, de outro.

Dados os limites do presente trabalho, em vez de abordar em profundidade cada uma dessas formulações teóricas, apresentar-se-á uma descrição sucinta dos elementos considerados essenciais quanto ao tema, e que de certa forma ecoam as formulações teóricas acima referidas. A pretensão, aqui, consiste em fornecer um modelo provisório – porém abrangente – das condições do discurso jurídico. Isto completa a investigação da subjetivação, entendida como discurso normativo monológico e dialógico e também como argumentação.

A primeira característica da argumentação jurídica é o ter ela uma natureza inequivocamente *ilocucionária*. Sua função é persuasiva, visa à modificação de comportamentos. Pode ser, muitas vezes (principalmente quando tratamos do editor normativo), *perlocucionária*; a própria enunciação é um ato comprometido com um resultado fático.

Isto posto, nem todo enunciado, quando se trata de argumentação jurídica, pode, sem mais, exercer uma performance ilocucionária ou per-

---

40. Cf. Klaus Günther, *Teoria da Argumentação no Direito e na Moral: justificação e aplicação*, tradução de Cláudio Molz, São Paulo, Landy, 2004; Manuel Atienza, *As Razões do Direito. Teorias da argumentação jurídica*, tradução de Maria Cristina Guimarães Cupertino, São Paulo, Landy, 2006; Chaïm Perelman e Lucie Olbrechts-Tyteca, *Tratado da Argumentação*, tradução de Maria Ermantina de Almeida Prado Galvão, São Paulo, Martins Fontes, 2005; Jürgen Habermas, *Between Facts and Norms. Contributions to a discourse theory of law and democracy*, tradução de William Rehg, Cambridge, Massachussets, MIT Press, 1996; Robert Alexy, *Teoria da Argumentação Jurídica*, tradução de Zilda Hutchinson Schild Silva, São Paulo, Landy, 2001; Neil MacCormick, *Argumentação Jurídica e Teoria Geral do Direito*, tradução de Waldea Barcellos, São Paulo, Martins Fontes, 2006.

ESTRUTURA DIACRÔNICA DAS POLÍTICAS PÚBLICAS   213

locucionária. O uso da linguagem pressupõe que se possa utilizá-la no diálogo sem ser desqualificado como orador legítimo. Tércio Sampaio Ferraz Jr. emprega o conceito de *imunização* para descrever as situações normativas em que uma das partes, ao invocar certas normas, não pode ser questionada quanto ao conteúdo (aspecto relato) da norma invocada, nem quanto aos motivos para a sua invocação. Vale a pena, neste ponto, transcrever a lição do autor:

> Imunização significa, basicamente, um processo racional (fundamentante) que capacita o editor a controlar as reações do endereçado, eximindo-se de crítica, portanto capacidade de garantir a sustentabilidade (no sentido pragmático de prontidão para apresentar razões e fundamentos do agir) da sua ação linguística.[41]

Quando se fala em imunização, portanto, se está a referir uma perspectiva normativa, que, por ser normativa, pode ser contrariada faticamente. Uma decisão, por exemplo, *contra legem*, é por definição uma decisão que afirma uma posição não imunizada. Esta decisão (o sistema está preparado para isto) poderá ser revista pelo Poder Judiciário (no caso de atos administrativos ou leis). Se se trata de uma decisão judicial, poderá ser revista em sede recursal, pelas instâncias superiores; poderá ser inclusive revista a coisa julgada por meio de ação rescisória. A decisão sobre uma posição não imunizada é, pois, uma decisão relativamente *frágil*, que impõe à parte ou ao editor normativo o ônus de sua justificação (em sentido amplo) a todo o momento, sem cessar, nos limites do sistema (a norma-cometimento da segurança jurídica pode dar fim aos questionamentos). A consequência sistêmica, a seu turno, decorrente de tal decisão, relaciona-se à legitimidade e à quebra de expectativas normativas, o que coloca em risco a própria integridade do sistema jurídico, instabilizando-o não apenas no plano cognitivo, mas no nível do código (a positivação passa a ser questionada em sua vinculatividade).

A argumentação jurídica apresenta como uma de suas características mais marcantes a pretensão à racionalidade, que implica, muito mais do que a correção lógico-formal dos enunciados, a ideia de adequação das decisões a serem produzidas. O modo de aferição dessa adequação, portanto, passa a ser um dos problemas centrais da teoria da argumentação, na medida em que é por meio dela que se garantirá a legitimidade da decisão. Outro aspecto relevante da argumentação jurídica é a normatividade ou positividade: o discurso jurídico é um discurso *a partir* de

---

41. Tércio Sampaio Ferraz Jr., *Teoria da Norma Jurídica*, cit., p. 106.

214 REGIME JURÍDICO DAS POLÍTICAS PÚBLICAS

enunciados normativos. Ademais, note-se a pretensão de neutralidade: embora qualquer discussão jurídica institucionalizada (em processo) tenha, no fundo, um interesse que se defende dialogicamente (na estrutura discussão-contra), esta posição é latente e não pode ser exposta abertamente pelas partes: os argumentos colocados perante o Estado-editor normativo deverão possuir o formato externo de razões de decidir aplicáveis genericamente a situações do mesmo gênero. Dito por outro modo, o Estado *não deve me favorecer porque é o meu interesse que está em jogo*, mas deve assim decidir porque é a decisão *correta para casos como o meu.*

A partir dos conceitos acima trazidos – de forma a introduzir o leitor num modelo pragmático do exercício de posições jurídicas – importa trazer a questão do contraste de políticas públicas no âmbito do discurso normativo.

As políticas públicas são, como visto, estruturas normativas compostas dos elementos-fim, propósito, componentes e atividades. O aspecto relato, ou conteúdo, de uma política pública é o atendimento de seu fim pelos demais elementos da estrutura. Mas isto é tão amplo que faz sentido sustentar metodologicamente que uma política pública é uma estrutura normativa com três níveis de relato: (i) das condutas exigidas, proibidas ou permitidas para realização do fim; (ii) das condutas exigidas, proibidas ou permitidas para realização do propósito; e (iii) das condutas exigidas, proibidas ou permitidas para realização dos componentes.

O aspecto cometimento das normas que integrem estruturas de políticas públicas refere-se, de um lado, às relações que são impostas pela estrutura, organicamente, no seio da Administração Pública, e, de outro, às relações entre os beneficiários das políticas públicas (ou a sociedade, de modo geral) e o Estado. Ambos os feixes de relações constituem réplicas, no plano institucional e no plano social (isto é, *fora* do Estado, mas *em relação* ao Estado), da própria estrutura das políticas públicas, conforme considerada no presente trabalho (fim, propósito, componentes e atividades). Assim, o dever de realizar um componente X que seja necessário para a consecução de um propósito Y de uma política pública se traduzirá, no plano institucional: pela cooperação entre os órgãos e agentes públicos para a realização de X. No caso, se imaginarmos que X é um trecho de estrada a ser construído como componente de uma política pública cujo propósito seja a melhoria do escoamento da produção agrícola de um determinado Município, então a dimensão institucional se manifestará com a obrigação de elaboração de projeto básico da es-

ESTRUTURA DIACRÔNICA DAS POLÍTICAS PÚBLICAS 215

trada, previsão orçamentária de recursos, votação da correspondente lei orçamentária, realização da licitação, firma do contrato de execução da obra, fiscalização da execução, recebimento provisório e definitivo etc. Tais relações interinstitucionais são um reflexo da própria estrutura da política pública e decorrem de sua natureza.

Por outro lado, do ponto de vista das relações entre o sujeito e o Estado, tendo por objeto políticas públicas, a posição será mais complexa, porquanto a metacomplementaridade se colocará tanto como uma prerrogativa do Estado, quanto como uma prerrogativa do indivíduo. Se o Estado é competente para elaborar e implementar uma política pública (impondo, para isto, normas e condicionando comportamentos), ele também é sujeito dessa imposição, cabendo a ele o ônus de provar (i) tanto a legalidade de sua atuação positiva, (ii) quanto a legalidade de sua omissão em elaborar ou implementar uma determinada política pública.

Assim, do ponto de vista de imunização, é importante ressaltar que, quanto mais elementos estiverem positivados para uma dada política pública, maior será a resistência imposta pelo sistema aos questionamentos relacionados a uma dada pretensão do particular posta em juízo.

A existência do fim de uma política pública (imagine-se a divulgação por um Município de que priorizará o combate às enchentes) por si só já é um elemento imunizante de uma pretensão do indivíduo a condições adequadas de saneamento (drenagem) que o deixem a salvo das consequências danosas das inundações. Mas poderá não ser suficiente, pois, apesar de existir um direito subjetivo aos serviços públicos de saneamento básico, e apesar de o Estado reconhecer que deverá implementar políticas públicas para o seu atendimento, os comportamentos daí derivados ainda não são totalmente cognoscíveis. Quando, porém, além de ter enunciado o fim, o Estado enuncia também o propósito da política pública (no exemplo ora em exame, quando menciona que canalizará tal ou qual rio, ou construirá tantos piscinões), caminha-se mais na direção da imunização de pretensões que tenham a política pública como objeto.

A prática administrativa, como visto, comporta muitas vezes a enunciação simultânea ou fragmentária de aspectos da estrutura das políticas públicas. Enunciam-se o fim, o propósito, e parte dos componentes ou atividades. Nestes casos, a subjetivação se mostra em grau imunizante superior, podendo ser exigidos comportamentos da Administração Pública, com vistas à realização da estrutura positivada ou em vias de positivação. O mesmo exemplo acima (dos serviços de saneamento), imaginado em grau de concreção maior, pode envolver a existência de uma lei municipal que aprove o plano de saneamento para o Município,

216   REGIME JURÍDICO DAS POLÍTICAS PÚBLICAS

o qual contempla a solução das enchentes (propósito) por meio de três piscinões e a canalização de um rio e três córregos no prazo de dez anos (componentes). Aqui, já existem fim, propósito e componentes, ocorrendo, inclusive, como decorrência da definição dos primeiros, a delimitação das atividades que serão necessárias ao seu cumprimento. Com base em tal cenário de densificação, é plenamente possível a formulação de pretensões individuais ou coletivas com o objetivo de obrigar o Poder Executivo a (i) planejar os modelos jurídicos para a execução de tais obras (execução direta, concessão, parcerias público-privadas, empreitada, locação de ativos etc.); (ii) incluir nos projetos de leis orçamentárias a previsão de recursos para a execução de tais obras; e (iii) obter as autorizações e licenças necessárias à sua execução, entre outras providências. A existência de fim, propósito e componentes impõe a definição e execução das atividades. A estrutura das políticas públicas, devidamente identificada, permite a construção das "peças faltantes". A positivação é um caminho irreversível.

Como referido no item 3.1.1, acima, o fim de uma política pública, por ser sempre de matriz constitucional, será sempre *imunizado* (no sentido acima exposto). Assim, uma vez configurada a pertinência (identidade) de um fim de uma política pública a uma norma-cometimento constitucionalmente situada, se chamado a enunciar o propósito de uma dada política pública, ao Estado caberá o ônus de justificar a sua recusa no modelo pragmático ora utilizado. Quem invocar a pretensão – e neste ponto a pretensão terá um caráter mais genérico do que aquela fundada em uma situação normativamente mais complexa – estará invocando uma pretensão normativamente imunizada, cabendo ao Estado, se recusar a prestação, justificar por que recusa.

Neste ponto são relevantes as informações disponibilizadas pelo Poder Público acerca das políticas públicas. Existindo o fim, positivado o propósito, pode ser imposta ao Estado, por incidência do princípio da transparência descrito no subitem 2.2.5 e 2.2.5.1, acima, a enunciação dos demais componentes da estrutura (*componentes* e *atividades*) e, mais do que isto, o seu cumprimento.

E não se diga que as informações prestadas, por não constituírem atos normativos, seriam menos vinculantes ao Poder Público ou menos servientes à subjetivação das posições jurídicas, tal como tratadas no presente capítulo. Na verdade, embora se reconheça que tais informações disponibilizadas não sejam, por si sós, direito positivo, deve-se ressaltar que elas relacionam-se inevitavelmente ao direito positivo. Aqui deve-se lembrar a lição de Aulis Aarnio, para quem as fontes materiais,

ESTRUTURA DIACRÔNICA DAS POLÍTICAS PÚBLICAS 217

desde que ligadas a fontes formais (isto é, às normas introduzidas pelos veículos previstos no ordenamento), podem gerar relações jurídicas:

Uma fonte material do direito por si só não é nunca suficiente para satisfazer às exigências mínimas da justificação jurídica. Uma razão material tem que, pelo menos, estar vinculada a um texto legal, *tem que apoiar a eleição do conteúdo de significado dado a este texto legal ou uma eleição na qual um texto legal é preferido a outro*[42] (grifos aditados).

Sendo as políticas públicas elementos de subjetivação dos direitos e garantias constitucionais, e considerando que a sua constituição muitas vezes se dá em nível inferior ao meramente legal, é imperioso concluir que a sua imposição jurisdicional pode ser realizada a partir do comportamento estatal revelado à sociedade por meio das informações que são, afinal, públicas. Os atos desta ordem revelam a verdadeira estrutura das políticas pública. O conjunto das normas constitucionais e legais que consubstanciam aspectos das políticas públicas não é suficiente, na maioria das vezes, para dar conta da totalidade da estrutura. Esta, de regra, é complementada – mas complementada *essencialmente* – por atos materiais (em seu sentido mais amplo), que trazem aquele conteúdo "factual-descritivo", de que trata João Baptista Machado,[43] que permite a concretização de determinados valores-princípios constitucionais.

A transferência para o nível infranormativo de aspectos essenciais das políticas públicas configura uma estratégia de ocultação, própria da organização administrativa, compreensível no plano sociológico, como uma tentativa de preservação da autonomia gerencial, seja contra o jogo político (que pode ser conjunturalmente divergente do administrativo), seja como um elemento de barganha neste mesmo jogo (pensando-se em organizações mais permeáveis às injunções políticas). Além de tais fatores, deve-se introduzir uma variável adicional, consistente na necessidade de se afastarem determinadas limitações que o próprio sistema jurídico impõe (é o que se dá com a chamada "fuga do direito administrativo").

---

42. Aulis Aarnio, *Lo Racional como Razonable. Un tratado sobre la justificación jurídica*, tradução de Ernesto Garzón Valdés, Madrid, Centro de Estudios Constitucionales, 1991, pp. 138-139. Vide o texto original da edição espanhola: "Una fuente material del derecho por sí sola no es nunca suficiente para satisfacer las exigencias mínimas de la justificación jurídica. Una razón material tiene que, por lo menos, estar vinculada con un texto legal, tiene que apoyar la elección del contenido de significado dado a este texto legal o una elección en la que un texto legal es preferido a otro".

43. João Baptista Machado, *Introdução ao Direito e ao Discurso Legitimador*, Coimbra, Almedina, 2008, p. 308.

218 REGIME JURÍDICO DAS POLÍTICAS PÚBLICAS

3.3 Políticas públicas e direitos fundamentais

3.3.1 Estrutura jurídica dos direitos fundamentais

Tradicionalmente – e colocando entre parênteses os condicionamentos históricos do surgimento desta categoria jurídica, sem dúvida interessantes, porém desbordantes dos limites do presente trabalho – reconhecem-se algumas características próprias à natureza dos direitos fundamentais: (i) *inalienabilidade*, pois, por não terem conteúdo econômico, não poderiam ser objeto de alienação ou transferência a terceiros; (ii) *imprescritibilidade*: poderiam ser exercidos a qualquer tempo, sem que o lapso temporal signifique a perda ou amesquinhe a eficácia do direito; e (iii) *irrenunciabilidade*: não podem ser renunciados por seu titular, dada a sua natureza personalíssima.

José Afonso da Silva reconhece ainda um quarto aspecto, atinente à *historicidade* de tais direitos, ressaltando que eles podem ser criados, modificados e extintos com o evolver da sociedade ao longo do tempo. "Sua historicidade rechaça toda fundamentação baseada no direito natural, na essência do homem ou na natureza das coisas".[44]

A posição defendida por José Afonso da Silva bate-se frontalmente com a concepção de Pontes de Miranda (o próprio José Afonso faz referência a este último), que, na esteira de um contratualismo quase rousseauniano, sustenta que a natureza dos direitos fundamentais consiste em que estes existiriam independentemente do Estado, condicionando ou limitando o exercício do poder pelo Estado sobre os indivíduos.[45]

Muitos autores oferecem definições de direitos fundamentais, contrapondo-as quase sempre a conceitos congêneres, como *direitos sociais*, ou *direitos humanos*, ou direitos individuais etc. Não é objeto do presente trabalho o aprofundamento de tais concepções. Limitar-nos-emos ao conceito de direitos fundamentais por ser ele central no debate sobre a subjetivação de direitos em face do Estado. Por outro lado, esta

---

44. José Afonso Silva, *Curso de Direito Constitucional Positivo*, 38ª ed., São Paulo, Malheiros Editores, 2015, p. 183.

45. Interessantes as palavras do próprio Pontes de Miranda, *verbis*: "Os direitos fundamentais limitam os poderes do Estado. Até há pouco, a doutrina e os legisladores constituintes falavam, vagamente, de *faculdades* do Estado, ou atribuíam a tais limitações caráter de ordem de Deus, ou de direito natural, ou, mais modestamente, de regra jurídica *a priori*. Só recentemente, quando começaram a avivar-se certos traços da distribuição supra-estatal das competências, foi que se viu que alguns desses direitos são conteúdo de princípios de direito das gentes" (cf. *Comentários à Constituição de 1967 com a Emenda n. 1 de 1969*, vol. IV, cit., pp. 625-626).

ESTRUTURA DIACRÔNICA DAS POLÍTICAS PÚBLICAS 219

opção já denota que os demais conceitos são reputados secundários ou metodologicamente desnecessários, haja vista que, por *direitos fundamentais* consegue-se abarcar os deveres essenciais do Estado em face dos indivíduos, a partir de nosso texto constitucional.

Pela importância de seu autor no debate hodierno sobre os direitos fundamentais, pode-se transcrever a definição desta categoria por Ingo Wolfgang Sarlet:

> Direitos fundamentais são, portanto, todas aquelas posições jurídicas concernentes às pessoas, que, do ponto de vista do direito constitucional positivo, foram, por seu conteúdo e importância (fundamentalidade no sentido material), integradas ao texto da Constituição e, portanto, retirada da esfera de disponibilidade dos poderes constituídos (fundamentalidade formal), bem como as que, por seu conteúdo e significado, possam lhes ser equiparadas, agregando-se à Constituição material, tendo, ou não, assento na Constituição formal (aqui considerada a abertura material do Catálogo).[46]

Para o autor, os direitos fundamentais, segundo sua função, classificar-se-iam em: (i) direitos de defesa; e (ii) direitos a prestações. Este último grupo, a seu turno, seria dividido em (ii.a) direitos a prestações em sentido amplo, compreendendo direitos à proteção e direitos à participação na organização e procedimento; e (ii.b) direitos a prestações em sentido estrito.[47]

Os direitos de defesa consistiriam nos direitos do indivíduo relacionados à proteção de sua liberdade pessoal e propriedade contra ingerências do Estado. Os direitos fundamentais de defesa "se dirigem a uma obrigação de abstenção por parte dos poderes públicos, implicando para estes um dever de respeito a determinados interesses individuais, por meio da omissão de ingerências ou pela intervenção na esfera de liberdade pessoal apenas em determinadas hipóteses e sob certas condições".[48] Sarlet concebe os direitos de defesa como uma categoria supramaterial, haja vista que este "dever de abstenção" do Estado se encontraria tanto nas hipóteses de direitos individuais quanto nas de direitos coletivos; tanto nas hipóteses de direitos de matriz liberal-burguesa (propriedade e liberdade, especificamente) quanto nos direitos sociais.

---

46. Ingo Wolfgang Sarlet, *A Eficácia dos Direitos Fundamentais*, 9ª ed., Porto Alegre, Livraria do Advogado Editora, 2007, p. 89.
47. Idem, ibidem, p. 185.
48. Idem, ibidem, p. 186.

220 REGIME JURÍDICO DAS POLÍTICAS PÚBLICAS

O argumento para a distinção entre direitos a prestações em sentido amplo e direitos a prestações em sentido estrito radica em que esta última categoria representaria uma expressão do Estado Social, compreendendo os direitos a prestações fáticas (materiais) por parte do Estado, ao passo que a primeira estaria ligada às funções do Estado de Direito (liberal), concernentes à liberdade e à igualdade em sua dimensão defensiva. Para o autor:

> De outra parte, impõe-se a referência ao fato de que, sob a rubrica dos direitos a prestações em sentido amplo, considerando-se excluídos os direitos a prestações em sentido estrito (direitos a prestações fáticas), se enquadram fundamentalmente os direitos a prestações normativas por parte do Estado, que podem incluir tanto direitos a proteção mediante a emissão de normas jurídico-penais, quanto o estabelecimento de normas de organização e procedimento. Verifica-se, portanto, que a definição de direitos a prestações em sentido amplo possui natureza residual, abrangendo todas as posições fundamentais prestacionais não-fáticas, ao menos enquanto estas não puderem ser reconduzidas às funções típicas do Estado na condição de Estado social. Tal argumentação, por certo, não afasta a consciência a respeito da íntima interpenetração entre direitos de defesa e direitos a prestações (assim como os direitos a prestações em sentido amplo e restrito), bem assim em torno de sua igual dignidade como direitos fundamentais, mas auxilia a compreensão das distinções que podem ser traçadas entre as diferentes categorias, de acordo com a classificação adotada.[49]

José Afonso da Silva, também partindo de um critério material, adota classificação diversa. Para este autor, existiriam, a partir da Constituição Federal, seis categorias de direitos fundamentais: (i) direitos individuais (art. 5º), relacionados ao "homem-indivíduo", que reconhecem a autonomia, iniciativa e independência aos indivíduos perante o Estado e demais indivíduos (liberdade, igualdade, segurança e propriedade); (ii) direitos à nacionalidade, que projetando-se sobre o "homem-nacional", têm por conteúdo a definição da nacionalidade e suas faculdades; (iii) direitos políticos, relacionados ao "homem-cidadão", compreendendo não apenas o direito de eleger e ser eleito, mas, mais amplamente, os direitos de participação democrática em todos os âmbitos da atividade pública; (iv) direitos sociais, relacionados ao "homem-social", que "constituem os direitos assegurados ao homem em suas relações sociais e culturais (art. 6º: saúde, educação, seguridade social etc.)"; (v) direitos coletivos, ligados ao "homem-membro de uma coletividade", tendo por conteúdo

---

49. Idem, ibidem, pp. 209-210.

ESTRUTURA DIACRÔNICA DAS POLÍTICAS PÚBLICAS   221

os direitos coletivos (art. 5º, principalmente); e (vi) direitos de solidariedade, próprios do "homem-solidário", correspondente aos direitos da chamada "terceira geração" (direito à paz, ao desenvolvimento, comunicação, meio ambiente, patrimônio comum da humanidade).

Sem pretender negar o valor e a utilidade de tais classificações – e muitas outras poderiam ser citadas – defende-se no presente trabalho que a divisão entre direitos a prestações jurídicas *versus* direitos a prestações materiais, ou entre direitos de liberdade e direitos sociais (Novais), embora seja adequada para as finalidades imaginadas por seus defensores e também úteis do ponto de vista didático, não é inteiramente adequada sob a perspectiva da análise de políticas públicas.

Isto porque tais concepções centram-se, todas elas, no resultado esperado da realização de cada direito, na sua finalidade e conteúdo. Assim, nos direitos de defesa, o resultado é uma abstenção do Estado; nos direitos sociais ou direitos a prestações, o resultado do direito é a prestação material do Estado para o indivíduo; nos direitos de participação (para quem admite esta modalidade autônoma), o resultado é a efetiva participação nos negócios públicos, por meio de processos. Na verdade, a análise dos fins (conteúdo) percorre apenas metade do caminho. É preciso perquirir também os *meios*. Aliás é justamente a tarefa do administrativista investigar os meios de ação estatal, relembrando-se sempre a lição de Oswaldo Aranha Bandeira de Mello, para quem o direito administrativo é, antes de tudo, um *direito adjetivo*, somente assim se compreendendo a sua real natureza.[50]

Assim, passa-se a um patamar diverso de investigação – que, repita-se, é complementar aos citados no parágrafo precedente e não os nega em absoluto –, em que importa, em primeiro plano, distinguir as *formas* de atuação estatal para a realização dos direitos fundamentais. Do que se vem de expor, resulta a conclusão quanto à necessidade de se distinguirem *os direitos subjetivos atendíveis por meio de políticas públicas daqueles cuja realização não depende de políticas públicas*. Se à subjetivação for necessário um tipo especial de organização estatal, composta de um *fim* constitucional, um resultado maior que deverá solucionar um problema ofensivo àquele fim (*propósito*), resultados parciais que deverão ser realizados para que o propósito se perfaça (*componentes*) e *atividades* materiais e jurídicas que servirão à realização dos componentes, então se está diante de um direito dependente de política pública. Se,

---

50. Oswaldo Aranha Bandeira de Mello, *Princípios Gerais de Direito Administrativo*, vol. 1, 3ª ed., cit., pp. 66-70.

222 REGIME JURÍDICO DAS POLÍTICAS PÚBLICAS

todavia, esta estrutura não for necessária à própria realização do direito, então não se trata de direitos dependentes de políticas públicas.

Esta distinção permite verificar que alguns casos nos quais a doutrina reconhece tratar-se de discussões judiciais envolvendo políticas públicas em verdade não se relacionam a quaisquer políticas públicas. As discussões atinentes ao fornecimento de medicamentos a indivíduos isolados na verdade não tratam de políticas públicas: o objeto pleiteado não é a modificação ou implementação da estrutura (política pública), mas a prestação em si (o fornecimento de tratamento ou medicamento). Do mesmo modo, o pedido formulado em juízo para matrícula de criança em idade escolar em estabelecimento de ensino privado – quando não há estabelecimento público na região de residência da criança – é um pedido em princípio atinente a uma prestação individual, que se resolve pelo mero desembolso de recursos estatais. Em ambas as situações não se verifica a mobilização de uma estrutura organizacional típica de política pública.

Quando, por outro lado, associação de indivíduos portadores de doença requer em juízo a revisão da lista de medicamentos do SUS a fim de incluir nova medicação indicada para seu tratamento, então se está inequivocamente diante de caso de decisão que influi sobre *componentes* e *atividades* da política pública de proteção à saúde.

Interessante é a discussão, realizada principalmente no Estado de São Paulo, envolvendo os serviços de saneamento básico (sobretudo os de coleta e tratamento de esgotos). O Ministério Público do Estado de São Paulo tem ajuizado uma série de ações civis públicas com o objetivo de impor aos Municípios ou à empresa concessionária a execução de políticas públicas na área ambiental ou de saneamento básico. Consignou, exemplificativamente, o Tribunal de Justiça de São Paulo, de modo pioneiro, em trecho de ementa que se transcreve abaixo:

> Ao julgar ação civil pública e ao determinar que pessoa jurídica de direito público interno do município providencie medidas de despoluição de sua responsabilidade, não invade o Estado-juiz esfera de competência do Poder Executivo. Ao contrário, o Estado-juiz se preordena a fazer incidir a vontade concreta da lei sobre a hipótese posta sob sua apreciação e a vontade constituinte é muito nítida em relação à tutela do meio ambiente.[51]

---

51. TJSP, Apelação Cível 0002949-03.2006-Caraguatatuba, rel. Des. Renato Nalini, Câmara Reservada ao Meio Ambiente, j. 2.6.2011. Cf. também: TJSP, Apelação (com revisão) 9183714-34.2005.8.26.0000-Jaguariuna, rel. Des. Eduardo Braga,

ESTRUTURA DIACRÔNICA DAS POLÍTICAS PÚBLICAS 223

Numa primeira aproximação, poder-se-ia sustentar que os direitos de liberdade constituem direitos não dependentes de políticas públicas, ao passo que os direitos a prestações seriam, por definição, os direitos dependentes de políticas públicas. Isto, todavia, comporta temperamentos, haja vista que determinados direitos a prestações (vide o caso dos medicamentos, já referido) podem ser impostos em juízo independentemente de políticas públicas. De outro lado, direitos típicos de liberdade (como o de sufrágio) não podem ser exercidos senão por meio de políticas públicas (organização pela justiça eleitoral das eleições periódicas, adoção e atualização de tecnologias para o voto eletrônico, definição do esquema de segurança do pleito e de fiscalização de candidatos etc.).

3.3.2 A questão da aplicabilidade imediata dos direitos fundamentais e as políticas públicas

O § 1º do art. 5º da CF,[52] ao estabelecer que "As normas definidoras dos direitos e garantias fundamentais têm aplicação imediata", pode produzir a falsa impressão de que os problemas de densificação de direitos são meramente constitucionais. Este dispositivo, cuja função pragmática será esclarecida em seguida, é, se tomado literalmente, por assim dizer, a maçã que morderam muitos pós-positivistas.[53]

Câmara Reservada ao Meio Ambiente, j. 28.4.2011; TJSP, Apelação 994.04.025284-1, rel. Des. Renato Nalini, Câmara Reservada ao Meio Ambiente, j. 10.8.2010.

52. O dispositivo foi claramente inspirado no art. 18, 1, da Constituição Portuguesa de 1976, que dispõe que "Os preceitos constitucionais respeitantes aos direitos, liberdades e garantias são directamente aplicáveis e vinculam as entidades públicas e privadas", e na Constituição Alemã de 1949, art. 1º, 3, que dispõe que "os direitos fundamentais vincularão o Poder Legislativo, o Poder Executivo e o Poder Judiciário como normas imediatamente aplicáveis".

53. "Ainda alegam os refratários da aplicabilidade imediata dos direitos sociais a necessidade a interpositia legislatoris para a conformação do conteúdo e do alcance das prestações que constituem o objeto desses direitos fundamentais. Böckenförde, por exemplo, sustenta que as prestações sociais reclamadas pelos direitos fundamentais sociais são tão genéricas que esses direitos não podem fundamentar diretamente pretensões exigíveis judicialmente, não se apresentando, portanto, como direitos imediatamente desfrutáveis pelo cidadão, quando ainda estão no nível da Constituição, antes, pois, de sua conformação legislativa. São, tão somente, direitos sociais derivados à prestação.

"Nada mais equivocado. Ora, a Constituição não reconhece direitos fundamentais sem conteúdo. (...) Se se trata de direitos – e direitos fundamentais! – seu titular se encontra imediatamente investido no poder jurídico de exigir prontamente, pela via judicial, a prestação correspondente a seu objeto, sempre que o obrigado deixar de satisfazê-la, até porque 'direito é direito e, ao ângulo subjetivo, ele designa uma

224 REGIME JURÍDICO DAS POLÍTICAS PÚBLICAS

A perspectiva dogmática tradicional sempre foi avessa a esse tipo de interpretação, por considerar, acertadamente, que a correção formal e material das decisões judiciais depende de um mínimo de densidade normativa (ou jurídico-material, conforme defendemos no item precedente) para se impor qualificadamente como *discurso imunizado*.

Vicente Ráo, um representante de nosso tradicionalismo jurídico, assinala, com precisão:

> Salva a hipótese de resultarem de proibições, ou denegações, não constituem direitos subjetivos perfeitos os poderes, faculdades e interesses reconhecidos em normas programáticas, ou de mera enunciação de princípios e diretrizes, se desprovidas, tais normas, de elementos necessários para a sua execução imediata: elas autorizam e propiciam a criação de direitos, mas, por si sós, não os criam. Os direitos somente surgem e como tais se configuram, nesses casos, quando leis complementares, ou atos regulamentares, observando tais declarações programáticas, princípios ou diretrizes, transformam, efetivamente, as relações ou situações de fato, a que tais normas se referem, em relações jurídicas, indicando-lhes os sujeitos ativos e passivos, o objeto, as condições e formas de seu exercício e os meios de sua proteção.[54]

A fala de Ráo põe em relevo a importância da densificação, que nada mais é, como visto, do que a possibilidade de, no discurso, recorrer a normas ou fatos que permitam identificar e amparar pretensões. É já famosa a revisão de posicionamento de José Joaquim Gomes Canotilho a respeito do chamado constitucionalismo dirigente. Na verdade, como o próprio autor ressalta,

> confiar no direito o encargo de regular – e de regular autoritária e intervencionisticamente – equivale a desconhecer outras formas de direcção política que vão desde os modelos regulativos típicos da subsidiariedade, isto é, modelos de autodirecção social estatalmente garantida até aos modelos neocorporativos, passando pelas formas de delegação conducente a regulações descentradas e descentralizadas.[55]

específica posição jurídica. Não pode o Poder Judiciário negar-lhe a tutela, quando requerida, sob o fundamento de não ser um direito exigível. Juridicamente, isto não existe'. Assim, é puramente ideológica, e não científica, a oposição que ainda hoje se faz à efetividade, por via judicial, dos direitos sociais". Cf. Dirley da Cunha Jr., *Controle Judicial das Omissões do Poder Público*, São Paulo, Saraiva, 2004, pp. 289-290.

54. Vicente Ráo, *O Direito e a Vida dos Direitos*, 5ª ed., São Paulo, Ed. RT, 1999, p. 626.

55. José Joaquim Gomes Canotilho, *Constituição Dirigente e a Vinculação do Legislador*, 2ª ed., Coimbra, Coimbra, 2001, p. XXII (prefácio).

ESTRUTURA DIACRÔNICA DAS POLÍTICAS PÚBLICAS 225

Falando especificamente sobre o caso brasileiro, Canotilho ressalta que:

(...) Não obstante as discussões doutrinais, ainda hoje existentes, quanto à rigorosa caracterização de direito directamente aplicável, a dogmática jurídico-constitucional põe em relevo os axiomas e aporias da aplicabilidade directa:

1 – Superação da doutrina da *réglémentation des libertés* enquanto doutrina legitimadora de omissões inconstitucionais e enquanto veículo de erosão da normatividade constitucional.

2 – A Constituição tem, como qualquer lei, uma validade e eficácia típicas de norma jurídica.

3 – A força normativa da Constituição traduz-se na vinculação, como direito superior, de todos os órgãos e titulares dos poderes públicos.

O problema está não na contestação da bondade política e dogmática da vinculatividade imediata, mas sim no alargamento não sustentável da força normativa directa das normas constitucionais a situações necessariamente carecedoras da *interpositio legislativa.* É o que acontece, a nosso ver, com a acrítica transferência do princípio da aplicabilidade imediata consagrado no artigo 5º, LXXVII (sic), 1º, da Constituição brasileira, a todos os direitos e garantias fundamentais de forma a abranger indiscriminadamente os direitos sociais consagrados no Capítulo II.[56]

Este reconhecimento das limitações constitucionais – que no caso brasileiro são nítidas – importa num reposicionamento do sentido da aplicabilidade imediata dos direitos e garantias fundamentais. Considerando que a ideia da *aplicabilidade imediata dos direitos fundamentais como suficiente para a realização do paraíso constitucional na Terra* é uma simplificação ingênua da realidade, mas considerando também que os resultados de uma máxima concretização dos direitos fundamentais constituem situação *moralmente desejável*, deve o analista reconhecer a tais disposições constitucionais um caráter de norma que impõe a metacomplementaridade, no modelo pragmático adotado, como fórmula de reforço da autoridade dos direitos fundamentais. A sua invocação, portanto, na discussão jurídica, reforça a posição daquele a quem a aplicabilidade imediata beneficia.

A diferença entre a presente concepção e aquela defendida por alguns autores de orientação neopositivista não é sutil: enquanto estes pretendem resolver os problemas de aplicabilidade dos direitos fundamen-

56. Idem, ibidem, cit., p. XVI.

226 REGIME JURÍDICO DAS POLÍTICAS PÚBLICAS

tais pela mera evocação de uma supra vontade constituinte, o presente trabalho entende mais produtiva (o esforço científico deve ser antes de tudo útil) a sua compreensão no *interior* do discurso e da discussão jurídicos. No âmbito específico das políticas públicas, a mera evocação da aplicabilidade imediata do direito à moradia não servirá, por si só, para fazer brotarem casas. A compreensão porém da existência, por exemplo, no Município, de programas habitacionais (propósito), a análise de suas metas tanto qualitativamente, quanto em termos de atendimento da demanda (componentes), e da efetiva programação e realização de todas as atividades necessárias ao cumprimento de tais metas (atividades), reconhecendo não apenas a relação de necessidade de tais fases, umas em relação às outras, mas também de todas elas em relação a um fim constitucional (direito fundamental) reforçado metacomplementarmente por um enunciado de aplicabilidade imediata (que amplifica o ônus argumentativo da recusa no seu atendimento por parte do Poder Público), atende melhor àquele anseio *moralmente justificado* de concretização da Constituição. Poder-se-á, a partir daí, questionar se o propósito é adequado ao fim constitucional, se os componentes são realistas e suficientes para atender ao propósito, se as atividades estão sendo devidamente executadas. Poder-se-á, inclusive, corrigir os rumos da política pública, alterando-se qualquer de seus elementos. Poder-se-á, por fim, pleitear a imposição judicial da prática de quaisquer atos necessários à completude da política pública, colocando em mora inclusive o Poder Legislativo. O jurista, com o perdão da expressão, não pode temer sujar as botas, quando analisar políticas públicas. A locução "aplicabilidade imediata" será um mero *flatus vocis*, sem que se construa a argumentação a partir de cada situação fática, com os elementos normativos existentes e com as informações colhidas perante a própria Administração Pública. Somente assim se construirá cada solução, capaz de atender a cada caso concreto, pontualmente.

3.3.3 Da irrelevância da natureza dos direitos para a avaliação jurídica de políticas públicas

Considerando que a aplicabilidade imediata dos direitos fundamentais exerce precipuamente uma função discursiva, conforme defendido no item precedente, deve-se concluir não haver diferença estrutural entre as políticas públicas que veiculem prestações a eles relacionadas e aquelas que não estejam diretamente ligadas a direitos fundamentais. Em primeiro lugar, porque a densificação e a subjetivação (mesmo co-

ESTRUTURA DIACRÔNICA DAS POLÍTICAS PÚBLICAS   227

letiva) de posições jurídicas não é privilégio das situações envolvendo direitos fundamentais: trata-se de uma ocorrência pertinente a qualquer fenômeno jurídico. Em segundo lugar, sobretudo, porque a estrutura de cada política pública (fim, propósito, componentes e atividades) será a mesma em todos os casos.

A identificação do fenômeno das políticas públicas e a sua submissão ao regime jurídico que lhe é próprio (ver Capítulo II, acima) exigirão do jurista rigorosamente o mesmo esforço analítico.

3.4 Os "topoi" do neopositivismo/neoconstitucionalismo e sua dispensabilidade no discurso sobre as políticas públicas

3.4.1 A questão da reserva do possível

Na introdução ao presente trabalho, qualificamos a discussão quanto à reserva do possível como uma ficção, no sentido não jurídico. A recusa em realizar uma prestação associada a um direito subjetivo (seja classificado como direito fundamental ou qualquer outro) motivada pela simples falta de recursos é, com efeito, uma falácia, se o legislador ou administrador apenas se limitam à sua invocação, em face do pedido do particular, sem qualquer elemento fático que o comprove. Do mesmo modo, a recusa judicial em emitir decisões que, ao influírem sobre fim, propósito, componentes ou atividades de políticas públicas, possuam impacto orçamentário, sob a invocação de uma suposta reserva do possível, também carece de amparo jurídico.

O que se vem de falar concorre para transpor as limitações financeiras do Estado impeditivas da execução de políticas públicas para o seu devido lugar: somente será invocável a reserva do possível em situações extremas, de absoluta falta de recursos, quase apocalípticas. A questão da reserva do possível é uma problemática de situações de colapso. As "escolhas trágicas", de que trata uma certa corrente doutrinária filiada ao neopositivismo, são muito menos numerosas e, por isto, muito menos importantes do que supõem tais autores. Um medicamento de milhares de reais deve ser preferível a um milhão de comprimidos de aspirinas, supondo que ambos tenham o mesmo valor? Bolsas de estudo para estudantes brasileiros em universidades estrangeiras (que custam muito) devem ser comparadas com a abertura de tantas vagas numa creche em um bairro carente (que possui o mesmo custo marginal que a primeira)? Estas "aporias", sobre as quais já se debruçaram alguns estudiosos entusiasmados com a "novidade", são absolutamente mal colocadas, do pon-

228   REGIME JURÍDICO DAS POLÍTICAS PÚBLICAS

to de vista de uma ciência jurídica. Ou existe subjetivação, e a prestação é exigível, ou ela não existe, e a prestação não é exigível. A dificuldade orçamentária derivada de decisões judiciais não é um problema jurídico, pelo menos não a ponto de inviabilizar a realização fática de direitos subjetivos.

Se o Estado prometeu mais do que se dispõe, faticamente, a cumprir, problema do Estado. Haverá colapso social. Haverá intervenção, no caso de Estados, Distrito Federal e Municípios. Haverá responsabilização dos agentes públicos. Mas isto, repita-se, não é uma questão jurídica; é uma questão de exercício democrático. Nesse ponto, os positivistas deixam os neopositivistas, seus autoaclamados superadores, largamente derrotados: se existe positivação-subjetivação de um direito, não pode o Judiciário negá-lo. A invocação cerebrina das "questões trágicas" não possui sequer aquela dimensão estética capaz de atrair alguns estudiosos para certas ideias sem aplicação prática. As discussões sobre as "escolhas trágicas" não passam, em essência, de uma variação pitoresca do caso dos exploradores de caverna. Os *hard cases* são exceção, e assim devem ser tratados dogmática e metodologicamente.

Além disto, a ideia de que todos os direitos possuem um custo[57] e que tal fato implica uma "decisão trágica" de alocação por parte do Estado, que somente pode ser obrigado judicialmente quando tais escolhas relacionem-se aos conteúdos mínimos dos direitos fundamentais,[58] *esconde o fato inegável de que toda decisão jurisdicional envolvendo o Estado pode produzir impactos financeiros, diretos ou indiretos*. A invalidação de uma licitação trará ao Estado o custo de refazer o procedimento; uma indenização ao particular fundada na responsabilidade objetiva do Estado também significará um impacto orçamentário; a violação, por empresa pública estadual, de uma norma ambiental federal, pode ensejar a aplicação de multa vultosa à primeira, e assim por diante.

Jorge Reis Novais argumenta, também com amparo em Holmes e Sustein, que a realização de direitos de liberdade e direitos sociais pode envolver, em ambos os casos, o dispêndio de recursos vultosos. Sustenta, no entanto, que haveria uma diferença fundamental entre ambos os tipos de direitos, porquanto, no caso dos direitos de liberdade, em que predomina um não-agir estatal, a escassez de recursos afetaria em alguma

57. Stephen Holmes e Cass R. Sunstein, *The Cost of Rights. Why liberty depends on taxes*, New York, W.W. Norton, 2000.

58. Gustavo Amaral, *Direito, Escassez e Escolha*, Rio de Janeiro, Renovar, 2001.

ESTRUTURA DIACRÔNICA DAS POLÍTICAS PÚBLICAS 229

medida a garantia da efetividade desse não-agir, ao passo que, no caso dos direitos sociais, em cujo cerne reside uma prestação do Estado, o próprio reconhecimento da abrangência de tal direito depende de uma consideração da disponibilidade de recursos. Veja-se:

> Mas o verdadeiro problema é outro: *uma vez que a reserva do possível **invade** o próprio conteúdo dos direitos sociais*, não é possível determinar a existência de uma violação da Constituição sem considerar – e deduzir – a margem de decisão que cabe ao legislador e ao poder político, e que o juiz deve respeitar, na definição das prioridades orçamentais.
>
> E o problema não é só saber, em abstracto ou na situação concreta, quem tomará a decisão mais adequada, quem tem maior capacidade, quanto à realização do direito a uma habitação condigna, se o legislador ou o juiz. O problema é, antes, o de o poder judicial, perante uma legislação (ou omissão de realização) do direito a uma habitação condigna através de concretas opções orçamentais determinadas pelo poder político, poder determinar se houve ou não violação das imposições constitucionais no domínio dos direitos sociais, quando se sabe que a própria Constituição consagrou esse direito a uma habitação condigna sob reserva do possível e conferiu ao legislador democraticamente legitimado o poder de fazer as escolhas políticas e orçamentais tendentes à sua realização.
>
> *Ora, com tais reservas e limites funcionais, que não existem relativamente aos direitos de liberdade, e que não existem nestes mesmo quando a decisão judicial de inconstitucionalidade tem consequências orçamentais sérias (o juiz pode, aí, sempre determinar se houve violação do direito, mesmo que a seguir as dificuldades privem essa decisão de efectividade), a posição do juiz fica relativamente enfraquecida no que respeita à actuação e, sobretudo, à omissão do poder político no domínio dos direitos sociais* (grifos aditados).[59]

A distinção que estabelece o autor português – e que de resto encontra-se em outros autores – na verdade baseia-se na assunção de que os direitos de liberdade previriam exatamente as condutas exigíveis (daí o fato de a reserva do possível ser um elemento *alheio* ao direito), ao passo que os direitos sociais não conteriam imediatamente a descrição das condutas exigíveis. Isto, em certa medida, corresponde à distinção entre regras e princípios. Pode-se pretender solucionar tal diferença entre tais figuras (direitos de liberdade *versus* direitos sociais, regras *versus* princípios) pelo caminho hermenêutico, de forma a reconhecer e classificar

---

59. Jorge Reis Novais, *Direitos Sociais. Teoria jurídica dos direitos sociais enquanto direitos fundamentais*, Coimbra, Coimbra Editora – Wolters Kluwer, 2010, pp. 108-109.

230 REGIME JURÍDICO DAS POLÍTICAS PÚBLICAS

diversas modalidades eficaciais presentes em cada caso. Este caminho, embora possa ser efetivamente invocado dogmaticamente, peca por sua insuficiência, derivada do subjetivismo que propicia. Assemelha-se em muito com os defeitos das correntes substancialistas, que são rechaçadas peremptoriamente no presente trabalho.

Não se pode adotar a posição de Jorge Reis Novais, pelo menos por duas razões impostergáveis. A primeira – que reside na diferenciação entre as figuras dos direitos de liberdade e direitos sociais, a partir do critério da identificação ou não, no nível normativo, dos comportamentos exigíveis do Estado – é falha porque nem sempre os direitos sociais serão incognoscíveis: quando se coloca a subjetivação, no sentido acima referido, as condutas administrativas, mesmo quando omitidas, poderão ser identificadas a partir da noção estrutural de política pública ora defendida. Quando se analisa isoladamente o direito à moradia abstratamente consubstanciado na Constituição, pode-se até crer na assunção de Novais, já referida. Todavia, quando se tomam os casos concretos, da realidade brasileira, em que praticamente todo Município ou Estado membro possui uma política pública habitacional (inclusive com secretarias de habitação constituídas e funcionando), e mesmo a União possui políticas específicas para habitação popular, verifica-se que as condutas públicas poderão ser, em cada caso, conhecidas, avaliadas e, por isto mesmo, exigidas. É certo que a perspectiva pragmática, ora adotada, perde em previsibilidade: de qualquer modo, se há esta perda, há o inestimável ganho de poder analítico, que pode produzir reflexos altamente positivos na concretização dos direitos subjetivos dependentes de políticas públicas.

A segunda razão para não se acatar a distinção proposta por Novais funda-se no fato essencial de que a possibilidade das condutas é condição de eficácia de qualquer direito subjetivo. O art. 104 do Código Civil que institui, como requisito de validade dos negócios jurídicos, a possibilidade das condutas, traduz em verdade um princípio geral de direito. Só se podem qualificar normativamente condutas (sob os modais de obrigação, vedação e permissão) se estas forem uma contingência, uma virtualidade para seus destinatários. Assim, a reserva do possível (tanto em termos financeiros quanto em quaisquer outros) é inerente à validade normativa em geral, sem distinções.

Em conclusão deste subitem, e esta talvez seja a principal razão para que se negue, neste trabalho, maior importância dogmática à questão, as discussões sobre a reserva do possível, tal como hodiernamente conduzidas, levam o problema das limitações financeiras estatais a

ESTRUTURA DIACRÔNICA DAS POLÍTICAS PÚBLICAS 231

um patamar de protagonismo exclusivo quando, em verdade, o grande problema envolvendo os direitos cuja concretização depende de políticas públicas é de gestão. Pelo menos para a realidade brasileira – que pode não ser a mesma para países mais pobres que o nosso – a falta de recursos não é suficiente para encobrir a má gestão administrativa, este sim o problema principal, que pode ser mitigado, segundo defendemos, por meio do adequado manejo dos instrumentos jurídicos de análise de políticas públicas.

3.4.2 A vedação ao retrocesso

Uma questão recorrente, quando se trata de direitos sociais (e que, via de consequência, impregna a temática das políticas públicas), é o chamado princípio da vedação ao retrocesso, que, sinteticamente, consiste na máxima segundo a qual, alcançado um determinado progresso na efetivação de um direito, veda-se aos poderes públicos desconstituir tal situação, sem que haja, concomitantemente, a adoção de alternativa ou alternativas de no mínimo igual eficácia. Alguns autores apontam como fundamento de tal princípio o princípio da democracia econômica e social, como José Joaquim Gomes Canotilho, em trecho que se transcreve:

> A ideia aqui expressa também tem sido designada como proibição de "contra-revolução social" ou da "evolução reacionária". Com isto quer dizer-se que os direitos sociais e económicos (ex.: direito dos trabalhadores, direito à assistência, direito à educação), uma vez alcançados ou conquistados, passam a constituir, simultaneamente, uma *garantia institucional* e um *direito subjectivo.* Desta forma, e independentemente do problema "fáctico" da irreversibilidade das conquistas sociais (existem crises, situações económicas difíceis, recessões económicas), o princípio em análise justifica, pelo menos, a subtracção à livre e oportunística disposição do legislador, da diminuição de *direitos adquiridos* (ex.: segurança social, subsídio de desemprego, prestações de saúde), em clara violação do *princípio da protecção da confiança e da segurança dos cidadãos no âmbito económico, social e cultural* (cfr. *infra,* Parte IV, Padrão II). O reconhecimento desta protecção de "direitos prestacionais de propriedade", subjectivamente adquiridos, constitui um limite jurídico do legislador e, ao mesmo tempo, uma obrigação de prossecução de uma política congruente com os direitos concretos e expectativas subjectivas alicerçadas. Esta proibição justificará a sanção de inconstitucionalidade relativamente a normas manifestamente aniquiladoras da chamada "justiça social" (assim, por ex., será inconstitucional uma lei que reduza o âmbito dos cidadãos com direito a subsídio de desemprego e pretenda alargar o tempo de tra-

232 REGIME JURÍDICO DAS POLÍTICAS PÚBLICAS

balho necessário para a aquisição do direito à reforma) (cfr. *infra*, Parte IV, Padrão II, e Ac TC 39/84). De qualquer modo, mesmo que se afirme sem reservas a liberdade de conformação do legislador nas leis sociais, as eventuais modificações destas leis devem observar inquebrantavelmente os princípios do Estado de direito vinculativos da actividade legislativa.[60]

Outros autores, como Cristina Queiroz, atrelam o princípio da vedação ao retrocesso ao princípio da proteção à confiança. Para ela, a própria denominação do princípio não é feliz e poderia muito bem ser substituída por *segurança jurídica* ou mesmo *proteção à confiança*. Tais princípios, por consubstanciarem, em alguma medida, o princípio do estado de direito democrático e constitucional, que conta com assento na Constituição portuguesa, indicariam, quando violados, uma situação de retrocesso social "constitucionalmente ilegítimo", traduzindo, portanto, "um sentimento comum e generalizado de gestão de expectativas no quadro do Estado Social".[61]

Na verdade, aqui se está diante de um princípio, em primeiro lugar, cuja positividade, no Brasil, é, para dizer o menos, duvidosa. Onde se encontra, na Constituição Federal, um enunciado que condicione as ações estatais relacionadas aos direitos sociais (ou mesmo fundamentais) a níveis progressivos (e irrevogáveis) de eficácia? Pode-se tentar fundamentar um princípio dessa ordem a partir de *standards* interpretativos como o da máxima efetividade da constituição ou da dignidade da pessoa humana, mas a sua densidade normativa é baixíssima.

Do mesmo modo, falham os autores que pretendem fundamentar tal princípio no princípio democrático. Na verdade, o princípio democrático é justamente o oposto do conceito da vedação ao retrocesso. É próprio do jogo democrático – que atua paralelamente ao direito e o condiciona – a revisão de metas e a eleição de prioridades. É próprio do direito o ser mutável. Dizer que o legislador ou o administrador público estão cingidos a determinado comportamento porque, em determinada época histórica, tal atuação se produziu, beneficiando tal ou qual grupo de indivíduos, é infirmar o princípio democrático. As mesmas críticas que certa corrente administrativista produziu à época da reforma do Estado, em que se introduziram as agências reguladoras (cujas normas instituidoras previam, de regra, mandatos fixos aos seus dirigentes – ultrapassando,

---

60. José Joaquim Gomes Canotilho, *Direito Constitucional*, 6ª ed., Coimbra, Almedina, 1993, pp. 468-469.

61. Cristina Queiroz, *O Princípio da não Reversibilidade dos Direitos Fundamentais Sociais*, Coimbra, Coimbra, 2006, pp. 71-72.

ESTRUTURA DIACRÔNICA DAS POLÍTICAS PÚBLICAS 233

muitas vezes, o mandato do chefe do Executivo que os indicou – e a impossibilidade de sua demissão *ad nutum*[62]), no sentido de sua ofensa ao princípio democrático, podem ser transpostas ao caso do princípio da vedação ao retrocesso.

Igualmente, o princípio da proteção à confiança não pode ser invocado como fundamento para a vedação ao retrocesso. Isto porque o seu âmbito de aplicação é mais restrito que aquele pretendido pelos adeptos da vedação ao retrocesso: o princípio da proteção à confiança incide quando um comportamento estatal cria em alguém uma expectativa num determinado momento histórico. Pressupõe, portanto, a subjetividade produzida em uma situação específica, que se esgota no indivíduo e não se transmite para gerações futuras. O prejuízo da quebra de confiança, não importa a abrangência dos atos normativos que se analisem, é sempre um prejuízo pessoal. Retoma-se, aqui, a propósito, a lição do jurista português Menezes Cordeiro:

> No essencial, a concretização da confiança, ela própria concretização de um princípio mais vasto, prevê, como resulta da amostragem jurisprudencial realizada: *a atuação de um facto gerador de confiança, em termos que concitem interesse por parte de ordem jurídica; a adesão do confiante a este facto; o assentar, por parte dele, de aspectos importantes da sua actividade posterior sobre a confiança gerada – um determinado investimento de confiança – de tal forma que a supressão do facto provoque uma iniquidade sem remédio. O factum proprium daria o critério de imputação da* confiança gerada e das suas consequências[63] (grifos em negrito aditados).

62. Cf. Celso Antônio Bandeira de Mello, *Curso de Direito Administrativo,* cit., p. 173, *verbis*: "Nos últimos anos, como fruto da maltramada 'Reforma Administrativa', surgiram algumas autarquias qualificadas como 'autarquias sob regime especial'. São elas as denominadas 'agências reguladoras'. Não havendo lei alguma que defina genericamente o que se deva entender por tal regime, cumpre investigar, em cada caso, o que se pretende com isto. A ideia subjacente continua a ser a de que desfrutariam de uma liberdade maior do que as demais autarquias. Ou seja: esta especialidade do regime só pode ser detectada verificando-se o que há de peculiar no regime das 'agências reguladoras' em confronto com a generalidade das autarquias.

"É o que se fará em seguida, registrando-se, por ora, que a única particularidade marcante do tal *regime especial* é a nomeação pelo Presidente da República, sob aprovação do Senado, dos dirigentes da autarquia, com garantia, em prol destes, de mandato a prazo certo. *Cabe, entretanto, anotar desde já que tal garantia não pode ser entendida como capaz de ultrapassar o período de governo da autoridade que procedeu às nomeações, pois isto violaria prerrogativas constitucionais de seu sucessor.* (...)" (grifo aditado).

63. Antonio Manuel da Rocha e Menezes Cordeiro, *Da Boa Fé no Direito Civil*, 3ª reimp., Coimbra, Almedina, 2007, p. 758.

234 REGIME JURÍDICO DAS POLÍTICAS PÚBLICAS

Na discussão relativamente recente quanto à constitucionalidade da emenda constitucional que instituiu a contribuição previdenciária de servidores inativos, o Supremo Tribunal Federal (STF) não reconheceu a incidência de um princípio da vedação ao retrocesso, na medida em que considerou constitucional a emenda que permitiu a cobrança de contribuição previdenciária de servidores inativos. Embora as discussões realizadas no âmbito da ADI 3128-DF, da ADI 3105-DF e do MS 23.047-3-DF tenham se concentrado na natureza tributária de tal contribuição e da ausência de uma norma de imunidade absoluta relativamente a tributos, é certo que os impactos sociais da emenda constitucional impugnada poderiam dar azo a uma discussão acerca da vedação ao retrocesso. De qualquer forma, as decisões proferidas pelo STF, nos casos citados, são claras ao permitirem uma margem de liberdade ao legislador, para promover alterações – inclusive em situações prestacionais – que possam significar, do ponto de vista dos seus beneficiários atuais, uma piora, material ou jurídica, de sua situação subjetiva em face do Estado.

Ingo Wolfgang Sarlet defende o princípio da vedação ao retrocesso, numa versão mitigada, fundada no chamado núcleo essencial dos direitos sociais e na dignidade da pessoa humana.[64] O raciocínio consiste em que, depois de alcançado o desenvolvimento dos direitos sociais e do princípio da dignidade da pessoa humana em um nível correspondente ao núcleo essencial daqueles, seria interditado ao legislador alterar tal situação.

Com efeito, embora seja desejável robustecer o discurso acerca da concretização de direitos, este discurso deve – para o bem de sua eficiência na consecução dos objetivos que lhe motivam – ser normativamente orientado e, tanto quanto possível, claro e livre de ambiguidades. Se a razão de fundo para sustentar a subjetivação de um direito é a teoria do núcleo essencial ou o princípio da dignidade da pessoa humana (que é, ressalte-se, positivado na Constituição Federal), então não faz sentido colocar na frente de tais figuras, que podem ser úteis, uma outra (a vedação ao retrocesso), que sequer conta com previsão normativa e que, como conceito jurídico (admitindo que o pudesse ser), é degenerado, porque derivado imperfeitamente de outros.

3.4.3 Separação de poderes

O modelo rígido de separação de poderes imaginado por alguns, sobre não ser um mandamento constitucional positivo (temos um art. 2º

---

64. Ingo Wolfgang Sarlet, *A Eficácia dos Direitos Fundamentais*, cit., pp. 436-462.

ESTRUTURA DIACRÔNICA DAS POLÍTICAS PÚBLICAS 235

que menciona a independência e harmonia entre os Poderes, e um art. 60, § 4º, III, que o eleva a cláusula pétrea, mas isto não é em absoluto uma autorização para as ilações conservadoras de seu sentido e aplicação), seria desastroso se fosse cumprido à risca. É um imperativo da realidade que a separação de poderes seja compreendida de modo diverso.

Inocêncio Mártires Coelho bem assinala essa necessidade prática, referindo, de um lado "a necessidade imperiosa de ceder espaço para a legislação emanada do Poder Executivo" por meio, em nosso caso, de medidas provisórias, e, de outro, apontando para a "legislação *judicial*, fruto da inevitável criatividade de juízes e tribunais, sobretudo das cortes constitucionais, onde é frequente a criação de normas de caráter geral, como as chamadas sentenças *aditivas* proferidas por esses supertribunais em sede de controle de constitucionalidade."[65-66]

A pedra de toque do Estado Democrático de Direito é a juridicidade e não a separação de poderes. Se a juridicidade, como assinala Luís Solano Cabral de Moncada, é a "fronteira do Poder Legislativo", não o é menos para a Administração Pública. Isto leva inevitavelmente à conclusão de que o princípio democrático (consubstanciado na regra da maioria que elege o chefe do Executivo e os membros do Poder Legislativo, e regula os trabalhos deste poder) deverá ceder quando em conflito com a força jurídica da Constituição. "O legislador está consequentemente limitado por certos critérios axiológicos ou seja, há limites de fundo à decisão majoritária. O princípio constitucional da juridicidade tem precedência sobre o princípio democrático da maioria".[67]

Esquematicamente, se o Estado de Direito burguês exigia um juiz neutro, cuja tarefa era a de realizar a subsunção dos fatos individuais às normas legisladas, no Estado de Direito do Estado Social, por outro lado, conforme enfatiza Tércio Sampaio Ferraz Jr., o juiz tem sido chamado a exercer uma função sócio-terapêutica, obrigando-se não mais nos termos da estrita legalidade, que impõe uma responsabilidade retrospectiva, mas também de uma forma comprometida prospectivamente com finalidades constitucionais das quais ele, juiz, não pode se eximir.[68]

65. Paulo Gustavo Gonet Branco, Inocêncio Mártires Coelho e Gilmar Ferreira Mendes, *Curso de Direito Constitucional*, 4ª ed., São Paulo, Saraiva, 2009, p. 178.

66. Cf. Clémerson Mérlin Clève, *Atividade Legislativa do Poder Executivo*, 2ª ed., São Paulo, Ed. RT, 2000.

67. Luís Solano Cabral de Moncada, "Contributo para uma teoria da legislação", in *Estudos de Direito Público*, Coimbra, Coimbra, 2001, p. 306.

68. Tércio Sampaio Ferraz Jr., "O Judiciário frente à divisão dos poderes: um princípio em decadência?", *RTDP* 9/45, São Paulo, Malheiros Editores, 1995.

236 REGIME JURÍDICO DAS POLÍTICAS PÚBLICAS

Não obstante as considerações acima realizadas sejam, atualmente, até certo ponto triviais, deve-se mencionar que há posições que enxergam limitações – derivadas do princípio da separação de poderes – à atuação judicial sobre políticas públicas.

Jorge Reis Novais, embora reconheça a possibilidade de o juiz avaliar se a recusa administrativa fundada na reserva do possível é justificável (isto é, se os motivos invocados pela Administração efetivamente existem e são importantes a ponto de impedir a prestação), considera que a questão mais essencial tem a ver com a medida – permitida pela separação de poderes – para a decisão judicial substituir o juízo administrativo tanto nos direitos de liberdade quanto nos direitos sociais. Para o autor, se a controvérsia diz respeito a um direito de liberdade, ao juiz é sempre reconhecida a competência para dar a última palavra, ao passo que, nos casos envolvendo direitos sociais, em que se invoca a reserva do possível, "a posição relativa do juiz é muito mais débil".[69]

Como defendemos no item 3.4.1, acima, não se justifica, do ponto de vista dogmático, a distinção entre direitos de liberdade e direitos sociais sob o critério exclusivo da submissão à reserva do possível. Ademais disto, nenhuma relação possui, em si, a reserva do possível com a divisão de poderes. Pode-se argumentar que a decisão quanto à alocação dos recursos públicos é tarefa exclusiva dos Poderes Executivo e Legislativo, sem a possibilidade de ingerência do Poder Judiciário, sendo este um dos principais reflexos do princípio da separação de poderes. Isto, respeitados os argumentos contrários, seria verdadeiro se não houvesse balizas constitucionais à dita alocação de recursos e, mais ainda, se não houvesse, na maioria dos casos de direitos dependentes de políticas públicas, uma estrutura de subjetivação minimamente constituída.

A existência de normas indicadoras de subjetivação significa a constatação, no plano normativo, de que há condutas a serem realizadas pelo Estado tendo por beneficiários um indivíduo ou grupo determinado. Existindo este cenário normativo, a cooperação jurisdicional será decisiva. A negativa desta atuação com base numa interpretação de um dogma historicamente superado é inadmissível. O grande requisito da decisão judicial influindo sobre políticas públicas é que ela se dê em termos jurídicos, seja consistente normativamente.

---

69. Jorge Reis Novais, *Direitos Sociais. Teoria jurídica dos direitos sociais enquanto direitos fundamentais*, cit., pp. 117-118.

ESTRUTURA DIACRÔNICA DAS POLÍTICAS PÚBLICAS   237

3.4.4 O ativismo doutrinário

No plano metodológico, o que se percebe é a predominância de um certo ativismo doutrinário, que erige como substância – e profissão de fé – da atividade doutrinária a perspectiva que privilegia *a supremacia axiológica da Constituição, a máxima realização dos direitos fundamentais sociais*. Anuncia-se, assim, a substituição dos paradigmas tradicionais do direito público pelo princípio da dignidade da pessoa humana e pelos princípios da razoabilidade e da proporcionalidade. Cria-se um princípio da efetividade constitucional.[70]

Enquanto enunciação de uma base ético-moral, nada há que reparar em tal perspectiva, sendo certo que a maioria de nós comunga, abstratamente, dos mesmos valores, que são, pode-se afirmar, universais. Até aí, está-se a afirmar o óbvio. O problema surge quando se considera que apenas isto resolve todas as situações em que está em jogo a concretização dos direitos fundamentais sociais. Na verdade, a questão ético-moral é apenas uma parte do fenômeno, que possui uma dimensão prática impostergável. Se o direito é, em certa medida, matéria de valor, sua realização exige o manejo de uma técnica específica, que não prescinde da juridicidade. O pensamento dogmático, no qual se inserem as formulações do que chamamos "ativismo doutrinário", é um saber tecnológico, no sentido que lhe atribui Tércio Sampaio Ferraz Jr., de preparação para tomada de decisões,[71] e que, por isto mesmo, submete-se às mesmas exigências de todo e qualquer esforço dogmático.

---

70. Cf. Luís Roberto Barroso, *Curso de Direito Constitucional Contemporâneo*, São Paulo, Saraiva, 2009, p. 305.

71. Cf. Tércio Sampaio Ferraz Jr., *Introdução ao Estudo do Direito*, 2ª ed., São Paulo, Atlas, 1994, pp. 91-92. Em outra obra, o autor ensina: "O pensamento tecnológico, característico da dogmática, toma, por assim dizer, as possibilidades factuais mostradas pela ciência e as transforma em possibilidades de ação humana, na hipótese de que, em certos pontos da ocorrência dos fenômenos, é possível uma intervenção prática. Assim, o pensamento tecnológico não chega a ser um sistema normativo, embora esconda alguma coisa de prescritivo. Ele não se opõe à ciência, mas a prolonga, realizando operações transformadoras consistentes na relevância atribuída a certas conclusões das teorias científicas para a solução de problemas práticos. (...) Portanto, os enunciados dogmáticos, caracteristicamente, põem-se a serviço da problemática da realizabilidade de modelos de comportamento, como são as normas jurídicas, e das consequências da sua realização para a vida social, e que também lhes dá um certo sentido crítico. Neste sentido, as doutrinas jurídicas aparecem como verdadeiros sistemas tecnológicos que são, por sua vez, base para uma certa racionalização da ação. Para que isto ocorra, ainda que parcialmente – e aqui se coloca o problema da racionalização da própria experiência jurídica e de suas limitações – é preciso obter-se decisões sobre fins e meios não-dedutíveis do próprio

238 REGIME JURÍDICO DAS POLÍTICAS PÚBLICAS

É assente que uma das principais razões de ser do Estado (em sua concepção atual) consiste em garantir aos cidadãos um mínimo de previsibilidade tanto nos comportamentos individuais reciprocamente considerados, quanto no que atine à atuação do próprio ente estatal. Por esta razão, *a legalidade – entendida como metaprincípio do dever de atuação segundo o "bloco de juridicidade" constitucional e infraconstitucional – exsurge, no Estado de Direito, como um dogma inafastável, como o único ponto de partida válido para a conformação jurídica (coercitiva ou não) da conduta individual.*

Nesse sentido, embora juristas da maior suposição, como Tércio Sampaio Ferraz Jr., sustentem que a tarefa dogmática (isto é, do jurista enquanto produtor de juízos abstratos a partir de textos legais) seja essencialmente libertadora, no sentido de que permite a determinação dos graus de abstração em que os dogmas legais serão discutidos em cada caso concreto pesando-se os textos e experiências, fato é que, mesmo nessas situações, vige o princípio da proibição da negação dos pontos de partida de suas séries argumentativas.[72-73] Ou seja: o exame do direito posto, em cada momento histórico considerado, é pressuposto para a construção de qualquer raciocínio jurídico. Sem isto, não haverá, propriamente, a possibilidade de instituição de uma relação jurídica (isto é, de aplicação intersubjetiva do direito ou, no dizer de Lourival Vilanova, a ocorrência de uma relação pragmática[74] suportada deonticamente), pelo simples fato de que, da hipótese fática cogitada, incidindo sobre determinado suporte fático (fato social), não surgirá um fato/ato jurídico, pois lhe faltará justamente a referencialidade a um ato de vontade (constituição, lei ou ato administrativo) considerado válido e que lhe confira, a tal fato, a validade de que necessita para ser reconhecido socialmente como obrigatório e, a partir daí, intangível.

saber dogmático, embora conseguidas em consideração dele" (Tércio Sampaio Ferraz Jr., *Função Social da Dogmática Jurídica,* São Paulo, Ed. RT, 1980, pp. 89-90).

72. Idem, ibidem, p. 95.

73. Salienta o autor: "Isto não quer dizer que estas séries constituam uma unidade porque partem dos dogmas, o que pressuporia que estes já fossem dados na forma de um sistema coerente. Ao contrário, o pensamento dogmático guarda sua unidade pela referência ao problema da decidibilidade, que é sua questão fundamental. Só assim é possível entender que esta forma de pensar típica do jurista se caracterize, ao mesmo tempo, tanto pela interrupção da crítica e pela vinculação a dogmas, quanto pela determinação de seus próprios princípios constitutivos" (Tércio Sampaio Ferraz Jr., *Função Social da Dogmática Jurídica*, cit., p. 95).

74. Lourival Vilanova, "Analítica do dever-ser", in *Escritos Jurídicos e Filosóficos*, São Paulo, Axis Mundi – IBET, 2003, vol. II, pp. 54 e ss.

ESTRUTURA DIACRÔNICA DAS POLÍTICAS PÚBLICAS   239

Além disto, o ativismo doutrinário possui uma tendência irresistível à produção de decisões ilegítimas, ainda que moralmente justificadas. A legitimidade do direito, conforme ressalta Niklas Luhmann, sustenta-se sobre um conjunto coordenado de processos de aprendizagem, nos quais os afetados pela decisão "aprendem a esperar conforme as decisões normativamente vinculativas, porque aqueles que decidem, por seu lado, também podem aprender".[75] Na hipótese de recusa fática do sujeito em aprender, a legitimidade ainda assim se pode realizar, tanto por meio da utilização simbólica ou fática da força (mas previsível normativamente) quanto por meio da participação em processos (processo eleitoral, processo administrativo, processo jurisdicional).

Do ponto de vista sistêmico, a adoção de decisões desvinculadas do direito positivo (que muitas vezes são adotadas em razão dos tópicos dogmáticos defendidos pelo que chamamos *ativismo doutrinário*), causa uma ruptura dos processos de aprendizagem, seja porque desrespeita o princípio democrático que é responsável pela imposição normativa (processo eleitoral ou processo legislativo), seja porque quebra as expectativas de comportamento reciprocamente consideradas no processo administrativo ou jurisdicional que levará à tomada de decisão. O ativismo doutrinário se justifica historicamente por ser uma reação, no caso brasileiro, ao período ditatorial e à imensa desigualdade social que se foi moldando, ao longo dos tempos, em nossa estrutura social. Porém, guarda em si, de modo irremediável, o germe do que pretende combater: a falta de legitimidade, a tendência ao totalitarismo e à sufocação da legalidade. A Constituição pode ser concretizada sem que a legalidade (ou juridicidade) seja eliminada. A Constituição não se concretiza *apesar* da legalidade, mas *por meio* dela. A ação estatal, sejam quais forem os ideais que a motivem, sem amparo jurídico, será sempre não apenas uma manifestação inequívoca de barbárie, nas palavras já referidas de Duguit, mas também um fator de desestabilização dos sistemas sociais.

---

75. Niklas Luhmann, *Sociologia do Direito*, vol. II, tradução de Gustavo Bayer, Rio de Janeiro, Tempo Brasileiro, 1985, pp. 63 e ss.

Capítulo IV
CONCLUSÕES

No presente trabalho, adotou-se a concepção formal de políticas públicas como estruturas. Tal concepção afasta as orientações teóricas que vislumbram as políticas públicas a partir do seu conteúdo, e o faz por duas razões: (i) as concepções substancialistas colocam ao largo da compreensão jurídica do fenômeno justamente aquilo que lhe confere identidade, a saber, a sua estrutura; e (ii) a adoção de tais orientações, além de metodologicamente inadequada, tem se mostrado largamente insuficiente e ineficaz para proporcionar o devido controle judicial das políticas públicas, que resulta, em grande parte por isto, ainda hoje incipiente no país.

A estrutura identificada para as políticas públicas foi extraída da metodologia do marco lógico, largamente utilizada pelos organismos internacionais (Banco Mundial, CEPAL, BID etc.) para a avaliação de programas financiados ou estruturados com a cooperação de tais órgãos em diversos países de todo o mundo.

A estrutura das políticas públicas é composta dos elementos: fim, propósito, componentes e atividades.

O emprego da matriz do marco lógico para a formulação, execução e análise de políticas públicas impõe uma série de providências ao administrador público, nos limites de sua competência: tomar a decisão sobre qual fim deve ser privilegiado; definir a mudança efetiva na realidade que servirá para atender àquele fim (propósito); identificar os componentes (isto é, os resultados parciais que deverão ser atingidos a fim de viabilizar o propósito); bem como as atividades que deverão permitir a consecução dos componentes. Além de tais atividades, deverá adotar indicadores claros e precisos sobre cada uma das referidas atividades e os meios de verificação de sua realização. Por último, igualmente relevante é a minuciosa identificação dos riscos associados a cada um dos níveis

242 REGIME JURÍDICO DAS POLÍTICAS PÚBLICAS

(atividades, componentes, propósito e fim) da política pública, decorrendo desta atividade o remanejamento de aspectos da política com vistas à superação dos riscos e a projeção de soluções alternativas ou corretivas, caso os riscos previstos se verifiquem na realidade.

Compreendida a inter-relação entre os elementos estruturais das políticas públicas, destacou-se no presente trabalho – feitas algumas ressalvas quanto à compreensão abstrata de "regimes jurídicos" – um regime jurídico específico para as políticas públicas, que não tem a pretensão de ser exaustivo. Identificaram-se os princípios democrático, da isonomia, da subsidiariedade, da razoabilidade, da transparência, da eficiência e da responsabilidade como aplicáveis, cada um segundo o seu espectro semântico-material, às relações entre os elementos estruturais das políticas públicas.

Encareceu-se, em seguida, o caráter, inerente às políticas públicas, de subjetivação de posições jurídicas, haja vista que a realização de cada um de seus elementos significa a delimitação de competências das autoridades administrativas e, via de consequência, a identificação dos comportamentos exigíveis do Estado pelo particular.

Em seguida, abordaram-se as relações entre os direitos fundamentais e as políticas públicas, concluindo-se que, de um lado, no modelo pragmático proposto, estas podem servir à densificação normativa de tais direitos, e, de outro, que as políticas públicas não se limitam aos direitos fundamentais. Propôs-se, então, a compreensão não entre direitos a prestações e direitos de liberdade, divisão corrente na doutrina sobre direitos fundamentais, mas entre direitos cuja realização depende de políticas públicas e aqueles cuja concretização independente destas.

Com vistas à depuração conceitual e metodológica do debate sobre políticas públicas, afastaram-se alguns tópicos, hoje em dia trivializados, da corrente doutrinária do pós-positivismo (vedação ao retrocesso, separação de poderes, reserva do possível etc.), que, segundo defendemos, são desnecessários ao debate produtivo sobre políticas públicas.

REFERÊNCIAS BIBLIOGRÁFICAS

AARNIO, Aulis. *Lo Racional como Razonable. Un tratado sobre la justificación jurídica.* Tradução de Ernesto Garzón Valdés. Madrid, Centro de Estudios Constitucionales, 1991.

AGUILLAR, Fernando Herren. *Direito Econômico. Do Direito Nacional ao Direito Supranacional.* São Paulo, Atlas, 2006.

AITH, Fernando. "Políticas públicas de Estado e de governo: instrumentos de consolidação do Estado Democrático de Direito e de promoção e proteção dos direitos humanos", in BUCCI, Maria Paula Dallari (org.). *Políticas Públicas: reflexões sobre o Conceito Jurídico.* São Paulo, Saraiva, 2006, pp. 217-245.

ALEXY, Robert. *Teoria da Argumentação jurídica.* Tradução de Zilda Hutchinson Schild Silva. São Paulo, Landy, 2001.

_____. *Teoria dos Direitos Fundamentais.* Tradução de Virgílio Afonso da Silva. 2ª ed., 4ª tir. São Paulo, Malheiros Editores, 2015.

AMARAL, Antônio Carlos Cintra. "O princípio da eficiência no direito administrativo", *Revista Eletrônica sobre a Reforma do Estado*, n. 5. Salvador, mar./abr./maio 2006. Disponível na internet: www.direitodoestado.com.br. Acesso em 31.6.2011.

AMARAL, Gustavo. *Direito, Escassez e Escolha.* Rio de Janeiro, Renovar, 2001.

ARAÚJO, Clarice von Oertzen de. *Semiótica do Direito.* São Paulo, Quartier Latin, 2005.

ARISTÓTELES. *Arte Retórica e Arte Poética.* Tradução de Antônio Pinto de Carvalho. Rio de Janeiro, Ediouro, 1981.

ATIENZA, Manuel. *As Razões do Direito. Teorias da Argumentação Jurídica.* Tradução de Maria Cristina Guimarães Cupertino. São Paulo, Landy, 2006.

AUSTIN, John Langshaw. *How to do things with words.* Oxford, Clarendon Press, 1962.

ÁVILA, Humberto. "Moralidade, razoabilidade e eficiência na atividade administrativa", *Revista Eletrônica de Direito Administrativo Econômico (REDAE)*, n. 4. Salvador, Instituto Brasileiro de Direito Público, outubro/

244   REGIME JURÍDICO DAS POLÍTICAS PÚBLICAS

novembro/dezembro, 2005. Disponível na internet: www.direitodoestado. com.br. Acesso em 30.6.2011.

_____. "Repensando o 'Princípio da Supremacia do Interesse Público sobre o Particular'", *Revista Diálogo Jurídico*, vol. I, n. 7, Salvador, CAJ – Centro de Atualização Jurídica, out. 2001. Disponível em: www.direitopublico.com. br. Acesso em: 8.4.2011.

_____. *Teoria dos Princípios*. 16ª ed. São Paulo, Malheiros Editores, 2015.

AZEVEDO, Antônio Junqueira de. *Negócio Jurídico: existência, validade e eficácia*. 4ª ed. São Paulo, Saraiva, 2002.

BANDEIRA DE MELLO, Celso Antônio. *Curso de Direito Administrativo*. 32ª ed. São Paulo, Malheiros Editores, 2015.

_____. *Eficácia das Normas Constitucionais e Direitos Sociais*. 1ª ed., 4ª tir. São Paulo, Malheiros Editores, 2015.

_____. "A relatividade da competência discricionária", *Revista de Direito Administrativo*, n. 212, pp. 49-56.

_____. "O conteúdo do regime jurídico-administrativo e seu valor metodológico", *Revista de Direito Público*, n. 2. São Paulo, Ed. RT, out.-dez./1967, pp. 44-61.

BANDEIRA DE MELLO, Oswaldo Aranha. *Princípios Gerais de Direito Administrativo*, vol. 1. 3ª ed., 2ª tir. São Paulo, Malheiros Editores, 2010.

BARACHO, José Alfredo de Oliveira. *O Princípio da Subsidiariedade. Conceito e evolução*. 1ª ed., 3ª tir. Rio de Janeiro, Forense, 2000.

BARCELLOS, Ana Paula de. *Ponderação, Racionalidade e Atividade Jurisdicional*. Rio de Janeiro, Renovar, 2005.

_____. *A Eficácia Jurídica dos Princípios Constitucionais. O Princípio da Dignidade da Pessoa Humana*. Rio de Janeiro, Renovar, 2002.

BARROS, Marcus Aurélio de Freitas. *Controle Jurisdicional de Políticas Públicas. Parâmetros Objetivos e Tutela Coletiva*. Porto Alegre, Sérgio Antônio Fabris Editor, 2008.

BARROSO, Luís Roberto. "Da falta de efetividade à judicialização excessiva: direito à saúde, fornecimento de medicamentos e parâmetros para a atuação judicial", in *Temas de Direito Constitucional*, t. IV. Rio de Janeiro, Renovar, 2009, pp. 217-254.

_____. *Curso de Direito Constitucional Contemporâneo*. São Paulo, Saraiva, 2009.

BECKER, Alfredo Augusto. *Teoria Geral do Direito Tributário*. São Paulo, Saraiva, 1963.

BERCOVICI, Gilberto. *Constituição Econômica e Desenvolvimento. Uma leitura a partir da Constituição de 1988*. São Paulo, Malheiros Editores, 2005.

BERLO, David K. *O Processo da Comunicação*. Tradução de Jorge Arnaldo Fortes. Rio de Janeiro, São Paulo e Lisboa, Fundo de Cultura, 1968.

REFERÊNCIAS BIBLIOGRÁFICAS   245

BONAVIDES, Paulo. *Do Estado Liberal ao Estado Social.* 11ª ed., 2ª tir. São Paulo, Malheiros Editores, 2014.

BONINI, Adair. "Veículo de comunicação e gênero textual: noções conflitantes", *D.E.L.T.A.*, n. 19:1 (2003), pp. 65-89.

BRAGA, Nice. "O processo decisório em organizações brasileiras: comportamentos comunicativos", *Revista de Administração Pública*, vol. 22, n. 4. Rio de Janeiro, Fundação Getúlio Vargas, out./dez.1988, pp. 34-51.

BRANCO, Paulo Gustavo Gonet; COELHO, Inocêncio Mártires; e MENDES, Gilmar Ferreira. *Curso de Direito Constitucional.* 4ª ed. São Paulo, Saraiva, 2009.

BUCCI, Maria Paula Dallari. "Notas para uma metodologia jurídica de análise de políticas públicas", in FORTINI, Cristiana; ESTEVES, Júlio César dos Santos; e DIAS, Maria Tereza Fonseca (orgs.). *Políticas Públicas. Possibilidades e Limites.* Belo Horizonte, Fórum, 2008, pp. 225-260.

_____. "O conceito de política pública em direito", in BUCCI, Maria Paula Dallari (org.). *Políticas Públicas: reflexões sobre o conceito jurídico.* São Paulo, Saraiva, 2006.

_____. *Direito Administrativo e Políticas Públicas.* São Paulo, Saraiva, 2002.

BUCHANAN, James M.; e CONGLETON, Roger D. *Politics by Principle, not Interest. Towards nondiscriminatory democracy.* New York, Cambridge University Press, 1998.

BUENO, Cassio Scarpinella. *Curso Sistematizado de Direito Processual Civil*, vol. 2, t. III. São Paulo, Saraiva, 2010.

CABRAL DE MONCADA, Luís Solano. *A Relação Jurídica Administrativa. Para um novo paradigma de compreensão da actividade, da organização e do contencioso administrativos.* Coimbra, Coimbra Editora, 2009.

_____. "Contributo para uma teoria da legislação", in *Estudos de Direito Público.* Coimbra, Coimbra Editora, 2001, pp. 251-346.

_____. *Direito Económico.* Coimbra, Coimbra Editora, 1988.

CÂMARA JR., J. Mattoso. "O estruturalismo linguístico", in *Estruturalismo – Revista de Cultura*, vol. 15/16. Rio de Janeiro: Tempo Brasileiro, s/d.

CAMPILONGO, Celso Fernandes. *Direito e Democracia.* 2ª ed. São Paulo, Max Limonad, 2000.

CANOTILHO, José Joaquim Gomes. *Constituição Dirigente e a Vinculação do Legislador.* 2ª ed. Coimbra, Coimbra, 2001.

_____. *Direito Constitucional.* 6ª ed. Coimbra, Almedina, 1993.

CARVALHO, Paulo de Barros. *Curso de Direito Tributário.* 18ª ed. São Paulo, Saraiva, 2007.

CHAPUS, René. *Droit Administratif Général*, vol. 1. 15ª ed. Paris, Montchrestien, 2001.

246 REGIME JURÍDICO DAS POLÍTICAS PÚBLICAS

CIRNE LIMA, Ruy. *Princípios de Direito Administrativo.* 7ª ed., revista e reelaborada por Paulo Alberto Pasqualini. São Paulo, Malheiros Editores, 2007.

CLÈVE, Clèmerson Merlin. "Controle de constitucionalidade e democracia", in MAUÉS, Antonio G. Moreira (org.). *Constituição e Democracia.* São Paulo, Max Limonad, 2001.

_____. *Atividade Legislativa do Poder Executivo.* 2ª ed. São Paulo, Ed. RT, 2000.

COELHO, Helena Beatriz Cesarino Mendes. *Políticas Públicas e Controle de Juridicidade. Vinculação às normas constitucionais.* Porto Alegre, Sérgio Antônio Fabris Editor, 2010.

COMPARATO, Fabio Konder. "Ensaio sobre o juízo de constitucionalidade de políticas públicas", *Revista de Informação Legislativa,* n. 138, Brasília, abr./ jun. 1998, a. 35, pp. 39-48.

_____. "Organização constitucional da função planejadora", *Revista Trimestral de Direito Público,* n. 8. São Paulo, Malheiros Editores, 1994, pp. 12-23.

CONGLETON, Roger D.; e BUCHANAN, James M. *Politics by Principle, not Interest. Towards nondiscriminatory democracy.* New York, Cambridge University Press, 1998.

COPI, Irving M. *Introdução à Lógica.* Tradução de Álvaro Cabral. 2ª ed. São Paulo, Mestre Jou, 1978.

CUNHA JR., Dirley da. *Controle Judicial das Omissões do Poder Público.* São Paulo, Saraiva, 2004.

DELEON, Peter. "The historical roots of the field", in MORAN, Michael; REIN, Martin; e GOODIN, Robert E. (orgs.). *The Oxford Handbook of Public Policy.* Oxford, Oxford University Press, 2006, pp. 39-58.

DINAMARCO, Cândido Rangel. "Relativizar a coisa julgada material", *Revista da Procuradoria Geral do Estado de São Paulo,* n. 55/56. São Paulo, jan./ dez. 2001, p. 31-78.

DROMI, Roberto. *Sistema Jurídico e Valores Administrativos.* Porto Alegre, Sergio Antônio Fabris Editor, 2007.

_____. *Derecho Administrativo.* 4ª ed. atual. Buenos Aires, Ediciones Ciudad Argentina, 1995.

_____. *Derecho Subjetivo y Responsabilidad Pública.* Bogotá, Têmis, 1980.

DUEZ, Paul e DEBEYRE, Guy. *Traité de Droit Administratif.* Paris, Dalloz, 1952.

DUGUIT, Leon. *Traité de Droit Constitutionnel,* vol. I. Paris, Ancienne Librairie Fontemoing & Cie. Éditeurs, 1927.

_____. *Leçons de Droit Public Général.* Paris, E. de Boccard Editeur, 1926.

REFERÊNCIAS BIBLIOGRÁFICAS 247

ENTERRÍA, Eduardo García de e FERNANDEZ, Tomás-Ramón. *Curso de Direito Administrativo*. Tradução de Arnaldo Setti. São Paulo, Ed. RT, 1991.

FAGES, Jean-Baptiste. *Comprendre le Structuralisme*. Toulouse, Privat, 1968.

FERRAZ Jr., Tércio Sampaio. *Teoria da Norma Jurídica*. 4ª ed. Rio de Janeiro, Forense, 2006.

_____. *Direito, Retórica e Comunicação*. 2ª ed. São Paulo, Saraiva, 1997.

_____. "Interesse público", *Revista do Ministério Público do Trabalho do Estado de São Paulo*, n. 1. Dez. 1995, pp. 9-24.

_____. "O Judiciário frente à divisão dos poderes: um princípio em decadência?", *Revista Trimestral de Direito Público*, n. 9. São Paulo, Malheiros Editores, 1995.

_____. *Introdução ao Estudo do Direito*. 2ª ed. São Paulo, Atlas, 1994.

_____. *Função Social da Dogmática Jurídica*. São Paulo, Ed. RT, 1980.

_____. *A Ciência do Direito*. São Paulo, Atlas.

FERREIRA, Sergio de Andréa. *Lições de Direito Administrativo*. Rio de Janeiro, Editora Rio, 1972.

FIGUEIREDO, Lúcia Valle. *Curso de Direito Administrativo*. 9ª ed. São Paulo, Malheiros Editores, 2008.

FIGUEIREDO, Marcelo. *Probidade Administrativa. Comentários à Lei 8.429/92 e legislação complementar.* 6ª ed., atualizada e ampliada. São Paulo, Malheiros Editores, 2009.

FRANÇA, Vladimir da Rocha. "Eficiência administrativa na Constituição Federal", *Revista Eletrônica sobre a Reforma do Estado*, n. 10. Salvador, jun./jul./ago. 2007. Disponível na internet: www.direitodoestado.com.br. Acesso em 31.6.2011.

FREIRE JÚNIOR, Américo Bedê. *O Controle Judicial de Políticas Públicas*. São Paulo, Ed. RT, 2005.

FREY, Klaus. "Políticas públicas: um debate conceitual e reflexões referentes à prática da análise de políticas públicas no Brasil", *Planejamento e Políticas Públicas*, n. 21. Instituto de Pesquisa Econômica Aplicada – IPEA, jun. 2000, pp. 211-259.

FRIEDMAN, Barry L. "Policy analysis as organizational analysis", in MORAN, Michal; REIN, Martin e GOODIN, Robert E. (editores). *The Oxford Handbook of Public Policy.* Oxford, Oxford University Press, 2006, pp. 483-495.

GADAMER, Hans-Georg. *Verdade e Método. Traços fundamentais de uma hermenêutica filosófica.* Tradução de Flávio Paulo Meurer, revisão da tradução de Ênio Paulo Giachini. 3ª ed. Petrópolis, Vozes, 1999.

GARCÍA DE ENTERRÍA, Eduardo. *As Transformações da Justiça Administrativa – Da sindicabilidade restrita à plenitude jurisdicional. Uma mudança*

248 REGIME JURÍDICO DAS POLÍTICAS PÚBLICAS

de paradigma? Tradução de Fábio Medina Osório. Belo Horizonte, Fórum, 2010.

_____. "La doctrina de los actos propios y el sistema de la lesividad", *Revista de Administración Pública*, n. 20, maio/ago. 1956, pp. 69-77.

GARCÍA DE ENTERRÍA, Eduardo; e FERNÁNDEZ, Tomás-Ramón. *Curso de Direito Administrativo*. Tradução de Arnaldo Setti. São Paulo, Ed. RT, 1990.

GIACOMONI, James, *Orçamento Público*. 6ª ed. São Paulo, Atlas, 1996.

GIANNINI, Massimo Severo. *Istituzioni di Diritto Amministrativo*. 2ª ed. Milão, Giuffrè Editore, 2000.

GONÇALVES, Carlos Roberto. *Direito Civil Brasileiro*, vol. 4. 6ª ed. São Paulo, Saraiva, 2011.

GORDILLO, Agustín. *Tratado de Derecho Administrativo*, t. 1. 8ª ed. Buenos Aires, Fundación de Derecho Administrativo, 2003.

_____. *Princípios Gerais de Direito Público*. Tradução de Marco Aurélio Greco. São Paulo, Ed. RT, 1977.

GRAU, Eros Roberto. *A Ordem Econômica na Constituição de 1988*. 17ª ed. revista e atualizada. São Paulo, Malheiros Editores, 2015.

_____. *O Direito Posto e o Direito Pressuposto*. 9ª ed., revista e ampliada. São Paulo, Malheiros Editores, 2014.

_____. *Planejamento Econômico e Regra Jurídica*. São Paulo, Ed. RT, 1978.

GÜNTHER, Klaus. *Teoria da Argumentação no Direito e na Moral: justificação e aplicação*. Tradução de Cláudio Molz. São Paulo, Landy, 2004.

HABERMAS, Jürgen. *Between Facts and Norms. Contributions to a discourse theory of law and democracy*. Tradução de William Rehg. Cambridge, Massachussets, MIT Press, 1996.

HAWKINS, K. "Using legal discretion", in GALLIGAN, D. J. (editor). *A Reader on Administrative Law*. Oxford, Oxford University Press, 1996, pp. 247-273.

HILLMAN, Arye L. *Public Finance and Public Policy – Responsibilities and Limitations of Government*. Cambridge, Cambridge University Press, 2003.

HOLMES, Stephen e SUNSTEIN, Cass R. *The Cost of Rights. Why liberty depends on taxes*. New York, W.W. Norton, 2000.

IRELLI, Vincenzo Cerulli. *Lineamenti del Diritto Amministrativo*. Reimp. atual. em 31.12.2007. Torino, G. Giappichelli Editore, 2008.

JAKOBSON, Roman. *Linguística e Comunicação*. Tradução de Izidoro Blikstein e José Paulo Paes. São Paulo, Cultrix, 1969.

REFERÊNCIAS BIBLIOGRÁFICAS

JOÃO XXIII, Papa. Encíclica *Mater et Magistra*, in *As Encíclicas Sociais de João XXIII*, vols. 1 e 2. Tradução e comentários de Luís José de Mesquita. Rio de Janeiro, José Olympio, 1963.

JORGE NETO, Nagibe de Melo. *O Controle Jurisdicional das Políticas Públicas Concretizando a Democracia e os Direitos Sociais Fundamentais.* Salvador, Juspodium, 2009.

KANT, Emmanuel. *Doutrina do Direito*. 2ª ed. São Paulo, Ícone Editora, 1993.

KAPLAN, Robert S.; NORTON, David P. "The balanced scorecard – Measures that drive performance", *Harvard Business Review*, jan./fev. 1992.

KELSEN, Hans. *Teoria Geral do Direito e do Estado.* Tradução de Luis Carlos Borges. São Paulo, Martins Fontes, 2000.

_____. *Teoria Pura do Direito*. Tradução de João Baptista Machado. São Paulo, Martins Fontes, 1999.

KELSEN, Hans; KLUG, Ulrich. *Normas Jurídicas e Análise Lógica (Correspondência 1959-1965).* Tradução de Paulo Bonavides. Rio de Janeiro, Forense, 1984.

LAUBADÈRE, André de. *Traité Élémentaire de Droit Administratif.* Paris, LGDJ, 1953.

LEÃO XIII, Papa. Encíclica *Rerum Novarum*. Disponível em: www.vatican.va/holy_father/leo_xiii/encyclicals/documents/hf_l-xiii_enc_15051891_rerum--novarum_po.html. Último acesso em 10.9.2013.

LEITÃO, Sérgio Proença. "Capacidade decisória em decisões não-estruturadas: uma proposta", *Revista de Administração Pública*, vol. 27, n. 4. Rio de Janeiro, Fundação Getúlio Vargas, out./dez.1993, pp. 21-35.

LEITE, Luciano Ferreira. *Interpretação e Discricionariedade*. São Paulo, RCS, 2006.

LOPES, José Reinaldo de Lima. "Juízo jurídico e a falsa solução dos princípios e das regras", *Revista de Informação Legislativa*, n. 160. Brasília, out./dez. 2003, a. 40, pp. 49-64.

LUHMANN, Niklas. *Law as a Social System*. Tradução para o inglês de Klaus A. Ziegert. Oxford, Oxford University Press, 2004.

_____. *Complejidad y Modernidad: de la Unidad a la Diferencia.* Tradução para o espanhol de Josetxo Beriain e José María García Blanco. Madrid, Trota, 1998.

_____. *Organización y Decisión. Autopoiesis, acción y entendimiento comunicativo*. Tradução para o espanhol de Darío Rodriguez Mansilla. Barcelona, Anthropos, 1997.

_____. "Deconstruction as second order observing", *New Literary History*, 24:1993, pp. 763-782.

250   REGIME JURÍDICO DAS POLÍTICAS PÚBLICAS

_____. *Sociologia do Direito*, vol. II. Tradução de Gustavo Bayer. Rio de Janeiro, Tempo Brasileiro, 1985.

LUMIA, Giuseppe. *Elementos de Teoria e Ideologia do Direito*. Tradução de Denise Agostinetti. São Paulo, Martins Fontes, 2003.

MACCORMICK, Neil. *Argumentação Jurídica e Teoria Geral do Direito*. Tradução de Waldea Barcellos. São Paulo, Martins Fontes, 2006.

MACHADO, Edinilson Donisete. *Decisão Judicial sobre Políticas Públicas: limites institucionais democráticos e constitucionais*. Tese de doutorado. São Paulo, Pontifícia Universidade Católica de São Paulo, 2006.

MACHADO, João Baptista. *Introdução ao Direito e ao Discurso Legitimador*. Coimbra, Almedina, 2008.

MARTINS JÚNIOR, Wallace Paiva. *Transparência Administrativa. Publicidade, motivação e participação popular*. 2ª ed. São Paulo, Saraiva, 2010.

MAURER, Hartmut. *Direito Administrativo Geral*. Tradução de Luís Afonso Heck da 14ª ed. alemã. Barueri, SP, Manole, 2006.

MAURÍCIO JR., Alceu. "A revisão judicial das escolhas orçamentárias e a efetivação dos direitos fundamentais", *Revista Diálogo Jurídico*, n. 15. Salvador, jan./fev./mar. 2007.

MAXIMILIANO, Carlos. *Hermenêutica e Aplicação do Direito*. 19º ed. Rio de Janeiro, Forense, 2003.

MEIRELLES, Hely Lopes; ALEIXO, Délcio Balestero; BURLE FILHO, José Emmanuel. *Direito Administrativo Brasileiro*. 41ª ed., atualizada até a EC 84, de 2.12.2014. São Paulo, Malheiros Editores, 2015.

_____; WALD, Arnoldo; MENDES, Gilmar Ferreira. *Mandado de Segurança e Ações Constitucionais*. 36ª ed., revista e ampliada com a colaboração de Rodrigo Garcia da Fonseca e Marina Gaensly. São Paulo, Malheiros Editores, 2014.

MENDONÇA, Eduardo. "Da faculdade de gastar ao dever de agir: o esvaziamento contramajoritário de políticas públicas", *Revista de Direito do Estado*, n. 9, jan./mar. 2008, pp. 279-326.

MENEZES CORDEIRO, Antonio Manuel da Rocha e. *Da Boa Fé no Direito Civil*. 3ª reimp. Coimbra, Almedina, 2007.

MERKEL, Adolf. *Teoria General del Derecho Administrativo*. Cidade do México, México, Editora Nacional, 1980.

MISES, Ludwig von. *Human Action – a treatise on economics*. Auburn, Alabama, The Ludwig von Mises Institute, 1998.

_____. *Omnipotent Government. The rise of the total state and the total war*. Grove City, PA, Libertarian Press, 1969.

MODESTO, Paulo. "Notas para um debate sobre o princípio constitucional da eficiência", *Revista Eletrônica de Direito Administrativo Econômico (RE-*

REFERÊNCIAS BIBLIOGRÁFICAS

DAE), n. 10. Salvador, Instituto Brasileiro de Direito Público, maio/jun./ jul., 2007. Disponível na internet: www.direitodoestado.com.br. Acesso em 30.6.2011.

MOREIRA NETO, Diogo de Figueiredo. *Legitimidade e Discricionariedade.* 3ª ed. Rio de Janeiro, Forense, 1998.

NEVES, Marcelo. *Teoria da Inconstitucionalidade das Leis*. São Paulo, Saraiva, 1988.

NOVAIS, Jorge Reis. *Direitos Sociais. Teoria jurídica dos direitos sociais enquanto direitos fundamentais.* Coimbra, Coimbra Editora – Wolters Kluwer, 2010.

OFFE, Claus. "Critérios de racionalidade e problemas funcionais da ação político-administrativa", in *Problemas Estruturais do Estado Capitalista.* Tradução de Bárbara Freitag. Rio de Janeiro, Tempo Brasileiro, 1984, pp. 216-233.

OLIVEIRA, José Roberto Pimenta. *Improbidade Administrativa e sua Autonomia Constitucional.* Belo Horizonte, Fórum, 2009.

_____. "Parcerias público-privadas: indelegabilidade no exercício da atividade administrativa de polícia e na atividade administrativa penitenciária", in SUNDFELD, Carlos Ari (org.). *Parcerias Público-Privadas.* 2ª ed. São Paulo, Malheiros Editores, 2011.

_____. *Os Princípios da Razoabilidade e Proporcionalidade no Direito Administrativo Brasileiro.* São Paulo, Malheiros Editores, 2006.

OLIVEIRA SANTOS, Manuel Porfírio de. *Direito Administrativo e Sciencia da Administração.* Rio de Janeiro, Jacintho Ribeiro dos Santos, 1919.

ORTEGÓN, Edgar; PACHECO, Juan Francisco; e PRIETO, Adriana. *Metodología del Marco Lógico para la Planificación, el Seguimiento y la Evaluación de Proyectos y Programas.* Santiago, ILPES-CEPAL, 2005.

OSZLAK, Oscar. "Políticas públicas e regimes políticos: reflexões a partir de algumas experiências latino-americanas", *Revista de Administração Pública,* vol. 16 (1). Rio de Janeiro, pp. 17-60.

PEIRCE, Charles Sanders. *Semiótica.* Tradução de José Teixeira Coelho Neto. 3ª ed. São Paulo, Perspectiva, 2003.

PEREIRA, Cesar Guimarães. "Discricionariedade e apreciações técnicas da Administração", *Revista de Direito Administrativo,* n. 231, pp. 217-267.

PERELMAN, Chaïm; OLBRECHTS-TYTECA, Lucie. *Tratado da Argumentação.* Tradução de Maria Ermantina de Almeida Prado Galvão. São Paulo, Martins Fontes, 2005.

PIAGET, Jean. *O Estruturalismo.* Tradução de Moacir Renato de Amorim. 2ª ed. São Paulo, DIFEL, 1974.

252 REGIME JURÍDICO DAS POLÍTICAS PÚBLICAS

PIO XI, Papa. Encíclica *Quadragesimo Anno*. Disponível em: www.vatican.va/ holy_father/pius_xi/encyclicals/documents/hf_p-xi_enc_19310515_quadra-gesimo-anno_po.html. Último acesso em: 10.9.2013.

PLUTARCO. *Vidas Paralelas*, vol. I. Tradução de Gilson César Cardoso. 2ª ed. São Paulo, Paumape, 1995.

PONTES DE MIRANDA, Francisco Cavalcanti. *Comentários à Constituição de 1967 com a Emenda n. 1 de 1969*, vol. IV. 2ª ed. São Paulo, Ed. RT, 1974.

QUEIROZ, Cristina. *O Princípio da não Reversibilidade dos Direitos Fundamentais Sociais*. Coimbra, Coimbra, 2006.

RÁO, Vicente. *O Direito e a Vida dos Direitos*. 5ª ed. São Paulo, Ed. RT, 1999.

REALE, Miguel. *Lições Preliminares de Direito*. 26ª ed. São Paulo, Saraiva, 2002.

_____. *Revogação e Anulamento do Ato Administrativo*. Rio de Janeiro, Forense, 1968.

_____. *Filosofia do Direito*. 4ª ed. São Paulo, Saraiva, 1965.

RIVERO, Jean. *Direito Administrativo*. Tradução de Rogério Erhardt Soares. Coimbra, Almedina, 1981.

ROCHA, Cármen Lúcia Antunes. *Princípios Constitucionais da Administração Pública*. Belo Horizonte, Del Rey, 1994.

ROSS, Alf. *Direito e Justiça*. Bauru, Edipro, 2000.

SALEM, Milad Abdelnabi; HASNAN, Norlena; OSMAN, Nor Hasni. "Balanced scorecard: weaknesses, strengths, and its ability as performance management system versus other performance management systems", *Journal of Environment and Earth Science*, vol. 2, n. 9, 2012.

SANTAELLA, Lúcia. *Matrizes da Linguagem e do Pensamento: sonora visual verbal. Aplicações na hipermídia*. 3ª ed. São Paulo, Iluminuras, 2009.

_____. *O que é Semiótica*. 21ª reimp. São Paulo, Brasiliense, 2005.

SANTOS, Marília Lourido. *Interpretação Constitucional no Controle Judicial das Políticas Públicas*. Porto Alegre, Sérgio Antônio Fabris Editor, 2006.

SARLET, Ingo Wolfgang. *A Eficácia dos Direitos Fundamentais*. 9ª ed. Porto Alegre, Livraria do Advogado Editora, 2007.

SCOTT, Paulo Henrique Rocha. *Direito Constitucional Econômico. Estado e Normalização da Economia*. Porto Alegre, Sérgio Antônio Fabris Editor, 2000.

SILVA, José Afonso da. *Curso de Direito Constitucional Positivo*. 38ª ed., revista e atualizada (até a EC n. 84, de 2.12.2014). São Paulo, Malheiros Editores, 2015.

REFERÊNCIAS BIBLIOGRÁFICAS 253

_____. *Aplicabilidade das Normas Constitucionais*. 8ª ed., 2ª tir. São Paulo, Malheiros Editores, 2015.

_____. *Orçamento-Programa no Brasil*. São Paulo, Ed. RT, 1973.

SILVA, Virgílio Afonso da. "O proporcional e o razoável", *RT* 798, 2002, pp. 23-50.

SILVEIRA, Lauro Frederico Barbosa da. *Curso de Semiótica Geral*. São Paulo, Quartier Latin, 2007.

SIMON, Herbert. *Administrative Behavior. A study of decision-making processes in administrative organizations*. 2ª ed. Nova York, Free Press, 1965

SOUTO, Marcos Juruena Villela. *Aspectos Jurídicos do Planejamento Econômico*. Rio de Janeiro, Lumen Juris, 1999.

STROPPA, Yara Martinez. "Função administrativa no Estado brasileiro", *Revista Trimestral de Direito Público*, n. 8. São Paulo, Malheiros Editores, 1994.

SUNDFELD, Carlos Ari. *Ato Administrativo Inválido*. São Paulo, Ed. RT, 1990.

TALAMINI, Daniele Coutinho. *Revogação do Ato Administrativo*. São Paulo, Malheiros Editores, 2002.

TELLES JUNIOR, Goffredo. *O Direito Quântico*. 6ª ed. São Paulo, Max Limonad, 1985.

TEUBNER, Gunther. "Global Bukowina: legal pluralism in the world society", in TEUBNER, Gunther (org.). *Global Law without a State*. Dartmouth, Aldershot, 1997, pp. 3-28.

TORRES, Ricardo Lobo. *Tratado de Direito Constitucional, Financeiro e Tributário*, vol. V (O orçamento na constituição). Rio de Janeiro, Renovar, 2008.

TORRES, Sílvia Faber. *O Princípio da Subsidiariedade no Direito Público Contemporâneo*. Rio de Janeiro, Renovar, 2001.

TOURAINE, Alain. *Crítica de la Modernidad*. Tradução para o espanhol de Alberto Luis Bixio. 2ª ed. México, Fondo de Cultura Económica, 2000.

VALE, Vanice Lírio do. "Dever constitucional de enunciação de políticas públicas e autovinculação: caminhos possíveis de controle jurisdicional", *Fórum Administrativo – Direito Público – FA*, n. 82, edição eletrônica. Belo Horizonte, ano 7, dez. 2007.

VENÂNCIO FILHO, Alberto. *A Intervenção do Estado no Domínio Econômico*. 2ª ed. Rio de Janeiro, FGV, 1968.

VILANOVA, Lourival. "Proteção jurisdicional dos direitos numa sociedade em desenvolvimento", in *Escritos Jurídicos e Filosóficos*, vol. 2. São Paulo, Axis Mundi – IBET, 2003, pp. 463-498.

_____. "Analítica do dever-ser", in *Escritos Jurídicos e Filosóficos*, vol. 2. São Paulo, Axis Mundi – IBET, 2003.

254 REGIME JURÍDICO DAS POLÍTICAS PÚBLICAS

WALINE, Marcel. *Traité Élémentaire de Droit Administratif.* 6ª ed. Paris, Recueil Sirey, 1952.

WANG, Daniel Wei Liang. "Escassez de recursos, custos dos direitos e reserva do possível na jurisprudência do STF", *Revista Direito GV, São Paulo,* 4 (2), jul./dez. 2008, pp. 539-568.

WARAT, Luiz Alberto. *Introdução ao Estudo do Direito,* vol. I. Porto Alegre, Sérgio Antônio Fabris Editor, 1994.

ZANCANER, Weida. *Da Convalidação e da Invalidação dos Atos Administrativos.* 3ª ed. São Paulo, Malheiros Editores, 2008.

* * *

GRÁFICA PAYM
Tel. [11] 4392-3344
paym@graficapaym.com.br

00327